KB240255

초기 개화사상과 갑신정변연구

愼　鏞　廈

지식산업사

초기 개화사상과 갑신정변연구

The Enlightenment Thought and Kapsin Coup d'État
of the Progressive Party in Korea

초판 제1쇄 인쇄   2000. 5. 27
초판 제1쇄 발행   2000. 6. 1

지은이 신   용   하
펴낸이 김   경   회
펴낸곳 (주) 지식산업사
        서울시 종로구 통의동 35-18
        전화 (02)734-1978(대) 팩스 (02)720-7900
        http : // www. jisik. co. kr
        e-mail : jisikco@chollian.net
등록번호 1-363 / 등록날짜 1969. 5. 8

책값 15,000원

ⓒ 신용하(Shin Yong-Ha), 2000

ISBN 89 - 423 - 1053 - 2 93910

* 이 책의 저자에게 문의하고자 하는 이는
  e-mail이나 편집부로 연락 바랍니다.

머리말

    이 책은 한국의 초기 개화파의 사상과 활동 및 갑신정변에 대하여 저자가 그 동안 집필한 연구논문들 가운데에서 9편을 뽑아 엮은 것이다. 원래 독립논문으로 쓴 것들을 한 책으로 편집했기 때문에, 각 논문의 처음과 끝이 약간씩 중첩되었으므로 책 편집 때에는 생략해서 조정하였다. 그러나 연결부분과 강조부분에서의 최소한의 약간의 중첩은 불가피하였다.

    사회과학적 관점에서 보면, 당시 제국주의 열강이 한국을 종속화 식민지화하겠다고 침입해 들어오는 국제환경 속에서, 자기 조국의 자주독립과 개화진보를 동시에 추구하여 동분서주한 한국의 초기 개화파는 선각자들이었고 선구자들이었다. 그러나 그들이 생명을 바쳐가며 조국과 민족을 위해 진력한 그들의 사상과 행동은 당시 국민들과 다른 정파의 지식인들로부터는 거의 이해를 받지 못하였다. 도리어 그들은 '친일파'로 '오해'를 받는 경우가 대부분이었다.

    특히 '갑신정변'에 대해서는 당시는 물론이요 오늘날에도 많은 '오해'가 남아 있다. '갑신정변'은 오늘날의 사회과학계과 역사학계에서도 매우 중요한 논쟁적 주제로 되어 있다.

4

이 책에서 저자는 학계의 그 동안의 연구업적들의 기초 위에서, 엄격한 사회과학적 역사주의적 관점과 방법에 의거하여 세밀하게 '시간' 개념을 도입해가면서 역사적 실체적 '진실'을 밝히려고 노력하였다. 그 결과 초기 개화파의 사상과 행동 가운데 종래 밝혀지지 않았던 부분이 새로운 '진실'로서 여러 부분 구명되었다. 또한 그에 따라 초기 개화파와 갑신정변에 대한 극심한 '오해'도 어느 정도 해명되었다고 생각한다. 물론 초기 개화파의 사상과 행동을 모든 부분에서 모두 밝히는 일은 앞으로 남은 학계 공동의 방대한 연구과제임은 더 말할 필요도 없을 것이다.

이 책이 독자들에게 초기 개화파와 갑신정변에 대한 독자들의 이해에 조금이라도 도움이 될 것을 소망한다.

이 책의 출판을 맡아주신 지식산업사 사장 김경희 형과 교정에 성의를 기울여 주신 편집부 여러분들께 깊이 감사드리는 바이다.

2000년 3월
서울대학교 사회과학대학 연구실에서
저자 삼가 씀

차 례

제2부 갑신정변의 연구

제 1 부

초기 개화사상과 개화정책

1. 초기 개화사상의 형성

(1) 개화사상 형성의 배경

구미 열강이 19세기 중엽 동아시아에 침투하여 무력으로 위협하면서 불평등조약에 의거하여 중국과 일본을 개항시킨 것은, 조선왕조의 선각자들에게 위기의식을 불러일으키기 시작하였다. 특히 중국(淸)이 영국과의 아편전쟁(1840~1842)에서 패배하여 굴욕적인 南京條約(1842)을 체결하면서 5개의 항구를 개항하고, 천문학적 숫자의 배상금 지불은 물론 영국에게 치외법권까지 인정한 사실은 중국의 선각적 지식인들을 위기의식 속에 몰아 넣었으며, 이러한 사실이 조선의 선각적 지식인들에게 점차 알려지기 시작하면서 조선의 선각자들도 중국이 당면한 사태에 우려의 관심을 갖게 하였다. 서양 열강의 침략에 대한 반응으로 중국의 남방에서는 洪秀全이 1850년에 '太平天國 농민혁명운동'을 일으켜 淸왕조 타도의 반란을 전개하기 시작하였는데, 이 소식도 점차 조선왕조의 선각적 지식인들에게 알려지기 시작하였다.

뿐만 아니라 중국에서는 1856년 10월에 '애로(Arrow)호 사건'이 일어나, 영국과 프랑스의 동양함대가 연합해서 중국을 공격하여 廣東을 점령하고 天津을 공격하였다. 중국은 다시 이 서양의 무력에 굴복하여 天津條約(1858)을 체결함으로써 다시 천진을 비롯한 10개 항구와 揚子 江을 서양 열강에게 개항하기로 약속하였다. 청국이 이 조약의 批准과 실행을 지연시키려고 하자 영국·프랑스 연합군은 다시 무력 공격을 시 작하여 1860년 7월에는 천진을 점령하고, 8월에는 중국의 수도 북경을 점령하여 버렸다. 청국 황제는 熱河로 피난하고, 청국은 또다시 서양 열강의 무력 침략 앞에 굴복하여, 1860년 9월 '北京條約'을 체결해서 영 국·프랑스 연합군을 북경에서 겨우 철수시켰다.

북경조약의 주요내용은 ① 천진의 개항 ② 九龍半島의 할양 ③ 배상 금 1,600만 달러의 지불 ④ 서양인들에게 천주교(서학) 포교의 완전한 자유와 교회당 설립의 자유 허용 ⑤ 서양 신부들에게 토지·가옥의 건 축 또는 임대차의 자유 허용 ⑥ 서양인에 의한 중국인 노동자(coolies : 苦力)의 모집과 해외 송출의 허용 등이었다. 이것은 매우 굴욕적이고 국가의 손실이 매우 큰 敗者의 강화조약이었다

뿐만 아니라 중국(청)은 이 기회를 포착하여 북방으로부터 위협을 가하는 제정 러시아의 요구에 굴복해서 1858년에는 러시아와 '아이훈 (璦琿)조약'을 체결하여 黑龍江 이북의 시베리아 영토를 러시아에 할양 해 주었으며, 또한 1860년에는 러시아와 또 다른 '北京條約'을 체결하 여 沿海州를 러시아에 할양해 주었다. 그 결과 조선왕국은 1860년부터 이전에 알지 못했던 러시아와 국경을 접한 나라가 되었다.

한편 일본은 19세기에 들어와 서양 열강으로부터 통상조약 체결과 개국 압력을 계속해서 받아왔다. 이를 거절해 오다가 1853년 7월 미국 의 페리(Mathew C. Perry)가 지휘하는 군함 4척의 함포위협을 받고 결 국에는 굴복하여 1856년 3월 미국과 제1차 화친조약을 체결하고 2개의 항구를 개항하였다. 뒤이어 1858년 7월에는 미국과 불평등조약의 내용 을 가진 '미·일수호통상조약'을 체결함으로써 6개의 항구를 추가 개항 하고 전면적 개국 단계에 들어갔다. 일본은 1854~1856년의 기간에 서

양 각국과의 통상무역에서 무역적자가 대규모로 누적되자 吉田松陰 (1830~1859)을 중심으로 한 사무라이 일부에서 '서양과의 무역에서 손실 받은 것은 조선을 정복하여 조선의 금·은·물산 등으로 이익을 취하여 메우자'는 '征韓論'이 대두하여 교육되기 시작하였다.

당시 조선왕조의 지식인들과 관료들은 조선과 중국의 관계를 이와 입술의 관계로 생각하고 있었으므로, 입술인 중국의 몰락이나 멸망은 이인 조선의 위기를 몰고올 것이라고 보고 있었다. 조선의 조정과 일부 관료들은 세계에서 가장 강대한 나라라고 생각했던 중국이 서양 열강의 총력도 아닌 영국과 프랑스라는 두 나라 동양함대의 공격 앞에 수도 북경을 점령당하고 청국 황제가 熱河로 피난 가는 형편을 보고, 조선조정은 경악하여 1861년 1월에 위문사절단을 파견하는 형편이었다.[1]

중국이 서양의 무력 앞에 무기력하게 굴복하여 수도 북경을 점령당했다는 사실은 서양의 무력이 곧 조선에도 미칠 것이고, 이어서 불평등통상조약의 체결이 강요될 것임을 예고하는 것이었다. 그것은 또한 조선왕조와 한국민족이 만일 이에 적절히 대응하지 못하고 실패하는 경우에는 열강의 강대한 침략의 힘에 의해서 나라가 식민지 또는 반식민지로 떨어지게 되는 '민족적 위기'를 맞게 됨을 예고해 주는 것이었다.

뿐만 아니라 이 시기에 조선왕조의 전근대적 사회체제는 나라 안으로도 심각한 상태에 직면해 있었다. 양반관료들은 자기들이 제정한 국가의 법률과 제도도 준수하지 않고 농민들에 대한 苛斂誅求를 강화하여 이른바 '三政의 문란'이 극도에 달해 있었다. 이에 대항하여 농민들과 양인·천민의 하위신분층은 苛斂誅求 폐지와 양반신분제도의 폐지를 요구하면서, 19세기에 들어와 연이어 '민란'까지 일으켰다. 예컨대,

---

1) 《哲宗實錄》, 哲宗 12년 정월 丁未條 참조.

1811년 '홍경래의 난'을 하나의 전환점으로 하여 그후 해마다 끊임없이 대소규모의 '민란'이 일어나면서 조선왕조의 북부지방에 대한 통치가 根底에서부터 흔들리게 되었다. 또한, 1862년에는 '진주민란'을 비롯한 전국 30여 개 군에서 '민란'이 일어나 조선왕조의 남부지방에 대한 통치도 흔들리게 되었다. 그리하여 19세기는 가히 '민란의 세기'[2]라고 부를 수 있을 만큼 민란들이 일어나면서 양반신분 사회체제의 개혁을 요구하게 되었다.

만일, 조선조정과 한국민족이 내부에서 나오는 이러한 아래로부터의 양반신분제 사회의 개혁 요구를 흡수하여 문제를 해결하지 못하면 서양 열강의 도전 앞에서 민족공동체가 분열될 위험이 내포되어 있는 것이었다. 조선왕조의 전근대사회의 구조적 문제들에 의하여 조성된 이 위기는 한국민족이 19세기 중엽에 맞은 전근대사회의 '체제적 위기'라고 부를 수 있는 것이었다.

특히 주목해야 할 것은 19세기 중엽에 한국민족은 이러한 '민족적 위기'와 전근대사회의 '체제적 위기'를 중첩하여 맞게 되었다는 사실이다. 한국민족은 자기 나라의 자주독립을 지키면서 세계의 다른 나라 사람들과 대등한 위치에서 공존하며 살아가기 위해서는 '민족적 위기'와 '체제적 위기'를 동시에 해결해야 하는 과제에 직면하게 된 것이다.

19세기 중엽 조선왕조와 선각적 지식인들 사이에서는 서양 열강의 침투 압력 속에서도 '민족적 위기'와 '체제적 위기'의 심각성을 인식하여 이러한 중첩된 위기를 타개하고 당면한 문제를 해결하기 위한 새로운 사상들이 형성되었다. 그 대표적인 3대 사상이 널리 아는 바와 같이 ① 개화사상 ② 동학사상 ③ 위정척사사상이었다.

---

2) 愼鏞廈, 〈1894년의 會社身分利의 폐지〉, 《奎章閣》 9집, 1985 ; 《韓國近代社會史硏究》(一志社, 1987), 99쪽 참조.

(2) 개화사상의 형성

한국의 개화사상은[3] 조선왕조 후기의 실학사상을 계승하고 중국으로부터 구해온 新書 등을 도움으로 하여, 1853~1860년대에 중인 출신 지식인들과 양반 출신 지식인들을 중심으로 형성되었다.

한국 개화사상의 鼻祖는 널리 아는 바와 같이 吳慶錫(1831~1879), 劉鴻基(1831~1884?), 朴珪壽(1807~1876) 등이다.[4] 이 가운데에서 가장 먼저 개화사상을 형성한 선각자는 오경석이었다.

亦梅 오경석은 8대를 계속해서 역관을 지낸, 중인 출신인 역관의 집안에서 1831년에 태어났다. 그리고 그의 나이 16세 때인 1846년(헌종 12)에 譯科 식년시에 漢學(중국어)으로 합격하였으며, 16세 때부터 중국어 통역관이 되어 司譯院에서 수습 통역관으로 사회활동을 시작하였다.[5]

오경석이 家塾에서 공부할 때 家學으로 학습한 것은 貞蕤 朴齊家(1750~1805)의 실학이었다. 그는 박제가의 실학과 함께 그의 시문과 서화까지도 학습하였다. 현재 일부 남아 있는 오경석의 일부 장서에는 박제가의 문집인 ①《貞蕤稿略》(사본 1책) ②《貞蕤稿略》(淸版 1책) ③《貞蕤詩抄》(사본 1책) ④《楚亭小稿》(사본 1책) 등이 포함되어 있는

---

3)《皇城新聞》1898년 9월 23일자. 〈論說〉은 '開化'의 용어가 '開物成務 化民成俗'에서 취하여 조립한 용어이며, '사물의 이치를 지극히 연구하고 지극히 편리케 하여 그 나라의 일을 時務에 합당하도록 극진한데 나아가는 것'이라는 요지의 설명을 하였다. 여기서 역사적 개념으로서는 조선왕조 말기인 1853~1860년대부터 형성되어 발전한 자주근대화·변혁·진보의 사상이었다고 볼 수 있다.

4) ① 李光麟, 〈開化思想研究〉,《韓國開化史研究》(一潮閣, 1969), 19~45쪽 참조.
　② 姜在彦,《朝鮮の開化思想》(日本 : 岩波書店, 1980) 참조.

5) 愼鏞廈, 〈吳慶錫의 開化思想과 開化活動〉,《歷史學報》107집, 1985 ;《韓國近代社會思想史研究》(一志社, 1987) 참조.

데, 이 가운데에서 사본들은 오경석이 직접 자필로 정성스럽게 筆寫하
면서 스스로 학습한 박제가의 저작들이었다. 특히《貞蕤稿略》은 청국
에서 활자로 간행한 책을 다시 정성스럽게 친필로 필사한 것으로서,
그것만으로도 오경석이 박제가를 얼마나 열심히 사사했는가를 나타내
주고 있다. 그의 후손들이 증언하고 있는 바와 같이 오경석의 家學은
박제가(호 貞蕤·楚亭)의 학문이었다. 오경석이 남긴 장서 가운데 이처
럼 정성 들여 필사하고 있는 것은 정유 박제가와 藕船 李尙迪의 문집
들뿐이다. 오경석은 그의《天竹齋箚錄》에서 박제가에 대하여 다음과
같이 언급하였다.

　　朴楚亭 齊家는 일찍이 正祖에게 인정을 받아 別賫官이 되어 세 차례나 燕
　京에 가서 당시의 명사들과 교제하지 않음이 없었으며, 주고받은 시문들은
　陳雲伯의《畵林新詠》에 수록되어 있다. 그러므로 그가 극단적이었다고 하
　는 것은 잘못 전해진 것이다. 楚亭은 일찍이 어떠한 사물에든지 黏梁되는 일
　이 없었다.[6]

　박제가의 학문과 시문이 극단적이었다고 전해지는 세평에 대하여,
오경석이 그것은 오해라고 자신 있게 단정하였으며, 또한 박제가는 어
떠한 사물에든지 혹하여 물드는 일은 없었다고 설명하고 있는 것은 그
가 박제가의 학문을 깊이 연구했다는 사실을 시사하는 것이다.
　오경석이 또한 학습한 학문은 秋史 金正喜(1786~1856)의 실사구시
적 금석학이었다. 그는 김정희의 금석학을 열심히 배웠으며 많은 영향
을 받았다. 오경석의 저서인《三韓金石錄》의 맨 앞에 수록되어 있는
'高句麗故城刻字二種' 가운데의 1종과 '眞興王巡狩碑'는 바로 김정희가
발견한 것과 판독한 것을 오경석이 현지 답사하여 확인하고 수록한 것
이었다. 오경석은 금석학과 실사구시의 방법론에서 김정희의 뒤를 이

---

　6)　吳慶錫,《天竹齋箚錄》; 吳世昌,《槿城書畵徵》, 201쪽 참조.

었으며, 오경석의 《三韓金石錄》은 김정희의 《金石過眼錄》을 더욱 발전시킨 것이라고 볼 수 있다.

김정희의 서체와 서법에 대한 오경석의 賞讚은 대단하였다. 오경석은 북경에서 중국의 금석학자들과 서화가들에게 김정희의 글씨폭을 빌려주고 그를 높이 평가하였다.[7]

또한 오경석이 직접 스승으로 모시고 학습한 것은 藕船 李尙迪(1804~1865)의 학문이다. 이상적은 중인 출신의 역관으로서 오경석의 아버지와 친우 사이였다. 또한 이상적은 역관의 서자로 태어나서 1825년 역과 식년시에 수석으로 합격한 수재였다.[8] 그후 이상적은 한역관으로 12차례나 중국을 다녀왔으며, 국내에서는 추사 김정희에게 배웠고 중국에서는 翁方綱·吳崇粱·劉喜海 등 금석학 및 서화의 대가들과 交遊하면서 자기의 독자적 경지를 이룩한 대가였다. 그는 서필과 금석학에 일가를 이루었을 뿐만 아니라 시문에도 매우 능하여, 그의 시는 국왕 憲宗이 애송하였다. 이 때문에 이상적의 문집을 낼 때에 헌종이 그의 시를 애송했다고 해서 《恩誦堂集》이라고 이름하였다. 오경석이 이 문집을 중국에 가지고 가서 자신이 교제하는 북경 친우들에게 소개하여 그들 사이에 널리 애독되었다.[9] 이상적과 그의 스승 김정희와의 관계도 매우 두텁고 간절한 것이어서, 예컨대 김정희의 유명한 〈歲寒圖〉는 그가 제주도에 유배되어 있을 때 이상적을 생각하며 그려 보낸 것이었다.[10]

오경석은 이러한 이상적을 스승으로 하여 그로부터 중국어뿐만 아

---

7) 〈周棠의 亦梅 吳慶錫에게의 정월17일자 書簡〉,《燕京書簡帖》 참조.
8) 《譯科榜目》2책, 道光 乙酉 式年條, 26쪽 참조.
9) 〈吳鴻恩의 亦梅 吳慶錫에게의 초6일자 書簡〉;〈李士棻의 亦梅 吳慶錫에게의 2월 3일자 書簡〉,《燕京書簡帖》참조.
10) 吳慶錫의 아들 吳世昌은 〈歲寒圖〉가 발견되자 그 題跋文을 써서 이 그림에 첨부하고, 이 그림은 金正喜가 李尙迪에게 보낸 것임을 밝히면서, 두 사람의 두터운 情誼를 설명하였다.

니라 금석학과 서화 그리고 시문을 배워, 어려서부터 금석학과 서화에
일찍 눈을 떴으며 그의 학문을 형성 발전시켰다. 오경석이 1853년 처
음으로 북경에 갔을 때에 처음부터 스스럼없이 중국의 금석학과 서화
의 대가들과 交遊할 수 있었던 것도, 스승인 이상적의 소개와 그가 닦
아 놓은 친교에 의거한 것이었다.

여기서 오경석의 학문과 사상 형성에 결정적 영향을 미친 국내의 두
개의 흐름이 뚜렷하게 부각됨을 볼 수 있다.

그 첫째는 북학파 실학자인 박제가의 학문이다. 둘째는 김정희에서
이상적에 이르는 실사구시적 금석학과 書畵學의 영향이다. 이 두 개의
흐름은 모두가 넓은 의미의 '실학'으로서, 오경석은 직접적으로 실학을
배우고 계승하면서 그의 학문을 형성했다고 볼 수 있다.

오경석은 감수성이 예민한 23세의 청년기 시기인 1853년 4월에 중국
어 통역관으로서 처음으로 중국의 수도 북경에 가서 이듬해 3월까지
거의 1년 가까이 체류하면서 중국이 위기에 처하는 과정을 직접 관찰
했다. 또 새로운 지식을 가진 중국의 동남지방 출신 청년선비들과 교
유하면서 견문을 더욱 넓혔으며 사상에도 큰 변화를 일으키기 시작하
였다. 오경석은 다음과 같이 스스로 기록하였다.

> 癸丑년(1853)으로부터 甲寅년(1854)에 걸쳐서 비로소 燕京에 遠遊하게 되
> 어 東南의 博雅之士들과 교제하고 견문이 더욱 넓어졌다. 元·明 이래의 서
> 화 百十品을 차츰 購得하게 되고 三代·秦·漢의 金石, 晋·唐의 碑版도 수백
> 종을 넘었다. …… 내가 이들을 구득함이 모두 수십 년의 오랜 시간이 걸렸
> 고, 千萬里 밖의 것이라 心神을 大費하지 않고서는 가히 쉽게 얻을 수 없었다.[11]

1853년 제1차로 북경에 간 오경석은 금석과 서화를 구입하는 도중에

---

11) 吳慶錫,《天竹齋箚錄》; 吳世昌,《槿城書畵徵》, 251~252쪽 참조. 여기서는 書
畵 중심으로 설명되고 있으나, 그 밖에도 時務에 見聞이 더욱 넓어진 것은 더
말할 필요도 없을 것이다.

중국 동남지방에서 과거를 보러 수도 북경에 올라와 체류하고 있는 다수의 청년선비들을 사귀었다. 그후 1859년까지는 4차례 북경을 다녀왔으며, 그는 일생동안 13차례 북경에 다녀왔다. 초기에 오경석이 교제한 중국의 청년선비들은 현재 그의 편지들에 남아 있고 인물만 해도 약 60여 명이 된다. 이 가운데에는 그후 오경석이 개화사상을 형성한 시기와 비슷한 시기에 중국의 洋務派 개혁론자가 된 程祖慶, 何秋濤, 張之洞, 潘曾綬, 潘祖陰, 吳鴻恩, 孔憲彝, 王軒, 萬靑黎, 顧肇熙, 溫忠翰, 周壽昌, 謝維藩, 王懿榮, 吳大澂 등 다수의 인물들이 포함되어 있었다.

표 1. 오경석의 북경행 일람표

회 차	연도와 기간	正 使	副 使
1	1853년 4월~1854년 3월	姜時永	李謙在
2	1855년 10월~1856년 3월	趙得林	兪章瓊
3	1856년 10월~1857년 3월	徐載淳	任百經
4	1857년 10월~1858년 3월	慶平君 李晧	任百秀
5	1860년 10월~1861년 3월	申錫愚	徐衡淳
6	1862년 10월~1863년 4월	李宜翼	朴永輔
7	1863년 10월~1864년 3월	趙然昌	閔泳緯
8	1866년 5월~1866년 10월	柳厚祚	徐堂輔
9	1868년 윤4월~1868년 8월		
10	1869년 8월~1869년 12월	李承輔	
11	1872년 7월~1873년 3월	朴珪壽	成彝鎬
12	1873년 10월~1873년 3월	鄭健朝	洪遠植
13	1874년 10월~1875년 3월	李會正	沈履澤

오경석은 이들과 토론하면서 중국이 당면한 위기의 심각성을 이해하게 되었으며, 이것이 곧 조선에도 닥쳐올 위기임을 명확히 인식하게 되었다. 이에 그는 중국의 동남방 출신 학자들이 서양 열강의 침략으

로부터 중국을 구하기 위해 서양 열강의 국정을 소개 해설하고, 중국의 대응책을 논의해서 간행한 '新書'들을 북경에서 다수 구입하여 읽었다. 그리고 귀국할 때 이 신서들을 국내로 반입하여 연구한 결과 1853~1859년에 조선왕조 최초로 '開化思想'을 형성하게 되었다. 오경석의 아들 오세창은 일찍이 다음과 같이 회고하여 기록하였다.

> 나의 아버지 오경석은 한국의 역관으로서 중국에 파견되는 동지사 및 기타의 使節의 통역으로서 중국을 자주 왕래하였다. 중국에 체재 가운데 세계 각국의 角逐하는 상황을 見聞하고 크게 느낀 바 있었다. 뒤에 列國의 歷史와 各國興亡史를 연구하여 自國政治의 부패와 세계의 대세에 失脚되고 있음을 깨닫고, 앞으로 언젠가는 비극이 일어날 것이라고 하여 크게 개탄하는 바가 있었다. 이로써 중국에서 귀국할 때에 각종의 新書를 지참하였다.
>
> 오경석에게는 평상시 친하게 지내는 우인들이 있었는데, 그들 중 大致 劉鴻基란 동지가 있었다. 그는 학식이 탁월하고 인격이 고매하였으며 또한 교양이 深遠한 인물이었다. 중국으로부터 新思想을 품고 귀국한 오경석은 중국에서 가져온 각종 新書를 동인에게 주며 연구를 권하였다. 그 뒤 두 사람은 사상적 동지로서 결합하여 서로 만나면, 自國의 형세가 실로 風前燈火처럼 위태하다고 크게 탄식하였으며 언젠가는 一大革新을 일으키지 않으면 안 된다고 상의하였다.
>
> 어느 날 劉大致가 오경석에게 우리나라의 개혁을 어떻게 하면 성취할 수 있겠는가 하고 묻자, 吳는 먼저 北村(북촌이라고 하는 서울의 북부는 당시 상류계급의 거주구역임)의 양반자제 가운데에서 동지를 구하여 革新의 기운을 일으켜야 한다고 하였다.[12]

여기서 문제를 명확히 분석하기 위하여, 개화사상의 형성과정을 다음과 같이 나누어 생각해 볼 필요가 있다.

① 오경석이 중국 체재 중에 세계 각국이 角逐하는 상황을 견문하고 크게 느낀 바 있던 시기

---

12) 古筠紀念會 編, 《金玉均傳》 上(東京 : 慶應出版社, 1944), 48~49쪽 참조.

② 오경석이 열국의 역사와 세계 각국의 흥망사를 연구한 결과, 현 정치
  의 부패가 세계대세에 뒤떨어져 있음을 깨닫고 앞으로 언젠가는 우리
  나라에 비극이 일어날 것을 개탄하며 개화사상을 형성한 시기
③ 오경석이 중국에서 귀국할 때, 각종의 신서를 구입하여 온 시기
④ 오경석이 자기가 구입해 온 신서들을 절친한 친우 유홍기에게 주어
  연구를 권고한 시기
⑤ 유홍기가 오경석이 권유한 신서를 읽고, 연구한 결과 개화사상이 형
  성된 시기
⑥ 오경석과 유홍기가 개화사상의 동지로서 결합한 시기
⑦ 오경석과 유홍기가 우리나라의 형세가 풍전등화와 같이 위태하다고
  보고 일대혁신을 일으켜야 한다고 합의한 시기
⑧ 오경석과 유홍기가 나라의 개혁을 성취하기 위해서 북촌의 양반자제
  가운데에서 인재를 구하여 그들에게 개화사상을 교육해서 혁신의 기
  운을 일으키기로 합의한 시기
⑨ 오경석과 유홍기가 북촌의 양반자제들인 김옥균·박영교 등과 접촉하
  게 된 시기

위의 기록 가운데 ①~③은 오경석의 개화사상이 형성된 시기로
1853~1859년도였음이 명백하다. 오경석이 중국인과 나눈 200여 통의
편지 속에는 중국인 程祖慶이 오경석의 제1차 북경행 때에 오경석에게
보낸 편지가 1통 있는데, 이 편지에는 오경석이 書目을 만들어서 정조
경으로부터 《潛硏堂全書》 등 다수의 책과 금석문을 구입하였으며, 특
히 地圖 2장을 模寫했음이 기록되어 있다. 오경석은 1853년 제1차 북경
행 때부터 책들을 구입하고 지도를 빌려 모사하는 등, 신서 구입활동
을 시작했으며, 구입한 신서를 북경의 숙소에서 읽으면서 오경석의 개
화사상은 형성되기 시작한 것이었다.
  오경석이 제1차로 북경에 가서 체류한 1853년의 중국의 형세는 위기
로 충만해 있었다. 이때의 중국의 형편은 영국의 침략행위로 1840년
'아편전쟁'이 발발하여 청국은 2년간 분전했으나 패전하고 말아, 앞서

쓴 바와 같이 1842년 8월 결국에는 南京條約을 체결해서 막대한 배상
금을 영국에 지급했을 뿐만 아니라, 香港(홍콩)을 영국에 할양해 주고
廣東·廈門·福州·寧波·上海의 5개 항구를 개항하여 영국의 자본주의
상품들이 물밀 듯이 중국에 들어왔으며, 서양 열강들이 중국에서 각축
하면서 본격적으로 침략을 감행한 때였다. 이에 대응하여 또한 1850년
에는 洪秀全이 남방에서 무장봉기하여 1851년에는 태평천국의 수립을
선포했으며, 청국조정은 이를 '진압'하기 위해서 영국군을 借兵하여, 오
경석이 북경에 간 1853년에는 남방에서 전투가 벌어지고 있던 때였다.
이에 중국의 선각적 인사들과 예민한 청년들 사이에는 위기의식이 팽
배하게 되고, 서양 열강의 침략으로부터 중국을 구하기 위하여 간행된
'新書'들이 읽혀지고 있던 시기였다.

오경석은 1853~1858년 사이에 4차례나 북경을 다녀왔는데, 그때마다
신서를 구입하였다. 오경석이 1858년까지 구입한 신서로서 현재 알려져
있거나 남아 있는 것은 《海國圖志》, 《瀛環志略》, 《博物新編》, 《粤匪紀
略》 등이다. 물론 오경석은 1858년 이후에도 신서를 구입하였다.

이 가운데에서 가장 영향력이 컸다고 알려져 있는 것은 魏源의 《해
국도지》이다. 이 책은 영국을 비롯한 세계 각국의 지리와 역사, 국방,
籌海, 병기와 전술 등을 자세히 설명해 놓아 서양 열강의 침입시, 적절
하게 대비할 수 있는 유용한 책이었다. 또한 영국을 중심으로 서양의
과학기술과 선거제도·정치제도 등도 소개한 책으로, 《해국도지》에는
50권으로 된 1844년 판과 60권으로 된 1849년 판, 그리고 100권으로 된
1852년 판이 있었다.[13] 또한 姚滌山이 지은 《월비기략》은 1855년에 간
행된 책으로서 1850년 洪秀全이 무장봉기를 일으켜 태평천국을 선포
했다가 '진압'이 될 때까지의 태평천국운동에 관한 역사서이다. 이 책
은 현재도 보관되어 있는데 오경석이 이 책을 구입해 온 사실은 그가

---

13) 李光麟, 〈'海國圖志'의 韓國傳來와 그 影響〉, 《韓國開化史研究》, 2~18쪽 참조.

이 당시 중국이 처한 위기에 얼마나 큰 관심을 갖고 연구했는지를 알려주고 있다.

표 2. 오경석이 중국에서 구입해 온 新書의 일부

서 명	저(편)자	간행연도	비고 · 내용
海國圖志	魏源	1844	이 책의 刊本에는 세 가지가 있는바, 1844년 판은 50권(古微堂活字印本), 1849년 판은 60권(同重訂刊本), 1852년 판은 100권으로서, 이 100卷本이 중간정본이다. 그 내용은 洋夷의 침입에 적절하게 대비할 수 있도록 세계 각국의 지리와 역사, 국방, 주해, 병기 전술을 설명해 놓았으며, 영국을 중심으로 서양의 과학기술과 선거제도 등도 소개되어 있다.
瀛環志略	徐繼畬	1850	10卷으로 된 세계 각국의 지리서이다. 6대주별로 세계지리를 설명하고, 서양 열강의 국가별 지도와 地志를 상세하게 해설하였다. 역시 洋夷의 침입에 대비하기 위하여 洋務 목적으로 편찬한 신서이다.
博物新編	(英)合信 저, 中國人 역.	1855	上海의 海墨海書館에서 간행한 전집류로 서양의 과학기술 해설서이다. 제1집에 ① 地氣論 ② 熱論(蒸氣機關圖, 火輪船圖 등과 그 해설 포함) ③ 水質論 ④ 光論(顯微鏡圖와 해설 포함) ⑤ 電氣論(각종 電氣機器圖와 그 해설 포함) 등을 비롯해서 제2집과 제3집에 서양 자연과학의 부문별 해설이 수록되어 있다.
粤匪紀略	姚滌山	1855	1850년 廣西省 桂平縣 金田村에서 洪秀全이 중심이 되어 농민봉기를 일으켜서 태평천국을 선포했다가 '진압'될 때까지의 태평천국운동의 역사서이다. 北京琉璃廠刊本이며, 현재도 葦倉文庫에 수장되어 있다.

北徼彙編	何秋濤	1858~1860	오경석의 친우 何秋濤가 1858년경에 저술한 中露關係에 대한 지리와 역사서로 처음에는 6권이었다. 오경석은 이 本의 일부를 필사해 왔다. 何秋濤는 여기에 자료를 증보하여 80권으로 만들어 淸황제에게 보여서 '朔方備乘'이라는 책명을 얻었다. 활자로 간행된 것은 그 아들의 요청에 의해 李鴻章의 지원으로 1881년에야 이루어졌다.
揚水機製造法	不明		풍력을 이용하여 강변에서 揚水하는 기계의 제조법을 圖解까지 넣어 설명한 책이다. 오경석이 친필로 북경에서 필사해 온 책이다.
地理問答	서양인의 저서 편역	1865	세계지리를 83회의 문답으로 설명한 책이다. ① 지구 ② 亞細亞各國志 ③ 中國各省圖說 ④ 歐羅巴各國志 ⑤ 亞非利加各國志 ⑥ 北亞美利駕各國志, ⑦ 南亞美利駕各國志 ⑧ 阿西亞尼亞洲 群海島志 등으로 분류되어 있다.
海國勝遊草	斌椿	1868	斌椿이 5개월 간에 걸쳐 프랑스·영국 등 유럽 각국을 여행하면서 견문한 것을 기록한 견문기행서이다. 프랑스·영국·네덜란드·스웨덴·덴마크·독일 등을 여행한 기록이다.
天外歸帆草	斌椿	1868	斌椿이 5개월 간의 유럽여행을 마치고 3개월 간에 걸쳐 귀국하면서 견문한 것을 시와 기행문으로 쓴 책이다.
中西見聞錄		1872~1874	북경의 京都施醫院에 초빙되어 있던 미국 선교의사들이 서양의 자연과학, 기술, 역사, 정치, 경제, 문화 등을 중국인에게 소개하던 월간지이며, 영어 명칭은 *The Peking Magazine*이다. 현재 1874년도 분까지 葦倉文庫에 수장되어 있다.

오경석은 박제가·김정희·이상적 등의 실학과 중국 북경에서 체험한 견문과 위에서 든 신서들을 연구한 결과로 1853~1859년의 시기에 한국 최초로 '개화사상'을 형성하였다.

오경석이 그의 절친한 친우인 유홍기에게 신서들을 주어 연구를 권고한 결과 유홍기도 1860~1866년경에 개화사상을 형성하게 되었다.

오경석은 1860년 10월에 동지사 申錫愚일행의 통역관으로서 제5차로 북경에 갔다가 이듬해 1861년 3월에 귀국하였다. 그 이전 해인 1860년 8월에 중국에서는 '영국·프랑스 연합군의 북경점령 사건'이 일어나 청국 황제가 熱河로 피난한 형편이었으므로, 오경석은 영국·프랑스 연합군에 점령당한 직후의 북경의 참담한 실태를 직접 관찰하였으며 그가 북경조약의 내용에 큰 충격을 받았을 것임은 더 말할 필요도 없다. 그러므로 오경석이 북경을 향해 떠나기 직전이나 귀국 직후인 1860~1866년에 동안 그가 중국에서 구입해 온 신서들을 유홍기에게 주면서 나라를 구할 방책을 연구하라고 권고했을 것임을 추정하는 것은 전혀 어려운 일이 아니다.

오경석이 그의 개화사상을 피력하고 신서의 연구를 권고한 친구는 비단 유홍기만은 아니었다. 그의 친우들인 古藍 田琦, 大致 劉鴻基, 成安 金景遂, 小棠 金奭準, 夢人 丁學敎, 桐齋 安載福, 吉雲 卞元圭, 菊人 李容肅, 南舟 高穎聞, 蕭山 金景林 등 모두가 오경석의 심대한 영향을 받았다. 이들 가운데, 후에 개화사상의 영향을 받고 개화파가 된 인물들이 많았다.[14) 그러나 그 가운데서도 대치 유홍기가 오경석의 가장 가까운 개화사상의 동지가 되었다.

대치 유홍기는 오경석과 동갑으로 중인신분 출신이었다.[15) 그의 집안은 원래 역관 집안이었으나, 유홍기는 역관으로 나아가지 않고 의

---

14) 愼鏞廈, 〈吳慶錫의 開化思想과 開化活動〉, 앞의 책 참조.
15) 李光麟, 〈숨은 開化思想家 劉大致〉, 《開化黨研究》(一潮閣, 1973), 67~92쪽 참조.

약을 업으로 하였다. 당시에는 한의약도 중인의 직종으로 간주되고
있었다.

　　대치 선생은 원래 譯官의 집에 태어났으나, 醫를 業으로 하였고, 불교를
　깊이 믿어 道는 높고, 품성은 청백하였다. 학문으로서는 史學에 조예가 깊어
　朝鮮古今의 역사를 통달하였다. 또한 辭說은 유창하였으며, 신체는 장대, 紅
　顏, 백발, 항상 생기에 넘쳐 있었다.[16]

　유홍기는 오세창의 회고담에서도 "이 대치라는 사람은 학식이 탁월
하고 인격이 고매하였으며 또한 교양이 심원한 인물이었다"[17]라고 말
한 바와 같이 학식·품성·변설·신체 등 모든 면에서 탁월한 인물이었
다. 유홍기는 오경석이 아들 오세창을 위해 家塾을 차렸을 때, 오경석
의 요청에 응하여 塾師가 되어 주었을 만큼 그와 절친한 관계였다.[18]
　이러한 상황에서 유홍기 및 오경석의 중국 견문한 바와 그의 자세한
설명 및 그가 빌려준 《해국도지》, 《영환지략》 등을 비롯한 신서들을
읽고 개화사상을 갖게 되어 오경석과 동지로 결합하게 된 것이었다.
　瓛齋 朴珪壽는 조선후기 실학자 燕巖 朴趾源의 친손자로 고위양반
신분 출신이었으나 그의 할아버지 박지원의 실학적 학통을 이어받아
일찍이 개화사상을 형성하게 되었다.[19] 박규수가 개화사상을 형성하게
된 전기는 1860년 '영국·프랑스 연합군의 북경점령 사건'에 큰 충격을
받은 조선조정이 1861년 1월 위문사절단(慰問使)을 중국에 파견할 때
에 副使로 임명되어 중국에 다녀오게 된 것이 계기였다.

---

16) 古筠紀念會 編, 앞의 책, 52쪽 참조.
17) 위의 책, 49쪽 참조.
18) 〈吳一龍씨와 吳一六씨의 증언〉(1985년 4월 2일 및 4월 13일) 참조.
19) ① 金泳鎬, 〈實學과 開化思想의 聯關問題〉, 《韓國史研究》 8집, 1972 참조.
　　② 李完宰, 〈朴珪壽의 生涯와 思想〉, 《史學論志》 3집, 1975 참조.
　　③ 原田環, 〈朴珪壽の政治思想〉, 《朝鮮學報》 86집, 1978 참조.
　　④ 原田環, 〈朴珪壽の對日開國論〉, 《人文學報》 46집, 1979 참조.

박규수가 위문사절단의 부사로 임명되어 중국에 갈 때, 5가지의 목적이 있었다고 그의 수제자 金允植(雲養)은 다음과 같이 지적하였다.[20]

① 조선과 청국의 오랜 우호관계에 비추어 청국이 衰할 때에도 환난을 함께 하고자 하는 위문의 뜻을 표시하기 위한 것.

② 조선과 중국은 이와 입술의 관계인 나라이기 때문에 청국이 불행에 빠지는 것은 조선에도 幸이 아니므로 청국의 實情을 정확히 알아보기 위한 것.

③ 중국이 洋夷의 침략으로 이미 패전한 이상, 그 침략이 장차 조선에 미칠 것이므로 그에 대한 備禦之道를 수립하기 위하여 서양 열강에 대한 힘의 虛實을 偵探하기 위한 것.

④ 청국이 곤란과 危亂을 만났을 때 조선이 信義를 지켜 厚義를 보임으로써, 후일 청국이 회복했을 때 조선에 후의를 보내게 하기 위한 것.

⑤ 청국이 서양의 침략 앞에서 망해 가는 것을 앞서 일의 경계해야 할 사례로 삼아 조선의 상하 모든 관료들이 서로 경계하게 하기 위한 것.

또한 김윤식은 연암 박지원의 손자인 박규수가 할아버지의 전통을 이어 받아 이 사명을 누구보다도 적절하게 잘 수행했다고 기록하였다. 박규수가 개화사상을 형성한 것은 중국에 다녀오면서 직접 견문한 것과 중국에서 구입해 온《海國圖志》,《瀛環志略》,《中西見聞錄》등을 비롯한 신서들을 읽고 난 직후라고 한다.

다만 후학 소생인 오인의 견해에 의하면 瓛齋가 근대 명재상이오 선각자임에 틀림없지만, 그가 宇內大勢에 通曉하게 된 경로로 말하면 일찍이 그가 奉命使臣으로 燕京에 내왕하면서 얻은 견문과 거기서 사 가져온 泰西譯書에 의뢰한 바 크다 할 것이니 이것만은 거의 의심할 여지가 없다.

書籍으로부터 新知識을 얻게 된 것은 어느 때인지를 推察할 길이 없으나

---

20) 金允植,〈奉送瓛齋朴先生珪壽赴熱河序〉,《雲養續集》 2권, 3~12쪽 요약.

그가 몸소 燕京에 가서 견문에 의하여 얻어 온 對外知識은 적이 짐작 못할 바 아니다.[21]

여기서 주목해야 할 것은 박규수가 중국 북경에 다녀 온 것은 '영국·프랑스 연합군의 북경점령 사건' 직후인 1861년과 '신미양요' 직후인 1871년의 두 차례가 있었다는 사실이다. 이 때문에 박규수가 북경에서 몸소 견문하고 신서들을 구입해 와서 개화사상을 형성하게 된 계기가 1861년의 북경행 시기인가 1871년의 북경행 시기인가 하는 두 가지 견해가 나오게 되었다. 1871년의 북경행 시기로 보는 견해도 있기는 하다.[22]

그러나 1861년 박규수의 북경행 목적은 단순히 청국에 대한 위문에만 있지 않고 서양 열강의 침략 앞에 있는 청국의 실정을 '정탐'하고, '備禦之道'의 수립을 위한 자료수집에 더 큰 역점이 있었으므로, 이때 신서들을 구입해 왔을 것임은 의문의 여지가 없다. 따라서 박규수의 개화사상의 형성시기는 1861년 북경행 직후라고 보는 것이 합당할 것이다.

이를 증명해 주는 것은, 다음에 더 자세히 설명하겠지만, 1861년 북경을 다녀온 후, 박규수가 평안도관찰사로 있을 때 '제너럴셔먼호 사건'이 일어났었다. 이때 박규수는 대동강에 가라앉은 제너럴셔먼호의 선체와 엔진을 끌어올려 서울로 보내서 《해국도지》의 설명대로 증기선의 실험을 하도록 대원군에게 권고하였다. 이것으로 보아 그는 1866년 이전에 《해국도지》를 읽었던 것이다.

또한 박규수는 북경행(燕行)과 대대로 관련이 있는 북학파 실학자의 집안 출신이었으며, 오경석은 8대나 중국어 통역관을 지낸 중국어 통

---

21) 文一平, 〈瓛齋朴珪壽〉, 《湖岩全集》 3권, 1940, 22쪽 참조.
22) 위의 글 참조 ; 李光麟, 〈開化思想硏究〉, 《韓國開化史硏究》(一潮閣, 1969), 19~ 45쪽 참조

역관 집안 출신으로 그들은 1860년에 친교가 있었다. 물론 나이 차이뿐 아니라 당시의 양반 신분제 사회에서 최고위 양반가문 출신인 박규수와 중인 역관가문 출신의 오경석이 대등한 교제를 할 수는 없었겠지만, 당시 서울에서 몇 집안 되지 않은 燕行通의 두 가문이 世交가 있었을 것임은 당연한 것이다. 박규수와 오경석의 가문이 세교가 있었다는 것은 후손들의 증언뿐만 아니라, 박규수가 오경석에 보낸 1통의 편지가[23] 이를 증명한다. 이 편지에 보면 박규수가 오경석에게 편지를 보낸 일자는 '六日'이라고 되어 있으며, 오경석을 正三品 堂下官 이하의 인물에게 사용하는 '惠人'이라는 예의상의 호칭을 쓰면서 매우 친밀하게 오경석의 안부와 함과 중국인과의 관계에 대해 문의를 하고 있다. 그런데 오경석은 1869년 7월에 正三品 堂上譯官이 되었으므로, 박규수가 오경석에게 보낸 이 편지는 1869년 7월 '이전에' 보내진 것이 분명하며, 1860년대에 박규수와 오경석이 친교가 있었음을 명백하게 증명해 주고 있는 것이다.

오경석은 동지사의 역관으로 1860년 10월 서울을 출발하여 열하와 북경을 경유하여 1861년 3월에 귀국하였다. 박규수는 그로부터 3개월 뒤인 1861년 1월 위문사의 부사로 서울을 출발하여 열하와 북경을 경유하여 6월에 귀국하였으므로, 두 개화사상의 비조가 동행하지는 못했지만 두 사람이 중국에서 체류한 기간 중 겹치는 3개월 동안에 열하와 북경에서 상봉했을 가능성이 매우 높다고 할 것이다.

박규수가 다른 사람보다 일찍 개화사상을 형성한 학문적 배경은 그의 조부인 연암 박지원의 실학에 있었다. 그후의 자료지만 신채호는 개화사상과 박지원의 실학사상과의 관계를 다음과 같이 설명하였다.

김옥균이 일찍이 우의정 박규수를 방문한즉, 박씨가 그 벽장 속에서 地球

---

23) 〈朴珪壽의 吳慶錫에게의 惠人 書簡〉(吳一六 씨 소장) 참조.

儀 1座를 내어 김씨에게 보이니, 該儀는 곧 朴씨의 조부 燕巖선생이 중국에
유람할 때에 사서 휴대하여 온 바더라.[24]

초기 개화파의 인물 가운데 한 명인 박영효는 그후 개화사상의 형성
에 대하여 다음과 같이 회고하였다.

　　그 新思想은 내 일가 박규수 집 사랑에서 나왔소. 김옥균·홍영식·서광범
그리고 내 백형(박영교 - 인용자)하고 재동 박규수 집 사랑에 모였지요.[25]
'연암집'의 귀족을 공격하는 글에서 평등사상을 얻었지요.[26]

여기서 명백한 것은 한국의 개화사상은 1853~1859년에 오경석에
의하여 최초로 형성되었고, 뒤이어 유홍기와 박규수에 의하여 1860~
1866년에 형성되었다는 사실이다. 따라서 한국의 개화사상은 1853~
1860년대에 오경석·유홍기·박규수 세 명의 비조에 의하여 새로운 구
국사상으로 형성된 것이었다고 말할 수 있다.

(3) 1866년 개화사상의 鼻祖들의 활동

1866년 7월에는 '제너럴셔먼호 사건'이 있었고, 9월에는 '丙寅洋擾'가
있었다. 개화사상의 비조인 박규수와 오경석은 각각 이 두 개의 큰 사
건에 대응하여 큰 활약을 하였다.
박규수는 1866년 음력 2월 4일 평안도관찰사로 임명되어,[27] 3월 22일

---

24) 申采浩, 〈地動說의 效力〉, 《改訂版 丹齋申采浩全集》 下, 384쪽 참조.
25) 李光洙, 〈朴泳孝씨를 만난 이야기〉, 《東光》 1931년 3월호.
26) 위와 같음.
27) 《高宗實錄》, 高宗 3년(1866) 2월 초4일조 ; 《承政院日記》, 高宗 3년(1866) 2월
　　초4일조 참조.

서울을 출발해서 부임하고,[28] 7월 23일 대동강에 침입한 미국상선 '제너럴셔먼호'를 평양의 관민과 함께 火攻으로 격침시켰다.[29] 제너럴셔먼호를 격침시킨 장본인이며 책임자였던 사람은 다름 아닌 개화파의 비조 가운데 하나인 바로 박규수였다.

특히 주목해야 할 점은 박규수는 불법 침투한 제너럴셔먼호를 대동강에서 격침시킨 후에, 그 기계들을 물 속에서 건져 올려 서울로 보내어서 서양 증기선의 구조와 기능을 알아내는 실험을 하도록 했다는 사실이다. 박규수는 제너럴셔먼호의 기계·철물 등은 물론이요, 증기선 장치와 무기들을 낱낱이 수색하여 건져 올려, 평양감영의 무기고에 넣었다. 건져 올린 장치와 무기들의 내역은 대포 2문, 소포 2문, 대포탄환 3개, 철정 2개, 대소 철연환줄 162파, 서양철 1,300근, 장철 1,250근, 잡철 2,145근이었다.[30] 이것이 서양식 증기선 제조의 실험을 위하여 서울 한강에 보내졌다.

박제경의 《近世朝鮮政鑑》에는 대동강에서 건져 올린 제너럴셔먼호의 잔해 부품을 서울 한강으로 보내서 대원군이 金箕斗라는 기술자를 시켜 《海國圖志》에 의거하여, 서양 증기선의 원리를 본떠서 철선을 제조하고 목탄으로 증기기관을 작동시켜 기계바퀴를 돌리는 軍船을 새로이 제조 실험한 사실에 대한 간단한 설명이 기록되어 있다.[31] 《高宗實錄》에 이 무렵(1866~1867) 戰船을 새로 제조한 사실이 기록되어 있는 것으로 보아서 실제로 이러한 실험이 있었다는 사실을 확인할 수 있다.[32] 《해국도지》의 '倣造戰船議'에는 서양식 전선의 제조필요와 방

28) 《日省錄》, 高宗 3년(1866) 3월 22일조 ; 《高宗實錄》, 高宗 3년(1866) 3월 22일조 참조.
29) 《承政院日記》, 高宗 3년(1866) 7월 22일, 27일조 ; 《高宗實錄》, 高宗 3년(1866) 7월 22일조, 7월 27일조, '平安監司 朴珪壽狀啓' 참조.
30) 《高宗實錄》, 高宗 3년(1866) 8월 초8일조 참조.
31) 朴齊絅, 《近世朝鮮政鑑》, 26~27쪽 참조.
32) 《高宗實錄》, 高宗 4년(1867) 10월 25일조 참조.

법이 논의되어 있고, '火輪船圖說'에는 와트(James Watt)의 증기기관의
圖解와 증기선의 제조방법이 설명되어 있다.[33]

박규수가 제너럴셔먼호의 증기기관과 기계들을 서울로 보내 서양식
軍船제조를 제안하고, 대원군이 김기두를 시켜서 《해국도지》에 의거
하여 증기선 제조를 실험했다는 사실은, 박규수가 적어도 그 이전에
개화사상을 형성했음을 알려주고 있는 것이라고 할 수 있다. 그리고
우리는 여기서 《해국도지》가 일찍이 조선에 구입되어 왔을 뿐만 아니
라, 1866년에는 이것의 응용까지 시도되었음을 알 수 있다.

'제너럴셔먼호 사건'이 일어난 지 두 달 후인 9월에 '병인양요'가 일
어나 衛正斥邪論이 비등하였지만 박규수는 이에 동조하지 않았을 뿐
만 아니라, 김윤식의 기록에 의하면 다음과 같이 이를 비판하였다.

> 옛날에 朴瓛齋(珪壽)께서는 병인양요를 당하여 사람들이 모두 서학에 물
> 들음을 우려하였는데, 瓛齋만이 홀로 말하기를 "어찌 우리 道가 서양에 적셔
> 들어가지 않는다고 할 수 있는가? 이 말이 거의 장차 증명되지 않겠는가"라
> 고 하였다.[34]

또한 김윤식은 스승 박규수의 말을 다음과 같이 기록하였다.

> 옛날에 瓛齋(朴珪壽) 相公이 일찍이 말하기를, "사람들이 말하되 西法이

---

33) 《海國圖志》(1847년간, 60권 24책본) 21책 53권 참조. 〈倣造戰船議〉조에는 〈請
    造戰船疏〉1~4쪽, 〈覆奏倣造夷式兵船疏〉5~8쪽, 〈造砲工價難符例價疏〉9~11
    쪽, 〈水勇小舟攻擊情形疏〉12~13쪽, 〈製造出洋戰船疏〉14~19쪽과 〈戰船解說〉
    20~26쪽, 〈安南戰船說〉27~29쪽이 수록되어 있고, 22책 권54에는 〈火輪船圖說〉
    1~9쪽, 권55에는 〈鑄砲鐵模圖說〉10~14쪽, 〈鑄造洋砲圖說〉15~26쪽, 〈樞機砲架
    新式圖說〉27~31쪽, 〈大砲順用滑車絞架圖說〉32~34쪽, 〈擧重大滑車絞架圖說〉
    35~37쪽, 〈旋轉活動砲架圖說〉38~45쪽이 수록되어 있다. 火輪船의 圖解는 모
    두 6장이 수록되어 있다.
34) 金允植, 《續陰晴史》下[국사편찬위원회 편, 高宗 27년(1890) 7월 15일조], 125
    쪽 참조.

東으로 오면 夷狄과 금수가 됨을 면하지 못하게 된다고 한다. 내 생각으로는
東敎가 서양에 들어갈 조짐이 있어 이적과 금수가 장차 모두 사람이 된다고
생각한다”고 하였다.[35]

이것은 1866년 ‘병인양요’를 맞아 전국에 위정척사론이 재대두하여
지배했을 때 박규수가 보인 반응이었다. 1866년 9월에 프랑스 동양함
대가 침략하여 강화도를 점령하는 ‘병인양요’가 일어나자 華西 李恒老
(1792~1868)는 ‘위정척사론’을 주창하고 대원군에 의해 同副承旨로 발
탁되었다. 또한 蘆沙 奇正鎭(1798~1876)은 副護軍에 임명되어 ‘위정척
사론’을 주창했고, 그 밖에 전국의 유명한 유학자·유생들이 한결같이
‘위정척사’를 주창하였다. 그들은 왜와 서양은 ‘夷狄’이요 특히 서양은
삼강오륜의 윤리와 주자학의 이치를 전혀 모르는 ‘금수’라고 규정하면
서, 만일 조선이 저들 왜와 서양인들과 통상하여 화교하면 조선은 ‘夷
狄’과 ‘금수’의 나라로 떨어지고 말 것이라고 경고하였다. 이러한 관점
에서 그들 위정척사파는 일본 및 서양과의 모든 통상과 교섭을 단호하
게 반대하였다.

1866년의 이러한 지적 분위기 속에서 박규수가 위정척사론을 비판
하고 (개국통상을 하면) 동양의 道가 서양에 들어가 그들을 교화시킬
수도 있다는 반론을 제자들에게 말한 것은, 그는 위정척사론과 다른
새로운 사상(초기의 개화사상)을 갖고 있었음을 시사하는 것이다.

박규수는 1866년 병인양요 당시, 현직의 고위관료로서 ‘위정척사론’
을 자유롭게 비판할 수 있는 위치에 있지는 않았다. 그럼에도 불구하
고 이 시기에 그가 ‘위정척사론’을 비판하고 새로운 사상을 피력한 것
은 그가 1861년 중국을 다녀온 이후 스스로 개화사상을 형성하여 갖고
있었으며, 1866년 ‘제너럴셔먼호 사건’과 ‘병인양요’는 개화사상이 형성
된 상태에서 맞이하였으며, 그 사상을 기반으로 처리하고 반응한 것이

---

35) 위의 책, 高宗 28년(1891) 2월 17일조, 157쪽 참조.

었다고 볼 수 있다.

박규수는 이와 같이 새로운 사상을 형성한 단계에서 나라의 방어를 위하여, 대원군에게 關西海防策을 제안해서 서해안의 요지에 방어진지를 다수 구축함으로써 국방을 튼튼히 하도록 하였다.

한편 오경석도 1866년 '병인양요'에 직면하여 큰 활동을 하였다. 오경석은 1866년 5월 대원군에 의해 조선정부가 중국에 파견한 奏請使 일행의 통역관으로 또 북경에 가게 되었다. 당시 대원군은 이 해 정월 초부터 천주교도에 대한 탄압을 감행하여 조선인 교도는 물론이고 국내에 잠입한 프랑스인 신부 12명 가운데 9명을 체포하여 처형하였다. 체포를 면하여 탈출한 프랑스인 신부가 천진에 있는 프랑스 동양함대 사령관 로즈(Rose)에게 구원과 보복을 요청하자, 주중국 프랑스공사와 프랑스 동양함대의 사령관은 이 기회에 조선을 침공하여 대원군 정부를 응징하고 가능하면 조선왕국을 프랑스에 隸屬시키려고 하였다.

조선정부는 프랑스가 조선을 침공하고자 준비한다는 소식이 들어오자 청국에 사태를 해명하고 정세를 탐지하기 위하여 正使에 柳厚祚, 副使에 徐堂輔, 書狀官에 洪淳學을 임명하여 소위 '奏請使'라는 이름의 사절단을 파견하면서,[36] 오경석을 賫咨官 겸 통역관으로 북경에 파견하게 된 것이었다.[37]

사절단 일행이 북경에 도착하였으나 정사·부사·서장관 등은 그들과 말이 통하지 않을 뿐 아니라 중국 고관들과 친교가 없어, 외교활동을 거의 하지 못하고 있었다. 그 와중에 오직 오경석만은 그 동안 자기가 닦아 놓은 중국인들과의 친교와 외교적 기반에 의거하여 매우 활발한 외교활동을 전개하고 많은 정보와 정책자료를 수집하였다. 오경석은 특히 서양 열강의 침략에 대응하여 정책수립의 경험을 가진 중국의 정

36)《日省錄》, 高宗 3년(1866) 4월 초9일조 ;《高宗實錄》, 高宗 3년(1866) 4월 초9일조 참조.
37) 吳世昌,《吳慶錫·吳世昌年譜》丙寅條 참조.

책가 12명과 만나, 프랑스 동양함대의 동태와 그들의 조선침략의 경우
의 대책수립을 위한 조언과 자료를 수집해서 대원군에게 보내었다.[38]
이때 오경석이 직접 만나서 들었던 자료를 수집해서 본국에 보낸 중국
정책가들의 조언의 일부를 요약하면 다음과 같다.

張丙炎(翰林院 編修)

서양의 종교 시행을 운운하는 것은 첩자와 결탁해서 타국의 정상을 탐
지하는 것을 要諦로 하고 있다. 그러므로 간첩[奸細]의 인도가 없으면 감히
타국의 境地에 침입하지 못한다. 그들의 성격은 피하면 사납게 공격하여
들어오고 대기하면 도리어 달아난다. 그러므로 禦洋策은 자기의 국경을 고
수하고 간첩을 엄금하며 그들과 더불어 相戰하지 않는 것이 최선의 방법이
고, 그리하면 마침내 스스로 물러가게 된다.[39]

王軒(兵部 郎中)

먼저 자기 나라의 奸細[간첩]를 금하며 저들이 우리의 허실을 정탐할 수
없도록 하면 염려할 것이 없다. 이미 奸細가 있으면 어려움이 있다. 그러나
저들의 대선박은 수심이 낮은 물가에 정박하지 못하므로 다른 길을 금하고
지형을 이용하여 衆智를 모아 도모하는 것이 좋다.[40]

吳懋林(軍功으로 候選)

서양인의 욕심은 토지에 있지 않고 세계를 모두 商業에 따르게 만들어
그 중에서 利를 취하려는 계책이다. ……
저들은 陸戰은 長技가 아니다. 그러나 가벼이 나아가서 접전하는 것은
불가하다. 저들의 해상의 대포는 船竹의 사이에 걸려 있으므로 사격술이
정교하지 않으면 명중시키지 못한다. 그러므로 水戰도 불가하며, 대선박이
아니면 포를 거는 것도 불가능하다. 저들은 高處의 城郭을 격파하고 싶으

---

38) 吳慶錫, 《洋擾記錄》, 39~44쪽 참조.
39) 위의 책, 1~2쪽 참조.
40) 위의 책, 2쪽 참조.

면 포를 걸어 발포한다. 그러나 귀국은 들으니 山城이라 하는데, 산성은 그
것으로 격파할 수 없을 것이다.[41]

劉培菜(軍功으로 당시 福建省通判에 임명)

6월 초8일 登州에서 배를 탈 때 서양의 병선 10수 척이 있으므로 서양배
에 있는 廣東人을 불러 물은 즉 바야흐로 高麗에 향하기 위하여 搆兵(군대
출동의 편대 구성)한다고 운운하였다. 병의 다소를 물은 즉 한 배에 5백~6
백명이라 하였다. 軍糧의 다소를 물은 즉 1개월 여를 지탱할 수 있다고 하
였다. 발선하는 것을 보지 못하고 왔다. 대개 서양의 장기는 火輪船인데 하
루에 1천 4, 5백리를 간다. 병선은 작고 煙筒은 짧으므로 바라보면 알 수 있
으며, 수심이 1丈이면 뜨고 2丈이면 간다. 이보다 얕으면 움직이지 못한다.
귀국의 해변은 石角[암초]이 잠기어 있으므로 서양인이 이를 두려워한
다. 만일 저들이 귀국의 지방민의 향도가 있으면 들어갈 수 있을 것이다.
그러나 해안이 꾸불꾸불 굴곡이 심하면 火輪船은 쓸모가 없고 반드시 小船
으로 나아갈 것인즉 귀국 역시 兵船으로 대응하여 막아낼 수 있다. 이때 서
양의 砲火藥은 심히 맹렬하므로 砲丸을 속히 발사해야 하며 迫戰(近接戰)
은 불가하다. 귀국의 산천은 險阻하므로 火輪車는 달리지 못한다. 저들이
비록 배에 싣고 온 馬가 있을 것이나 많지 않아 크게 부족할 것이다. 그러
니 지형의 險阻에 의거하여 방어하고, 방어하기를 오래하면 저들의 군량이
부족하여 반드시 오래 지탱하지 못하고 撤去할 것이다.
저들의 砲에는 飛天火砲가 있는데 포환의 크기는 쟁반만 하며, 그 안에
小丸 천백 개가 들어 있어서, 발사되어 陣中에 들어와 땅에 떨어진 연후에
大丸이 갈라지면서 小丸이 사방에 發散하여 사람을 부상시키니, 이는 두려
워할 만한 것이다. 發砲를 지켜보다가 미리 피하면 면할 수 있다.
귀국은 오랫동안 兵을 사용하지 않아서 兵에 익숙하지 않으므로 오직
지키기만 하고 전쟁하지 말 것이며, 필승이 내다보이는 연후에만 싸워야
할 것이다. 신중해야 하며 가벼이 나아가서는 안 된다.
저들은 타인의 약한 곳을 보면 반드시 진격하고, 타인의 강한 곳을 보면
반드시 후퇴한다. 그러므로 약한 곳을 보이지 말아야 한다. 대저 군량을 빌

---

41) 위의 책, 2~3쪽 참조.

리고 군병을 빌린 무리가 오래 지탱하지 못하는 것이 明若觀火함은 비단 이번만이 그러한 것이 아니다. 저들은 수년 전에 富商으로부터 8百萬金을 빌린 다음 이자도 갚지 못한 상태에서 출병했으므로 시기가 서양인들에게 불리하다. 이번에 10수 척의 배로 東國에 향하면서 이 때문에 군량이 적을 수밖에 없다.[42]

오경석은 그의 오랜 친우들을 통하여 많은 대책자문과 권고를 받아 큰 도움을 얻었다. 특히 劉培棻의 권고를 오경석은 매우 중요시하여 보고하였다.

당시 프랑스 동양함대의 사령관인 로즈(Pierre Gustave Roge)와 주북경 프랑스공사인 벨로네(Henri de Bellonet)는 조선을 침공하기에 앞서 청국정부에게 대원군의 조선조정을 격렬하게 규탄하면서, 청국에 조선왕국에서의 천주교의 포교승인을 요청하고 조선 침공을 청국에 알려, 마치 청국의 公文에 의해 동의를 얻어 조선에 출병하는 것처럼 행세하였다. 또한 프랑스의 조선침공 병력에는 청국의 雲南省軍도 일부 포함되어 있다는 소문도 파다하였다. 만일 이것이 사실이라면 이는 조선에게는 참으로 더욱 심각한 위협이었다.

오경석은 그 진위를 알아보기 위하여 온갖 노력을 다하였다. 당시 청국의 禮部尙書는 오경석과 1850년대부터 친교가 있는 만청려가 맡고 있었다.[43] 오경석은 만청려로부터 유배분을 경유하여 그러한 일이 없다는 회답과 자문을 들었으며, 또 만청려를 직접 면담하여 위의 소문이 사실이 아님을 재확인하였다. 오경석이 두 차례에 걸쳐 본국에 보고한 내용의 요지는 다음과 같다.

① 오경석이 劉培棻을 통하여 얻은 萬靑黎의 회답

---

42) 위의 책, 4~7쪽 참조.
43) 〈萬靑黎의 亦梅 吳慶錫에게의 書簡〉,《燕京書簡帖》참조. 이 書簡帖에는 1850년대에 萬靑黎가 吳慶錫에게 보낸 편지가 3통 수록되어 있다.

萬尙書의 말에 중국의 雲南兵이 프랑스 해군과 함께 移去한다는 설
에 대하여 물으니 가로되, 이것은 서양인의 거짓말이라고 하였다. 이
것은 중국을 겁내서 聲勢를 과장하려는 계책에 불과하다. 종교의 시행
을 청한 공문의 의미를 물은 즉 가로되, 다른 나라의 출병은 처음부터
중국에 관계가 없는데 어찌 공문을 청하는 이치가 있을 것인가라고
하였다. …… 또한 서양의 풍속은 兵을 일으킬 때에 자기 나라 군주에
게 書奏하여 일이 성공하면 爵號의 상을 받고 성공하지 못하면 벌을
받는 고로, 이제 명분이 없는 兵을 일으키고자 함에 자기 군주에게 고
하고자 하므로 중국공문으로 구실의 핵심을 의탁하여 만들려는 것일
뿐이다. 중국은 절제하고 있으며 저들이 10수 척의 배로 갔다면 해상
의 漁船과 商船을 몰아 그 위세를 돕도록 했을 것이며, 實兵船은 12척
뿐이다. …… 이번에 간 서양인이 프랑스인인가 영국인인가 물으니,
가로되 프랑스인이고 영국인이 아니라고 하였다. 그러나 서로 借兵을
하므로 영국인이 전혀 없다고 단언할 수는 없다고 하였다. 저들은 군
량이 적은 것을 매양 근심하고 있으므로 戰과 和간에 速成하고자 하
고 있다. 그러므로 서양을 제압하는 術은 遲(끌고)하고 緩(천천히)하는
것이라고 하였다.[44]

② 오경석이 직접 萬靑黎와 면담하여 얻은 회답

서양인의 소위 公帖은 그들이 스스로 主管한(꾸민) 것에 불과하고,
처음부터 중국이 아는 바가 아니다. …… 서양인은 전적으로 財利를
가장 숭상한다. 영국 오랑캐는 通商을 주로 하고, 法國(프랑스) 오랑캐
는 行敎(종교 포교)를 주로 한다. 법국인은 집요하고 사나우며 무릇 거
사하면 일을 이룰 때까지 쉬지 않는다. 아라사(러시아)는 더욱 不可測
이며, 貪狼하기 한량없고, 또 바라는 바는 토지이다.[45]

오경석의 이 보고를 받은 대원군이 얼마나 안도하며 자신감을 가졌
을 것인가는 미루어 알고도 남음이 있다.

---

44) 吳慶錫, 《洋擾記錄》, 7~10쪽 참조.
45) 위의 책, 10쪽 참조.

오경석은 위와 같은 각종 정보와 자료들을 본국에 있는 대원군에게 보내면서 자기의 견해를 넣어 다음과 같이 또다시 요약하여 보고하였다.[46]

① 부득이 開國하여 통상하는 경우에는 물품과 저들의 金銀을 무역해야지, 우리의 금은과 저들의 물품을 무역하지 말아야 함은 중국의 경제가 고갈된 것으로 족히 증명될 수 있다.
② 프랑스의 침공을 제압하는 데는 피하면 사납게 들어오고 대기하면 스스로 물러간다고 한다.
③ 저들의 行敎(종교 포교)는 비단 行敎만이 아니라 타국의 사람마음을 얻어서 內應潛通 세력을 만들려는 계책이 포함되어 있다.
④ 프랑스가 중국의 公文을 요청한 것은 조선에 대한 것이 아니라 프랑스가 자기 나라 군주에게 보일 구실을 얻으려는 것이다. 중국은 프랑스의 조선침공에 전혀 관계되어 있지 않다.
⑤ 프랑스의 동양함대는 재정이 부족하여 상인으로부터 百萬金을 빌려서 보급을 댄 형편이므로 軍糧(1개월분)이 부족하고 大發兵을 할 수 없게 되어 있다.
⑥ 프랑스군이 침공하면 지형을 이용하여 굳게 지키고 가능한 한 전쟁을 하지 않으면서 오래 끌면 마땅히 물러갈 것이라고 한다.
⑦ 프랑스군은 군량이 부족하므로 전쟁을 하든 화평하든 간에 매양 급히 결단내기를 바랄 것이므로, 우리의 전술의 요체는 자신을 갖고 천천히 대기하면 저들은 스스로 물러갈 것이다.

오경석의 이러한 활약과 보고가 당시 조선이 프랑스 동양함대의 침략을 물리치는 데 매우 큰 도움이 되었을 것임은 의문의 여지가 없다. 당시 북경에서는 조선 사절단인 정사·부사·서장관 등 다수의 고위 양반관료들이 체류했지만, 그들은 신분과 직위만 높았지 이러한 외교활

---

46) 위의 책, 45~46쪽 참조.

동을 할 능력이 없었다. 오직 오경석만이 그 동안 북경에 왕래하면서 쌓아 놓은 친교의 기반과 그의 개화사상을 기초로 한 활발한 외교활동 을 통하여 결정적으로 중요한 정보를 수집하는 데 큰 성과를 내었다.

오경석은 프랑스 동양함대의 침공에 대한 대응전략을 위한 자료 수 집 이외에도 청국의 總理衙門과 프랑스의 공사관 사이의 왕복 외교문 서들을 중국인 친우들을 통해 筆寫해 본국에 보고하였다.[47]

이상과 같이 개화사상의 비조인 박규수와 오경석의 1866년의 활동 을 보면, 그들은 개화사상을 바탕으로 한 궁극적인 개항과 개국의 필 요성을 절감하고 있었다. 하지만 그것은 우리나라의 자주적 기반 위에 서의 개혁과 발전을 위한 개항과 개국이지, 무력위협과 무력침공에 의 한 개항과 개국은 아니었음을 알 수 있다. 1866년의 박규수와 오경석 의 활동에서 확인할 수 있듯이, 그들은 외국의 침략적 위협과 무력침 공에 의한 개국에는 앞장서서 반대하였으며 외국의 침공을 막아내기 위하여 정력적으로 활동을 전개했다.

특히 오경석은 '병인양요' 이후에는 준비를 갖추고 기회를 보아 자주 적인 개국과 개화정책을 실현하여 나라를 근대국가로 만들 필요를 더 욱 절실하게 느꼈다. 오경석은 주체성이 강한 대원군이 집권하고 있는 기간에 개항·개국을 하는 것이 안전하다고 판단하였다. 그리하여 1871 년 미국이 '대통령국서'를 갖추고 수호통상조약 체결과 개항을 요청해 오자 오경석은 개항을 더 미루어도 더 이상 좋은 기회가 없고 사태는 더욱 악화될 것이라고 판단하고, 대원군에게 미국과 외교를 하도록 주 장하고 개항할 것을 건의하였다. 오경석은 다음과 같이 회고하였다.

辛未년(1871) 아메리카船이 왔을 때 대원군은 全權이 최고에 있었다. 그때 나는 대원군에게 도저히 외교를 열지 않을 수 없는 所以를 설명하였다. 그

---

47) 위의 책, 20~26쪽 참조.

러한 상황에 미국 배가 약간의 포사격을 받고 퇴각당하였다. 그 이래 나를
지목하기를 開港家라고 하여 어떤 일을 건의해도 다시는 採取되는 일이
없었다.[48]

그러나 오경석은 미국군함이 함포사격을 하여 무력행사를 하는 데
에는 단호하게 반대하며 대항하였다. 그후 '신미양요'의 뒷처리를 위하
여 1872년 박규수를 정사로 한 사절단이 중국에 파견되었는데, 이때 오
경석은 수석통역관으로 지명되어 북경에 가서 '신미양요'와 관련된 뒷
처리 외교활동을 전개하였다.

(4) 최초의 개화사상

오경석·유홍기·박규수 등 개화사상의 鼻祖들이 당시에 형성했던 최
초의 개화사상의 내용은 어떠한 것인가? 개화사상의 3비조 모두가 개
화사상에 관련된 문헌을 충분히 남기지 않아서 그 내용을 정리하기에
는 어려움이 있다. 특히 유홍기는 그후 개화활동은 많이 했지만 글을
남긴 것이 없고, 박규수는 글을 많이 남겼으나 개화에 관련된 글이 아
니라 대부분 그 이전의 국정에 관련된 글뿐이다. 비교적 개화에 관련
된 글을 많이 남긴 오경석의 경우에도 단편적인 글밖에 남아 있지 않
다. 이러한 난점을 전제로 하고, 오경석의 개화사상을 중심으로 하여 3
비조가 최초의 개화사상을 형성한 시기의 개화사상의 내용의 특징을
간단히 요약하면 다음과 같이 정리할 수 있을 것이다.

첫째, 개화사상의 3비조는 조선왕국과 조선민족은 심각한 大危機에

---

48)《日本外交文書》제9권, 문서번호 6, 1876년 1월 30일조,〈黑田辨理大臣一行,
江華府前往二關スル件〉, 33쪽 참조.

직면했다는 위기의식을 갖고 있었다. 이 위기는 일차적으로 서양 열강
의 동양침입으로 말미암아 발생한 것이라고 그들은 생각했다. 중국은
서양 열강의 침입을 받고 그들의 角逐場이 되어 붕괴되어 가고 있는데,
이것은 중국에 그칠 일이 아니고 입술과 이의 관계에 있는 조선에도
곧 불어닥칠 위기라고 생각하였다. 그들은 이것을 매우 큰 민족적 위
기로 생각하며, '앞으로 언젠가는 반드시 비극이 일어날 것'[49]이며, '자
기 나라의 형세가 풍전등화처럼 위태하다'[50]고 생각하였다.

둘째, 개화사상의 3비조는 이러한 민족적 대위기 속에서도 조선의
정치는 부패해 있고, 조선의 사회와 경제는 세계대세에 비해 매우 낙
후되어 있다고 생각하였다. 그들은 이것을 '자국정치의 부패와 세계대
세에 失脚되고 있음'[51]을 깨달은 것으로 표현하였다. 따라서 그들은 부
패하고 세계대세에서 매우 뒤떨어진 당시의 조선왕조의 정치와 사회
체제로서는 이러한 민족적 대위기를 타개하여 나라와 백성을 지킬 수
없다고 생각하고 판단하였다.

셋째, 개화사상의 3비조는 이러한 민족적 대위기를 타개하려면 '一
大革新을 일으키지 않으면 안 된다'[52]는 사상을 갖고 있었다. 그들이 여
기서 말한 '一大革新'은 조선왕조의 부분적인 소개혁이 아니라 국가정
법 전반에 걸친 '대개혁'을 가리킨 것이었으며, 사회체제 전반의 大更
張改革을 의미한 것이었다. 따라서 그들의 개화사상은 조선의 민족적
위기를 중국에 의뢰하여 타개하려고 생각하는 사상이나, 조선왕조의
전근대적 기존체제를 그대로 유지하면서 위기를 극복하려는 위정척사

---

49) 古筠紀念會 編, 앞의 책, 49쪽 참조.
50) 위의 책 참조.
51) 위의 책 참조.
52) 위의 책 참조.

사상과는 정면으로 첨예하게 대립되는 사상이었다.[53]

넷째, 개화사상의 3비조는 나라를 구하는 '일대혁신'을 반드시 자주적으로 단행해야 하며, 서양 열강의 침입으로 붕괴되어 가는 중국에 조금이라도 의뢰해서는 안 되고, 조선이 완전히 자주적으로 조선사람의 힘에 의하여 부강한 근대국가를 만들어야 한다는 사상을 갖고 있었다. 그들은 조선조정의 대관들이 중국에 의존하려는 생각을 가진 것을 개탄하였다. 서양 열강이 중국을 다투어 침략하고 약탈하는 것을 생생하게 견문하고 읽은 그들은 외국에 조금이라도 의존하는 것은 침략의 뜻을 가진 자들에게 나라의 운명을 맡기는 위험한 것이라 보고, 자주독립하여 자기 힘으로 대혁신을 일으켜 부강한 나라를 만들어야 한다는 사상을 갖고 있었다.

다섯째, 개화사상의 3비조는 나라의 일대혁신을 일으키려면 새로운 '혁신적 정치세력'을 형성해야 한다는 사상을 갖고 있었다. 그들이 가리킨 이 혁신적 정치세력은 곧 개화파 또는 개화당의 형성을 의미한 것이었다. 그들은 부패하지 않고 세계대세의 변화를 잘 알면서 나라를 구할 수 있는 '개화혁신세력'이 형성되어 정권을 주도하면서, 온 나라에 혁신의 기운을 일으켜야 한다는 생각을 갖고 있었다.[54]

여섯째, 개화사상의 3비조는 조선도 세계대세에 보조를 같이하는 나라가 되어야 한다는 생각을 갖고 있었다. 그들이 자기 나라가 '세계대세에 失脚되고 있다'고 개탄한 것은 기본적으로 과학기술문명과 자본주의세계에서 뒤떨어져 있다는 것을 의미한 것이었으며, 조선이 세계

---

53) 金允植, 《續陰晴史》下, 高宗 28년(1891) 2월 17일조, 157쪽 참조.
54) 古筠紀念會 編, 앞의 책, 49쪽 참조.

대세에 보조를 같이해야 한다고 생각한 것은 조선도 근대국가와 과학
기술문명과 자본주의 시민사회를 수립하는 방향으로 나아가야 함을
시사한 것이었다고 볼 수 있다.

일곱째, 개화사상의 3비조는 조선도 서양과 같이 철과 석탄을 이용
하여 기계를 사용해서 생산을 하는 공장제도를 도입해서 공업과 산업
을 발전시켜야 부강한 나라를 만들 수 있다는 사상을 갖고 있었다.
특히 오경석은 그러한 생각이 강했다. 강화도조약 때 문정관으로 일
본군함에 승선하여 오경석은 일본 외교관들에게 "우리나라도 철과 석
탄의 채굴법을 알게 되면 반드시 부강하게 된다"[55]고 말하였다. 그들은
서양 열강이 철과 석탄을 사용하면서 산업혁명을 일으켜 증기기관과
공장제도로 생산하기 때문에 부강해졌음을 알고 있었다. 따라서 조선
도 철과 석탄을 채굴하여 서양과 같이 그것들을 사용하여 기계로 생산
하는 공장을 세우고 공업과 산업을 일으키면 반드시 부강하게 된다고
생각하였다.

여덟째, 개화사상의 3비조는 서양의 과학기술의 선진성을 전면적으
로 인정하고, 조선도 적극적으로 이를 도입하고 채용해야 나라를 부강
하게 만들 수 있다는 사상을 갖고 있었다. 그들은 서양의 과학기술에
감탄하였으며 예민하게 이에 반응하였다. 오경석이 북경의 바쁜 일정
속에서도 서양의 과학기술서인 《揚水機製造法》이라는 책을 필사해 온
것이라든지, 철과 석탄의 이용을 강조한 것은 그가 서양의 과학기술의
도입과 채용에 열의를 많이 가졌음을 증명해 주는 것이다.[56] 또한 그는

---

55) 《日本外交文書》 제9권, 문서번호 6, 1876년 1월 30일조, 〈黑田辨理大臣一行,
   江華府前往=關スル件〉, 38쪽 참조.
56) 吳慶錫이 〈鐵과 石炭〉을 이용하고 〈火輪船〉(蒸氣船)을 구비할 것을 말한 것
   은 모두 서양의 先進科學技術을 배우고 채용해야 나라를 富強케 할 수 있다는

그후 일본 외교관과의 담화 중에 일본의 通信 상태를 물어보고 전신기가 전국을 종횡하는 망을 이루었다는 대답을 듣자, "그렇게 해야만 인간이 살 만한 세계라고 말할 수 있다"[57]고 과학기술에 대한 생각을 일찍부터 피력하였다. 또한 박규수가 1866년 제너럴셔먼호를 격침시킨 후 그 증기기관과 기계들을 서울 한강으로 보내어 증기선 제조 실험을 하도록 한 것도 그의 서양 과학기술 채용에 관한 열의를 나타낸 것이라고 볼 수 있다.[58]

아홉째, 개화사상의 3비조는 조선의 양반신분제도를 폐지해야 하며, 나라 안의 각계각층의 능력 있는 인재를 모두 관직에 채용해야 한다는 사상을 갖고 있었다. 오경석과 유홍기는 중인 출신으로서 무능한 양반들에게 신분차별을 받으며 생활해 오는 동안 양반신분제도의 폐해와 불합리함을 누구보다도 잘 알고 절감한 선각자들이었다. 또한 그들은 양반신분제도의 폐지가 쉬운 일이 아니며 당장은 매우 어렵다는 것을 잘 알고 있었다. 이 때문에 그들은 개화혁신세력을 형성하여 개화정책을 실행하려면 서울 북촌의 양반 자제들 가운데 영민한 양반자제들을 발탁하여 시급하게 개화사상을 교육하는 것이 지름길이라고 생각했다. 그러나 그들의 궁극적 목적은 폐해 많고 결국 나라를 망치게 할 양반신분제도를 폐지해야 한다는 사상을 확고히 갖고 있었다.

또한 박규수는 중인 출신이 아니고 고위 양반신분 출신이었지만, 조부 연암 박지원의 실학을 계승한 그는 양반신분제도를 비판하고 평등사상을 주창하였으며 또한 그러한 사상을 교육시켰다.[59]

사상을 표현한 것이었다고 볼 수 있다.

57) 《日本外交文書》 제9권, 문서번호 6, 1876년 1월 30일조, 〈黑田辨理大臣一行, 江華府前往ニ關スル件〉, 37쪽 참조.

58) 朴齊絅, 《近世朝鮮政鑑》, 26~27쪽 참조.

59) 李光洙, 앞의 책 참조.

열째, 개화사상의 3비조는 조선도 근대적이고 혁신적인 군함을 구비
하여 국방을 튼튼히 해서 나라를 자기의 힘으로 방어해야 한다는 사상
을 갖고 있었다. 박규수는 '제너럴셔먼호 사건' 때 조선도 증기기관을
설치한 군함을 제조해서 국방을 튼튼히 해야 한다고 생각하여 증기병
선 실험을 제의했으며, 關西海防策을 건의하였다.[60] 오경석은 '병인양
요' 때 중국에서 외교활동을 하면서 프랑스 동양함대의 무력을 정밀하
게 조사하여 본국에 보고하였으며,[61] 그후 강화도조약 직전에 일본군함
에 승선하여 일본 외교관들에게 '우리나라가 火輪船을 구비하게 되려
면 약간의 시간이 걸릴 것이다. 언제 이것을 보는 날이 될까'[62] 하고 군
함의 구비를 희구하였다. 여기서의 화륜선은 군함을 가리켰던 것으로
서 오경석은 군함을 구비한 근대적 국방체제를 만들어 나라를 자기의
힘으로 지키고자 한 열망을 나타냈던 것이다.[63]

열한째, 개화사상의 3비조는 조선이 종래의 쇄국정책을 버리고 자주
적 개국·개항을 단행해야 한다는 사상을 갖고 있었다. 그들은 대원군
과 위정척사파의 쇄국정책으로는 나라를 구할 수 없다고 생각했으며,
조선도 자주적으로 개국하여 세계 각국과 통상도 하고 문물도 교환하
면서 필요하다고 생각하는 서양의 선진문물을 받아들여야만 나라를
부강하게 발전시킬 수 있다고 생각했다. 이것이 곧 궁극적으로 나라를
구하는 길이라고 여겼다. 박규수는 조선이 개항하여 서양과 통상하면
서양 문물이 들어와 조선을 금수의 지역으로 만든다는 견해를 비판하

---

60) 原田環, 〈朴珪壽と洋擾〉, 《旗田教授古稀紀念朝鮮史論集》, 1979 참조.
61) 吳慶錫, 《洋擾記錄》, 4~10쪽 참조.
62) 《日本外交文書》 제9권, 문서번호 6, 1876년 1월 30일조, 〈黑田辨理大臣一行,
    江華府前往ニ關スル件〉, 37쪽 참조.
63) 吳慶錫의 軍艦을 구비한 近代的國防에 대한 熱望은 그가 편진한 《洋擾記錄》
    전책에 충만하여 있다.

면서, 서양과 교류하면 동양의 종교와 문화를 서양에 내보내어 그들을 교화시킬 수도 있다고 지적하였다.

그러나 중요한 것은 개화사상의 3비조는 외국의 위협과 침략에 의한 개항과 개국은 단호히 반대하였다. 이 때문에 박규수는 1866년 7월 미국상선 제너럴셔먼호를 대동강에 격침시켰었다. 또한 오경석도 이 때문에 '병인양요' 때에는 프랑스 동양함대의 침입을 막기 위하여 헌신적으로 외교활동을 전개했었다.[64] 오경석은 그후 1871년에 미국군함이 '대통령국서'를 갖고 수교를 요청했을 때 대원군에게 이 기회에 '개항'을 하자고 건의했으며, 그때 '개항가'로 지목받았다.[65] 그러나 미국이 그대로 돌아가지 않고 무력행사를 자행하여 '신미양요'를 일으키자 이에 단호히 대결하여 나라를 지키기 위한 외교활동을 적극적으로 전개하였다.

개화사상의 3비조가 생각한 개항·개국은 조선이 준비와 실력을 갖추고, 필요에 의해 단행하는 '자주적' 개항·개국이었다.[66]

열두째, 개화사상의 3비조는 외국과 통상을 하되 조선이 손실을 입지 않는 통상을 할 것을 주장하였다. 특히 오경석은 중국이 외국과의 통상을 잘못하여 나라 경제가 빈약해지는 것을 견문하고, 조선은 물품과 물품의 균형무역을 해야 하며, 조선의 金銀과 외국의 물품을 교역하여 조선의 금·은을 외국에 누출시키거나, 조선이 수출보다 수입을 많이 하여 무역적자의 손실을 입어서 그 대가로 금·은을 외국에 내보

---

64) 吳慶錫, 《洋擾記錄》, 38~44쪽 참조.
65) 《日本外交文書》 제9권, 문서번호 6, 1876년 1월 30일조, 〈黑田辨理大臣一行, 江華府前往ニ關スル件〉, 33쪽 참조.
66) 吳慶錫은 朴齊家의 사상을 계승 발전시켜 開國論者가 되었으나, 그의 開國은 朝鮮이 自主的 主體性을 갖고 朝鮮의 利益과 富强을 위한 방법으로서 실행하는 自主的 開國을 가리킨 것이었다.

내서는 나라 경제가 메마르게 된다고 주장하였다.[67] 개화사상의 비조들
은 대외통상이 반드시 조선을 부강케 하는 방법으로서만 실행되어야
그 통상이 나라를 부강케 하는 방법의 하나가 될 수 있다는 사상을 갖
고 있었다.

 자료가 부족하여 개화사상의 3비조의 형성기 개화사상을 더욱 상세
하게 설명할 수 없는 것이 유감이지만, 여기까지만 보아도 19세기 중
엽에 조성된 민족적 위기와 체제적 위기를 타개하는 사상으로서의 개
화사상은 동시기 동학사상이나 위정척사상과는 매우 다르다는 것을
알 수 있다.
 물론 개화사상의 3비조의 형성기 개화사상은 아직 초기의 첫 개화사
상이어서 1880년대의 개화사상과 같이 발전된 것은 아니었다. 또 오늘
날의 관점으로 보면 그것은 이미 상식화된 것일지 모르지만, 당시 전
근대적 구체제를 강화하여 과제에 대응하려던 완고한 위정척사사상이
국론을 지배하고 있던 1860년대의 상황에서는 위와 같은 개화사상은
참으로 획기적인 사상이었다.
 1866년 9월 '병인양요'라는 큰 대란을 겪은 오경석과 유홍기는 개화
혁신세력을 양성하기 위하여 서울 북촌의 영민한 양반 자제들을 선발
하여 개화사상을 교육해서 혁신의 기운을 일으키기로 합의한 것으로
보인다. 그러나 개화사상의 3비조 가운데에서 오경석·유홍기의 노력만
으로는 북촌의 영민한 양반 자제들을 모을 수가 없었다. 그들은 중인
신분 출신이었기 때문에 고위 양반 출신의 영민한 자제들을 불러모아
교육시킬 수는 없었기 때문이었다. 이에 오경석과 유홍기에게는 박규
수의 도움과 역할이 절실한 것이었으나, 1866년 당시 박규수는 평안도
관찰사로 평양에 있었기 때문에 이들과 합류할 수 없었다.

_____

67) 吳慶錫,《洋擾記錄》, 45쪽 참조.

박규수가 藝文閣提學의 새 직책을 발령 받은 것은 3년 후인 1869년 4월 3일(양력 5월 14일)이었다.[68] 박규수는 상경하자 바로 4월 23일(양력 6월 3일)자로 漢城判尹에 임명되었고,[69] 뒤이어 6월 15일(양력 7월 22일)자로 刑曹判書에 겸임으로 임명되었다.[70] 박규수의 집은 서울 북촌의 재동에 있었다.[71] 한편 오경석은 조선 정부가 파견하는 사절단(정사 李承輔)의 통역관으로 1869년 8월에 북경으로 출발하여 12월에 귀국하였다.[72] 그러므로 박규수가 평안도관찰사의 임무를 끝내고 상경한 후 오경석·유홍기 등과 합류한 것은 1869년 4월~8월 사이와 12월 두 기간이었다.

오경석·유홍기·박규수 등 개화사상의 3비조는 결국 서울에서 1869년에 완전히 합류하게 된 것이었다.

박규수는 오경석·유홍기가 이미 합의한 방책대로 북촌의 양반자제들 가운데 가장 영민한 청년들을 선발하여, 1869년 후반~1870년 초부터 박규수의 사랑방에서 개화사상을 교육하기 시작하였다. 金允植, 朴泳教, 金玉均, 洪英植, 朴泳孝, 徐光範, 兪吉濬, 金弘集 등이 그 대표적인 청년들이었다. 김윤식은 다음과 같이 썼다.

처음에 古遇(김옥균)는 瓛齋(박규수)선생 문하에서 배워 宇內의 대세를 대개 깨닫고 동지들과 더불어 國事를 근심하고 개탄했다.[73]

---

68) 《日省錄》, 高宗 6년(1869) 4월 초3일조 ; 《高宗實錄》, 高宗 6년(1869) 4월 초3일조 참조.
69) 《承政院日記》, 高宗 6년(1869) 4월 23일조 ; 《高宗實錄》, 高宗 6년(1869) 4월 23일조 참조.
70) 《日省錄》, 高宗 6년(1869) 6월 15일조 ; 《高宗實錄》, 高宗 6년(1869) 6월 15일조 참조.
71) 《高宗實錄》, 高宗 11년(1874) 3월 초5일조 ; 文一平, 〈名相 朴珪壽의 옛터〉, 《湖岩全集》 3권, 266~268쪽 참조.
72) 《高宗實錄》, 高宗 6년(1869) 7월 29일조 참조.
73) 金允植, 《續陰晴史》 下, 577쪽 참조.

박영효는 개화사상이라는 신사상을 박규수의 사랑방에서 친우들과
함께 배웠음을 다음과 같이 회고하였다.

> 그 신사상은 내 일가 朴珪壽 집 사랑에서 나왔소. 金玉均, 洪英植, 徐光範
> 그리고 내 백형(朴泳敎를 가리킴)하고 齋洞 朴珪壽 집 사랑에 모였지요..[74]

그리하여 1853~1860년대에 오경석·유홍기·박규수 3비조에 의하여
형성된 한국의 개화사상은, 마침내 1869년 후반~1870년 초부터 영민
한 양반자제들을 선발하여 그 제2세대들에게 개화사상을 교육시키면
서 나라를 구할 준비를 시작하게 된 것이다.[75]

---

74) 李光洙, 앞의 책 참조.
75) 愼鏞廈, 〈金玉均의 開化思想〉, 《東方學志》 46·47·48합집, 1985 ; 《韓國近代社
會思想史研究》(一志社, 1987) 참조.

2. 초기 개화파의 형성과 분화

(1) 초기 개화파의 형성

조선왕조에서는 19세기 중엽 서양세력의 침입으로 조성된 민족적 위기를 타개하기 위한 사상의 하나로 개화사상이 吳慶錫(1831~1879), 劉鴻基(1831~1884?), 朴珪壽(1807~1876) 등 3인의 鼻祖에 의하여 1853~1860년대에 형성되었다.

1866년(高宗 3) '제너럴셔먼호 사건'과 '병인양요'의 큰 충격을 받은 개화사상의 3비조는 개화사상을 바탕으로 나라를 크게 개혁해서 나라를 이 위기에서 구해 낼 혁신적 정치세력인 개화파를 형성시키고자 하였다.[1] 오경석의 아들 吳世昌은 다음과 같이 회고하여 기록하였다.

나의 아버지 오경석은 한국의 譯官으로서 당시 한국으로부터 중국에 파

---

1) 姜在彦, 〈開化思想·開化派·甲申政變〉, 《朝鮮近代史研究》(東京, 1970) ; 李光麟, 〈開化黨의 形成〉, 《省谷論叢》3집, 1972[《開化黨研究》(一潮閣, 1973) 수록] ; 愼鏞廈, 〈金玉均의 開化思想〉, 《東方學志》46·47·48합집, 1985 ; 金雲泰, 〈韓末開化思想과 그 運動의 展開〉, 《朝鮮朝政治思想研究》, 1987 참조.

견되는 冬至使 및 기타의 사절의 통역으로 자주 중국을 왕래하였다. 중국에 체재 중 세계 각국의 각축하는 상황을 견문하고 크게 느낀 바 있었다. 뒤에 列國의 역사와 각국 흥망사를 연구하여 自國政治의 부패와 세계대세에 실각되고 있음을 깨닫고, 앞으로 언젠가는 반드시 비극이 일어날 것이라고 하여 크게 개탄하는 바가 있었다. 이로써 중국에서 귀국할 때에 각종의 新書를 지참하였다. …… 평상시 가장 친교가 있는 友人 중에 大致 劉鴻基라는 동지가 있었다. 그는 학식이 탁월하고 인격이 고매하였으며 교양 또한 심원한 인물이었다. 오경석은 중국에서 가져온 각종 新書를 그에게 주어 연구를 권하였다. 그 뒤 두 사람은 사상적 동지로서 결합하여 서로 만나면 나라의 형세가 실로 바람 앞의 등불처럼 위태하다고 크게 탄식하며 언젠가는 일대혁신을 일으키지 않으면 안 된다고 상의하였다. 어떤 날 劉大致가 오경석에게 "우리나라의 개혁은 어떻게 하면 성취할 수 있겠는가" 하고 묻자, 오경석은 "먼저 동지를 北村(서울의 북부 당시 상류계급의 거주구역)의 양반자제 가운데에서 구하여 혁신의 기운을 일으켜야 한다"고 하였다.[2]

여기서 특히 주목할 것은 풍전등화와 같이 위태한 형세에 있는 나라를 구하기 위하여 일대혁신을 일으킬 수 있는 동지들을 서울 북촌의 양반자제들 가운데 영민한 청년들을 선발하여 개화사상을 전파 교육해서 혁신적 정치세력을 형성한 시기가 언젠인가의 문제이다.

오경석과 유홍기는 중인신분의 역관과 한약사이었으므로, 당시의 양반신분사회체제 하에서는 북촌의 영민한 양반자제들을 선발하여 교육시킬 수 있는 사회신분이 아니었다. 개화사상의 세 비조 가운데 양반신분은 박규수뿐이었다. 박규수는 실학자 燕巖 朴趾源의 친손자로서 그가 조부의 실학을 계승하여 개화사상을 형성한 무렵에는 그는 이미 고관대작의 지위에 있었다. 그러므로 박규수는 북촌의 영민한 양반자제들을 자유롭게 선발하여 개화사상을 교육시킬 수 있는 상태였다.

박규수는 1866년 음력 2월 4일 평안도관찰사로 임명되어,[3] 3월 22일

---

2) 古筠紀念會 編, 《金玉均傳》 上(東京 : 慶應出版社, 1944), 48~49쪽 참조.
3) 《高宗實錄》, 高宗 3년(1866) 2월 초4일조 참조.

서울을 출발하여 평안도관찰사로 부임하였다.[4] 그리고 7월 19일(양력 8월 28일) '제너럴셔먼호'의 도발을 받고, 이를 7월 23일(양력 9월 1일) 火攻으로 격침시켰다.[5] 박규수가 평안도관찰사의 임기를 끝내고 藝文館 提學의 발령을 받은 것은 그로부터 약 3년 후인 1869년 4월 3일이었다.[6] 평안도에서 상경하자마자 박규수는 4월 23일자로 한성판윤에 임명되었으며,[7] 6월 15일자로 형조판서에 겸임으로 임명되었다.[8] 이때 박규수의 집은 북촌의 齋洞에 있었다.[9]

한편 오경석은 1866년에 프랑스 동양함대의 침공설로 말미암아 그해 5월에 중국에 파견되었다가 10월에 귀국하였다.[10] 또한 1869년에 오경석은 열 번째로 중국에 파견되었다가 그 해 12월에 귀국하였다.[11]

그러므로 오경석·유홍기를 하나로 하고 박규수를 다른 하나로 하여 형성된 개화사상의 3비조가 합류한 시점은 1869년이라고 볼 수 있다. 북촌의 영민한 양반자제들을 선발하여 개화사상을 교육해서 개화파 혁신세력을 형성하고자 하는 전략을 일찍이 합의했던 오경석과 유홍기가 '제너럴셔먼호 사건'을 처리하고 1869년에 중앙 관직에 임명받아 귀경한 박규수를 방문하여 서양세력의 침입으로 말미암아 조성된 나라의 위기를 어떻게 타개할 것인가를 논의했을 것임은 의문의 여지가 없다. 뿐만 아니라 오경석의 후손들이 증언하는 바와 같이, 북학파인 박규수 가문과 8대나 대대로 중국어 통역관인 오경석의 가문은 대대로 교제를 해왔었다. 또한 박규수가 오경석에게 보낸 날짜가 적혀 있지

4) 《高宗實錄》, 高宗 3년(1866) 3월 22일조 참조.
5) 《高宗實錄》, 高宗 3년(1866) 7월 22일조, 27일조, '平安監司 朴珪壽狀啓' 참조.
6) 《高宗實錄》, 高宗 6년(1869) 4월 초3일조 참조.
7) 《高宗實錄》, 高宗 6년(1869) 4월 23일조 참조.
8) 《高宗實錄》, 高宗 6년(1869) 6월 15일조 참조.
9) 《高宗實錄》, 高宗 11년(1874) 3월 초5일조 ; 文一平, 〈名相 朴珪壽의 옛터〉, 《湖岩全集》 3권, 266~268쪽 참조.
10) 吳世昌, 《吳慶錫·吳世昌年譜》 丙寅條 참조.
11) 《高宗實錄》, 高宗 6년(1869) 7월 29일조 참조.

않은 편지 한 통이 남아 있는데, 이 편지에서 박규수는 오경석을 정3품 당하관 이하의 관인에게만 쓰이던 '惠人'이라는 호칭을 사용했는데, 오경석은 1869년 7월에 정3품 堂上譯官이 되었으므로 이 친밀한 편지는 1869년 7월 이전에 박규수가 오경석에게 보낸 편지이고, 1869년 이전에 박규수와 오경석이 신분은 서로 다르지만 친밀한 교제가 있었음을 이 편지가 증명해 주고 있는 것이다.[12]

요컨대 오경석·유홍기·박규수는 1869년 말에 완전히 합류하였으며, 1870년 초를 전후하여 북촌의 양반자제들 가운데에서 영민한 청년들을 선발하여 박규수의 사랑방에서 개화사상의 교육을 본격적으로 시작하였다.

물론 박규수의 사랑방에 학당을 차린 것은 아니었다. 북촌의 영민한 양반자제들이 집단으로 또는 개인으로 박규수의 사랑방을 정기적으로 또는 부정기적으로 방문하여 박규수의 지도를 받은 것이었다. 박규수의 가르침을 받아 개화사상을 형성한 대표적인 인물로는 우선 金玉均·洪英植·朴泳敎·朴泳孝·徐光範 등이 있었다. 박영효는 다음과 같이 회고하였다.

그 新思想은 내 일가 朴珪壽 집 사랑에서 나왔소. 金玉均·洪英植·徐光範 그리고 내 백형(박영교 — 인용자)하고 齋洞 朴珪壽 집 사랑에 모였지요. …… '燕巖集' 귀족을 공격하는 글에서 평등사상을 얻었지요.[13]

또한 신채호는 박규수가 그의 집에서 김옥균에게 실학을 계승하여 개화사상을 교육한 사례를 다음과 같이 기록하였다.

金玉均이 일찍이 우의정 朴珪壽를 방문한즉, 박씨가 벽장 속에서 地球儀

12) 〈朴珪壽의 吳慶錫에게의 惠人 書簡〉(吳一六 씨 소장) 참조.
13) 李光洙, 〈朴泳孝씨를 만난 이야기〉, 《東光》 1931년 3월호.

2. 초기 개화파의 형성과 분화 55

1座를 내어 김씨에게 보이니, 그 지구의는 곧 박씨의 조부 燕巖선생이 중국
에 유람할 때에 사서 휴대하여 온 바더라. 박씨가 지구의를 한 번 돌리더니
김씨를 돌아보며 웃어 가로되,

"오늘에 중국이 어디 있느냐. 저리 돌리면 미국이 중국이 되며, 이리 돌리
면 朝鮮이 中國이 되어, 어느 나라든지 中으로 돌리면 중국이 되나니, 오늘
에 어디 정한 중국이 있느냐" 하니,

김씨 이때 開化를 주장하여 新書籍도 좀 보았으나, 매양 수백년래 流傳된
사상, 곧 대지 중앙에 있는 나라는 중국이요, 동서남북에 있는 나라는 四夷
니 사이는 중국을 높이는 것이 옳다 하는 사상에 속박되어 국가독립을 부를
일은 꿈도 꾸지 못하였다가 박씨의 말에 크게 깨닫고 무릎을 치고 일어났더
라. 이 끝에 甲申政變이 폭발되었더라.[14]

金允植도 김옥균과 함께 박규수의 문하에서 개화사상을 공부하였다.
그는 김옥균과 자기가 박규수의 제자임을 다음과 같이 기록하였다.

① 처음에 古愚(김옥균)는 瓛齋(박규수)선생 문하에서 배워 宇內의 대세를
   大槪 깨닫고 일찍이 동지들과 더불어 국사를 근심하고 개탄했다.[15]
② 옛날에 朴瓛齋(珪壽)께서 丙寅洋擾의 때를 당하여 사람들이 모두 西學
   에 물드는 것을 우려하였는데, 瓛齋만이 홀로 말하기를, "어찌 우리 道
   가 서양에 적셔 들어가지 않는다고 할 수 있는가. 이 말이 거의 장차 증
   명되지 않겠는가"라고 하였다.[16]

兪吉濬(榘堂)도 박규수의 가르침을 받았으며《海國圖志》등을 읽
고 개화사상을 받아 들여 개화파가 되었다. 김윤식은 유길준도 김윤
식과 함께 박규수로부터 개화사상을 배웠음을 다음과 같이 기록하
였다.

---

14) 申采浩,〈地動說의 效力〉,《改訂版 丹齋申采浩全集》下, 384쪽 참조.
15) 金允植,《續陰晴史》下, 577쪽 참조.
16) 위의 책, 125쪽 참조.

俞榘堂(길준)은 어려서부터 재주가 뛰어나 다박머리 유소년 때에도 말하는 바가 속되지 않았다. 朴瓛齋(박규수)선생이 이때에 그를 보고 그 國器임을 알아 크게 칭찬했으며, 魏默深(魏源)이 지은 《海國圖志》를 주며 가로되, "이 시기에는 外洋의 외국일들을 알지 않으면 안 된다"고 하였다. 우리들은 이로써 더욱 스스로 분발하였다.[17]

김홍집은 박규수의 이웃집에 거주했는데, 그의 또래 영민한 양반 출신 청년들이 출입하는 박규수의 사랑방에 김홍집도 방문하면서 공부했으리라는 것은 추정하기 전혀 어려운 일이 아니다.

즉 박규수는 자기의 사랑방에서 뒤에 한국 근대개화파 거물들이 된 김옥균·김윤식·박영교·박영효·홍영식·서광범·유길준·김홍집 등에게 개화사상을 교육하여 개화세력을 양성한 것이었다.

박규수에게 개화사상을 학습한 청소년들은 처음에는 중인 출신인 오경석과 유홍기에게서 직접 배우려 들지 않았다. 하지만 개화사상이 형성되어 사회신분제의 부당성을 깨닫게 되자 신분장벽을 극복할 수 있게 되어, 오경석과 유홍기로부터도 때때로 개화사상을 배우게 되었다. 김옥균이 유홍기를 알게 된 것은 그의 나이 20세 때였으며, 그때부터 유홍기로부터 배우게 되었음을 오세창은 다음과 같이 회고하여 기록하였다.

劉大致가 金玉均과 서로 안 것은 김옥균이 20세 전후의 무렵이다. 김옥균은 유대치로부터 新思想을 배웠으며, 일면에는 세간의 교유를 널리 구하고, 또 壯年科擧에 응하여 문과에 등제하고 官場에 올랐으며, 새로이 官途에 나아가자 동지를 구하는 데 급급하게 노력하였다.[18]

김옥균이 20세 때인즉, 1870년 전후에는 김옥균 등 박규수의 사랑방

---

17) 金允植, 〈榘堂詩鈔〉, 《俞吉濬全書》 5권(一潮閣), 61쪽 참조.
18) 古筠紀念會 編, 앞의 책, 50쪽 참조.

에서 개화사상을 공부하던 양반자제들은 이때부터 유홍기·오경석에게
도 개화사상을 배우게 된 것이었다.

박규수·유홍기·오경석 등이 김옥균 등 영민한 양반자제들에게 개화
사상을 교육할 때의 지적 자료들은 다음과 같다.

① 오경석·유홍기·박규수 등이 형성한 최초의 개화사상
② 燕巖 朴趾源·楚亭 朴齊家 등 북학파의 실학사상과 그 밖에 다른 실
   학자들의 실학사상
③ 오경석과 박규수 등이 중국으로부터 구입해 온《海國圖志》,《瀛環志
   略》등을 비롯한 각종 신서

박규수의 사랑방에서 개화사상을 공부하던, 그리고 유홍기와 오경석
등으로부터 개화사상을 배우고 발전시킨 김옥균 등 청년들은 언제부터
정치세력으로서의 '開化派'를 형성했는가. 김옥균은 갑신정변(1884)의 10
년 전부터 자기의 정치세력을 형성하기 시작했다고 기록하였다.

   궁녀 모씨는 나이는 42세이고, 신체가 건대하여 남자 이상의 膂力을 가져
   보통 남자 5·6인을 당할 수 있다. 평상시에 顧大嫂라는 별명으로 불렸고, 곤
   전의 近侍로 뽑혀 있는 분인데, 벌써 10년 전부터 吾黨(우리 당)에 密事를 통
   고해 주는 사람이다.[19]

김옥균이 스스로 1884년 10년 전에 이미 '우리 당(吾黨)'에 비밀스런
일을 알려주던 궁녀의 일을 기록하고 있는 것으로 보아, 김옥균에 의
하면 '개화파'가 적어도 1874년에는 형성되기 시작했던 것이었다.

또한 오경석의 아들 오세창은 김옥균의 정치세력 형성에 대하여,
"김옥균은 …… 일면에는 세간의 교유를 널리 구하고, 또 장년 과거에

---

19)《甲申日錄》, 1884년 12월 1일(《金玉均全集》, 亞細亞文化社版, 73쪽).

응하여 文科에 급제하고 官場에 올랐으며, 새로이 官途에 나아가자 동지를 구하는 데 급급하게 노력하였다"[20]고 회고하여 기록하였다. 즉 김옥균이 동지를 모으는 데 적극적으로 활동을 한 것은 그가 문과에 급제하여 관직에 나아간 때부터라는 것이다.

김옥균은 22세 때인 1872년 2월 4일에 알성문과에 장원급제하였고,[21] 24세 때인 1874년 2월 25일에는 弘文館校理에 임명되었다.[22] 오세창이 증언한 바 김옥균이 문과에 급제한 후 官途(홍문관 교리)에 나아가자 동지를 모으는 일에 급급했다는 해인 1874년과, 앞서 김옥균이 기록한 바 궁녀 顧大嫂가 '吾黨(우리 당)'에 비밀스러운 일을 통보해 주었다는 해인 1874년은 완전히 일치한다.

김옥균의 관직 경력을 보면, 1874년 2월 24일 홍문관 교리에 임명되었다가 같은 해 12월 3일에는 도리어 홍문관 부교리로 좌천되었다.[23] 그후 김옥균은 약 8년을 부교리로서 더 이상 승진을 못한 채 같은 지위에 있다가,[24] 제1차 渡日 이후인 1882년 9월 22일에야 비로소 승정원 右副承旨로 승진하였다.[25] 김옥균이 홍문관 교리와 부교리로 재직하던 시기가 김옥균이 동지들을 급급하게 구하여 개화파를 형성하는 데 열성적으로 활동한 시기라고 볼 수 있다.

이상과 같이 개화파 형성의 기점을 1874년으로 볼 수 있지만, 때로는 1879년을 기점으로 보는 견해도 있다.[26] 그러나 명백한 논증자료가 있는 이상 1874년 설을 취함에 문제가 없을 것이다.[27]

---

20) 古筠紀念會 編, 앞의 책, 50쪽 참조.
21) 《高宗實錄》, 高宗 9년(1872) 2월 초4일조 참조.
22) 《高宗實錄》, 高宗 11년(1874) 2월 25일조 참조.
23) 《高宗實錄》, 高宗 11년(1874), 12월 초3일조 참조.
24) 《高宗實錄》, 高宗 17년(1880) 6월 초7일조 참조.
25) 《高宗實錄》, 高宗 19년(1882) 9월 22일조 참조.
26) 李光麟, 《開化黨研究》(一潮閣, 1973), 15~16쪽 참조.
27) 愼鏞廈, 〈金玉均의 開化思想〉 참조.

개화파는 1874년경에 형성되기 시작했으나, 1876년 조·일수호조규 (강화도조약) 체결과 개항 때에는 아직 어린 청년들이어서 정치적 활동을 통해 나라의 일에 영향을 미칠 위치는 아니었다. 1876년의 조·일수호조규 체결 때에는 개화파의 스승인 박규수가 우의정을 역임한 판중추부사로서, 역시 개화파의 스승인 오경석이 問情官으로서 활동했을 뿐이었다.

그러나 1876년 조·일수호조규가 체결되고 부산(1876)·원산(1880)·인천(1883)의 3항이 연이어 개항되자 조선왕조의 민비정권은 세계의 정세와 대외통상을 아는 새로운 관료들을 긴급히 필요로 하게 되었다. 이에 박규수의 사랑방에서, 그리고 오경석·유홍기 등으로부터 개화사상의 교육을 받은, 김옥균·김윤식·박영교·박영효·홍영식·서광범·김홍집·유길준 등 최초의 개화파들이 정부조직에 진출하여 어린 나이임에도 불구하고 일정한 활동을 할 수 있게 되었다. 그들은 국왕과 다른 고위 관료들을 움직여 가면서 초기 개화정책을 추진했을 뿐 아니라 다른 신진관료들과 청년들에게 개화사상을 전파하면서 적극적으로 개화파를 형성 확대시켜 나갔다. 특히 김옥균은 개화사상 전파와 동지 규합에 적극적으로 활동하였다.

이 시기에 개화사상의 3비조 가운데 하나인 박규수는 조·일수호조규(강화도조약)가 체결된 병자년 12월 27일(양력 1877년 2월 9일) 별세하였다. 따라서 개항 후, 개화파의 확대에는 별 영향을 끼칠 수 없었다. 또한 오경석은 조·일수호조규를 체결할 때 과로한 결과 1876년 4월 중풍으로 쓰러져 반신불수의 상태로 병석에 누웠으며, 1879년 8월 22일 (양력 10월 7일) 49세를 일기로 역시 별세하여, 개항 후 개화파의 확대에는 오경석 역시 큰 영향을 끼칠 수 없었다. 오직 유홍기만이 건강하게 정력적으로 활동을 계속하였다. 그래서 김옥균 등이 중심이 된 개화파의 세력형성과 확대에는 유홍기가 스승으로서 큰 영향을 끼치게 되었다.

일찍이 최남선은 개화파 형성과 유홍기의 관계에 대하여 다음과 같
이 기록하였다.

    그런데 吳慶錫이 朝官을 유도하여 외교를 운용할 때에, 一白衣로 市井에
隱伏하여《海國圖志》,《瀛環志略》등으로써 세계의 사정을 卜察하면서 뜻
을 내정의 국면 전환에 두고 가만히 귀족 가운데 英俊을 규합하여 方略을
가르치고 志氣를 고무하여 준 이가 있으니, 당시 知人 사이에 白衣政丞의 이
름을 얻은 劉大致가 그이다. 朴泳孝·金玉均·洪英植·徐光範과 귀족 아닌 이
로 白春培·鄭秉夏 등은 다 大致 문하의 俊髦로 …… 박영효·김옥균 등이 연
래로 일본교섭의 선두에 선 것은 실상 大致의 指劃에서 나온 것이요, 세상이
開化黨으로 지목하는 이는 대개 大致의 門人을 이름하였다.[28]

여기서 후에 중요한 개화파 인사로 활동한 白春培·鄭秉夏 등이 유홍
기의 영향으로 개화파에 참가했음을 알 수 있다.
또한 이능화는 유홍기의 사상적 영향을 받은 인물로서 김옥균·서광
범·박영효를 비롯하여 李淙遠·李鼎煥·朴齊絅·吳慶潤·吳慶林·金永漢·
金永汶·韓世鎭·李熙穆 등을 들었다.[29] 이들은 유홍기에게 불교사상만
배운 것이 아니라 개화사상의 영향도 받아 개화파의 일부를 형성했다
고 볼 수 있다. 유홍기의 영향을 받은 불교승려로서는 李東仁·卓挺植
등이 일찍이 개화사상을 배워 개화파에 가담하였다.
김옥균의 활동에 의하여 개화사상을 갖게 되고 개화파의 일원이 된
인사 가운데 왕족으로서 李載兢(영의정 李最應의 아들), 李獻愚 등이 있
었고, 그 밖에 무인으로서 柳赫魯와 柳相五 부자, 중인 출신으로서 邊
樹(燧), 吳鑑·朴永昌·吳世昌 등이 있었다. 尹雄烈과 尹致昊 부자도 개
화파에 가담하였다.
또한 김옥균은 군인 장교인 申福模·李殷乭(李銀石) 등, 일찍이 외국

---

28) 崔南善,《古事通》, 1943, 218쪽 참조.
29) 李能和,《朝鮮佛敎通史》下(新文館, 1918), 899쪽 참조.

에서 사관교육을 받은 장교들을 개화파에 포섭하였다. 그후에 김옥균
은 14명의 사관생도 徐載弼·鄭蘭敎·朴應學·鄭行微·林殷明·申重模·尹
泳觀·李圭完·河應善·李秉虎·申應熙·李建英·鄭鍾振·白樂雲 등을 선발
하여 일본 陸軍戶山學校에 유학시켰는데 후에 이들이 개화파에 포섭
되었다.

이들 사관생도들과 거의 같은 시기에 일본에 유학가서 양잠학과 영
어를 공부하고 돌아온 徐載昌, 의학(우두)을 공부하고 돌아온 南興喆,
승려였다가 還俗하여 김옥균을 수행해서 일본에 다녀온 車弘植도 개
화파에 가담하여 활동하였다.[30]

김옥균은 궁궐 안에도 개화파를 심기 시작하였다. 그는 환관 柳載賢
을 개화파로 포섭하였으며,[31] 顧大嫂라는 별명을 가진 궁녀는 일찍이
개화파에 가담하여 1874년경부터 김옥균 등에게 궁중의 중요한 정보
들을 알려주었다.[32] 고대수의 본명은 갑신정변 뒤에 희생되었다는 李禹
石인 것으로 추정되고 있다.[33]

김옥균은 특히 武弁들 가운데 유능한 인물들에게 개화사상을 교화
시키고 개화파에 참가시켰다. 姜瑋와 윤웅렬이 그 대표적 인물이었
다.[34] 신복모·이은돌 등이 일찍이 개화파가 된 것도 김옥균의 영향이었
다. 김옥균은 친군영 전영의 군인 장교들도 비밀리에 개화파에 가담시
켰는데, 尹景完·李應浩·閔昌洙·全興龍·金昌基·崔聖郁 등이 그 대표적
장교들이었다.

김옥균은 또한 하인들 가운데에서도 능력 있는 자들에게 개화사상
을 교육하여 개화파에 참가시켰다. 金奉均·高興宗·李占乭·李允相 등

---

30) 李光麟, 앞의 책, 31쪽 참조.
31) 《尹致昊日記》, 1884년 6월 13일자 참조.
32) 《甲申日錄》, 1884년 양력 12월 1일.
33) 古筠紀念會 編, 앞의 책, 421쪽 ; 李光麟, 앞의 책, 30쪽 참조.
34) 李光麟, 〈姜瑋의 人物과 思想〉, 《東方學志》 17집, 1976 참조.

이 그 대표적인 사람들이었다.

(2) 초기 개화파 형성시기와 일부 일본학자 견해 비판

김옥균 등이 이와 같이 신분·계급·지위·종교를 초월하여 개화파 형성에 진력한 결과 1874~1878년 사이에 개화파는 상당한 세력으로 확립될 수 있었다. 그리하여 정치세력으로서의 김옥균을 중심으로 한 개화파는 1878년경에는 활발한 정치활동을 할 수 있는 단계에까지 성장했던 것으로 보인다. 일찍이 갑신정변과 김옥균을 연구한 민태원은 오늘날 우리가 갖지 못한 다수의 자료들과 생존자들의 증언을 採錄하여 검토했는데, 개화파 형성의 시기는 밝히지 못했지만 김옥균 등 개화파가 1878년(戊寅)에 개혁단행의 '제1차 구체적 계획'이 있었다가 뜻하지 않은 중요 동지의 사망으로 계획을 중지했었다고 다음과 같이 기록하였다.

> 이와 같이 남 모르는 목적을 품은 그(김옥균 – 인용자)는 우선 교제를 널리 하여 有爲한 동지를 구하였으니, 錦陵尉 朴泳孝, 徐光範, 柳相五 등은 실로 동지 중의 동지였으며, 더욱이 駙馬 금릉위가 참가한 것은 밖으로 세인의 신망을 더하고 안으로 宮中府中의 연락이 편리하게 되어 무엇보다도 유리한 조건으로 볼 수 있었다.
> 그네들 중에 구체적 계획이 있은 것은 이로부터(갑신정변으로부터 – 인용자) 7년 전 되는 戊寅의 해였으나, 마침 중요 동지의 사망으로 제1계획은 土崩瓦解에 돌아가고 이래 3년간에 하염없는 세월을 보내던 金·朴·徐 3인은 우선 외국에 유람하여 세계대세와 문물제도를 살필 필요가 있음을 생각하고 같이 일본에 도항하기를 결정하였으나, 박영효는 사정이 있어 이를 중지하였고, 김씨 홀로 인천을 출발하여 일본을 향하게 되니 때는 辛巳 12월이었다.[35]

---

35) 閔泰瑗, 《甲申政變과 金玉均》(1925 또는 1947, 37~38쪽).

민태원의 기록과 같이 1878년에 개혁단행의 제1차 계획을 실천하려
다가 중요 동지의 사망으로 그것을 중단했다면 개화파는 이미 1878년
이전에 확고하게 형성되었고, 1878년에는 정치개혁의 제1차 계획을 실
천하려고 추구했던 것이라고 볼 수 있다.

김옥균을 중심으로 한 개화파가 1878년부터 이동인을 일본에 파견
하려고 노력하다가 1879년에 마침내 이동인을 일본에 보낸 사실도 개
화파는 1878년 이전에 이미 형성되었음을 증명해 준다. 부산의 일본인
거류지의 東本願寺 일본승려 오쿠무라(奧村圓心)는 1878년에 이동인을
처음 만났고,[36] 1879년에는 이동인과 함께 일본에 건너갔었는데, 그때
그의 일기에서 김옥균·박영효 등을 '韓國改革黨'이라 기록하고, 이동인
을 '革命黨' 박영효·김옥균의 동지라고 다음과 같이 기술하였다.

　東仁은 원래 승려일지라도 평상시 愛國護法의 神經家로서 최근 조선국의
국운이 날로 쇠폐하고 종교는 이미 땅에 떨어졌다고 한다. 이때 革命黨 朴泳
孝·金玉均 등은 국가의 쇠운을 분개하고 크게 쇄신하려고 했다. 또한 東仁
도 의견이 竹節하였으므로 朴泳孝·金玉均 양씨가 東仁을 引見하고 중용하
기에 이르렀다. 그러므로 列國의 公法 등을 알기 위하여 我宗門에 歸入하여
일본에 도항하려고 한다. 東仁은 박영효가 준 純金의 丸棒 4본(길이 2촌, 둘
레 1촌 여의 물건)을 나에게 보이고 이것을 路費로 하여 도항한다고 말했다.
그러므로 和田씨 및 총영사관 前田獻吉씨에게 計하여 本山에 보내기로 했
다. 이것은 즉 韓國改革黨이 일본에 도항하는 시작이다.[37]

일본승려 오쿠무라(奧村)의 1878년 일기에서 이동인을 처음 만났다
고 하고, 1879년의 일기에서 이동인을 '한국개혁당 또는 혁명당'의 김
옥균·박영효의 동지라고 기록한 것은 조선 개화파가 1878년에는 확고
하게 형성되어 동지의 해외파견 활동까지 추진했음을 잘 알려주는

---

36) 奧村圓心, 《朝鮮布教日誌》, 1878년(明治 11) 6월 2일.
37) 위의 책, 1879년(明治) 12월 6일.

것이라고 볼 수 있다.

그러므로 과거에 일본학계에서 김옥균을 중심으로 한 조선 개화당의 형성은 김옥균의 1881년 음력 12월(양력 1882년 2월) 제1차 일본방문 때, 일본 개명파 후쿠자와(福澤諭吉)의 영향을 받고 돌아간 직후라고 본 것은 전혀 사실과 일치하지 않은 천만부당한 억설인 것이다.[38]

김옥균을 중심으로 한 정치적 결사로서의 조선 개화파는 이미 1874∼1878년경에 확고하게 형성되어 동지의 해외파견까지 적극 추진한 것이었다. 김옥균·박영효에 의해 1879년에 일본에 파견된 개화승 이동인은 일본에서 각국 공사관의 외교관들과도 접촉하면서 '일본국정시찰단(신사유람단)'의 파견계획까지 추진하였다.[39] 이것이 김옥균을 중심으로 한 개화파 활동의 일환이었음은 더 말할 필요도 없다.

이동인이 1881년에 암살당하자 일본의 《朝野新聞》은 김옥균의 제1차 도일 이전인 1881년 양력 5월 6일자에 '朝鮮開化黨을 위하여 암살된 李東仁'이라는 제목 아래 이에 대한 장문의 해설을 게재하였다.[40]

또한 일본국정시찰단(신사유람단)이 조선조정으로부터 일본에 파견되어 부산을 출발하자 일본의 《東京日日新聞》은 김옥균의 제1차 도일 이전인 1881년 5월 7일자에서 '(조선)開化黨員 50명은 日本漫遊'라고 보도하였다.[41] 또한 조선의 일본국정시찰단이 일본에 도착하여 활동을 시작하자 일본의 《朝野新聞》은 김옥균의 제1차 도일 이전인 1881년 5

---

38) 田保橋潔, 《近代日鮮關係の硏究》, 1940, 909쪽 등에서 朝鮮開化思想과 開化黨의 형성을 1882년 이후 金玉均이 福澤諭吉의 가르침을 받은 이후라고 왜곡하여 해설하였다.

39) 《Satow日記》, 1880년 12월 1일, "Asano(淺野 : 李東仁의 일본 변명) went off this morning after breakfast. His last idea is to bring a mission composed of the most advanced men here and make conventions with the foreign representatives" 참조.

40) 《朝野新聞》 1881년(明治 14) 5월 6일자, 朝鮮開化黨の爲に暗殺された李東仁 (《新聞集成明治編年史》 4권, 386∼387쪽) 참조.

41) 《東京日日新聞》 1881년 5월 7일자(《新聞集成明治編年史》 4권, 388쪽) 참조.

월 20일자에 '朝鮮國朝士 日本硏究에 渡來 ― 開進·守舊의 吳越同舟'라
는 표제로 일본국정시찰단 내의 개화당 魚允中과 수구당 인사 사이의
논쟁을 보도하였다.[42] 일본측은 1878년경에 조선에서 개화파의 형성이
확고히 되었고, 1881년에 들어서자 조선의 개화파와 수구파 사이에 갈
등과 논쟁이 있을 정도로 개화파가 성장하고 있었음을 이때에 알고 있
었던 것이다.

   개화파의 領袖격인 김옥균은 개화파가 추진한 일본국정시찰단이 성
공적으로 임무를 수행하고 귀국하자 자신이 직접 일본의 근대화 진행
과정을 시찰할 필요를 절감하고 1881년 음력 12월(양력 1882년 2월) 제1
차 일본방문 길에 올라 부산을 출발하였다. 이때 부산의 일본거류민
신문인《朝鮮新報》는 1882년 양력 3월 15일자에 '金玉均 왕명을 받아
日本에'라는 제목 밑에 '朝鮮의 開化黨의 유명한 金玉均씨는 왕명을 받
들고 我國(일본 ― 인용자)에 渡航'[43]하려 하고 있다고 보도하였다. 김옥
균이 일본땅에 처음으로 발을 들여놓기도 전에 '조선 開化黨의 유명한
김옥균씨'라고 하여, 조선 개화당이 김옥균 도일 후에 후쿠자와를 만나
영향을 받고 나서 형성된 것이 아니라 이미 그 이전에 형성되었음을
명료하게 알려주고 있는 것이다.

   김옥균이 나가사키(長崎)에 도착하자 일본의《東京日日新聞》은 1882
년 양력 4월 13일자에서 '朝鮮開化黨 首領 金玉均 來遊 ―《朝鮮新報》'
의 기사에 신경을 날카롭게 하다'라는 제목 하에 이 사실을 대대적으
로 다음과 같이 보도하였다.

   이전에 우리 지상에 보도한 바와 같이 朝鮮開化黨의 領首인 金玉均씨는
   日本遊歷을 하려고 요사이 長崎에 도착하여 아직 同港에 체류중이다. 원래
   同氏는 우리 무역상회의 甲斐軍次씨와 동행하여 도항했으나, 甲斐씨는 어떤

---

42)《朝野新聞》1881년 5월 20일자(《新聞集成明治編年史》4권, 393쪽) 참조.
43)《朝鮮新報》1882년 3월 15일자(《新聞集成明治編年史》5권, 48쪽) 참조.

지급한 볼일이 있어서 부산으로 가고 볼일을 끝낸 다음에 또 長崎에 귀항하게 되면 그때에는 다시 金玉均과 일당의 柳五衛씨도 동행할 것 같은데, 이 양씨의 도항의 일에 대해서는 여러 가지 소문이 있다. 이미 지난 일자 발행의 《朝鮮新報》 등에는 右兩氏의 일본행은 전적으로 國王의 內命을 받들어서 國債募集을 위함이다라고 게재되었다. 양씨는 이 신문을 보고 크게 놀라서 당혹한 모습으로 다음과 같이 다른 사람에게 말하였다. 금일 우리들의 일본행은 결코 官用의 義를 띤 것이 아님은 우리 조정의 실정을 보아도 명료한 것인데, 어떻게 하여 이러한 訛言이 전해졌는가. 그렇지 않아도 우리 반대당은 이것저것 誣說을 지어내고 여러 가지 疑念을 품어서 우리들에게 대항하려고 하는 勢에 있는데, 이제 이 신문이 한번 그들의 눈에 띄어 우리들의 일본행은 이러한 것이 사실이라고 생각하면, 우리들이 歸韓의 後에 어떠한 變事가 몸에 미칠지 알 수 없다. 원래 우리의 此行은 一은 반대당의 氣焰을 피하고, 一은 일본 近事의 內情을 시찰하여 향후 隣交內地의 참고에 충당하려는 의도 외에 없는 것이다라고 하여 심하게 同新聞의 誤傳에 迷惑하고 있다더라.[44]

위의 자료들에서 명백히 알 수 있는 바와 같이 조선의 개화파 형성은 김옥균의 제1차 도일시기 이전에 이미 확고하게 이루어진 것이었다. 사실이 그러했기 때문에 정작 김옥균이 제1차로 일본에 건너갈 때에는 당시 일본의 중요한 중앙지들이 김옥균을 '朝鮮開化黨의 首領'이라고 보도하고, 조선 개화당의 유명한 김옥균 씨가 일본을 방문한다고 대대적으로 보도한 것이었다. 아직 조선에서 개화파가 형성되지 않은 상황에서 김옥균이 제1차로 일본에 건너가 일본 개명파의 거두 후쿠자와를 만나 그로부터 배워서 그후 개화사상과 개화파를 형성했다고 가정하면 김옥균이 제1차로 일본에 건너가 도착하기도 전에 '조선 개화당 수령' 김옥균 씨가 일본에 온다고 표현할 수가 없는 것이다. 따라서 김옥균이 제1차로 도일하여 후쿠자와를 만난 후, 조선 개화파가 형성

---

44) 《東京日日新聞》 1882년 4월 13일자, 朝鮮開化黨首領金玉均來遊 ―《朝鮮新報》の記事に神經を尖らす ; 《新聞集成明治編年史》 5권, 62쪽 참조.

되었다는 과거 일본학계의 주장은 일고의 가치도 없는 억설인 것이다.

요컨대 조선의 개화파는 김옥균을 중심으로 하여 유홍기의 많은 지도를 받으면서 1874～1878년경에 확고하게 형성되었다. 뿐만 아니라 1878년에는 근대적 개혁 단행을 위한 '제1차 구체적 계획'까지 수립하여 실천하려다가 중요 동지의 사망으로 중단하기도 하였다. 조선 개화파는 1879년에는 이동인을 일본에 파견할 수 있을 만큼 활발하게 활동 범위를 외국에까지 넓혔으며, 일본국정시찰단(신사유람단)의 파견을 기획하고 추진하기까지 하였다.

조선 개화파의 초기 성장이 이와 같이 급속하게 진전된 결과 1881년 말 김옥균이 제1차로 일본에 건너가기 직전에는 개화파의 이동인이 암살당하였고 김옥균 등이 반대당의 공격을 두려워할 정도로 개화파와 수구파 사이에 갈등과 대립이 조선조정 내부에 나타나고 있었음을 알 수 있다.

(3) 초기 개화파의 분화

개화파는 개항 후인 1881년(高宗 18)까지는 수구파인 위정척사파의 공격에 대응하기에도 힘이 부족한 형편이었기 때문에 그때까지만 해도 개화파 내부의 분화는 뚜렷하게 나타나지 않고 있었다. 갈등이라고 한다면 그것은 주로 개화파와 위정척사파 사이에서 전개되었다.

개화파의 개화활동을 불안하게 보고 있던 유생들은 1880년 10월 수신사 김홍집이 일본에서 귀국할 때 주일 청국대사관의 중국인 외교관 黃遵憲이 지어준 《朝鮮策略》을 국왕에게 바치고 이 책이 필사되어 유생들에게 전해지자 전국 유생들이 들고일어나 개화파와 정부의 개화정책을 비판 공격하기 시작하였다.

《조선책략》의 주요내용은 가장 위험한 나라를 러시아로 보고 조선

은 러시아의 침략에 대항하기 위해 '親中國·結日本·聯美國'할 것을 권
고한 것이었다. 또한 이 책은 조선이 미국과도 수호통상조약을 체결할
것을 적극 권고하면서, 야소교(신교)는 천주교와 뿌리는 같으나 당파가
달라 정치에 간여하지 않으므로 두려워하지 말 것을 강조하고, 은근히
그 수용도 시사하였다.

　이 책을 읽어 본 유생들은 수신사 김홍집이 귀국하여 복명한 지 약
1개월 후부터 《조선책략》을 규탄함과 동시에 이를 가져온 김홍집의
처벌과 개화정책 추진의 중단을 요구하는 위정척사 상소운동을 본격
적으로 전개하기 시작하였다. 이듬해인 1881년(辛巳)에는 이른 봄부터
'영남만인소'가 올라오고, 뒤이어 전국 유생들이 줄을 이어 상소를 올
리면서 《조선책략》을 규탄함과 동시에 개화파의 개화활동과 정부의
실정도 규탄하는 등, 일년 내내 개화파와 위정척사파의 상소 형식을
빌린 논쟁이 계속되었다. 그에 더불어 대원군의 서자 李載先이 중심이
되어 위정척사파와 손잡고 정변을 일으켜서 국왕을 폐위시키고 대원
군정권을 수립하려는 음모까지 발각되어 정부와 개화파 대 위정척사
파의 갈등은 더욱 격화되었다.

　개화파는 이러한 상황 속에서 그들간의 의견 차이가 나오는 경우가
있었지만, 1881년까지만 하더라도 서로 잘 협조하면서 개화활동을 전
개했었다. 후에 온건개화파에 속하게 된 金允植은 나중에 급진개화파
의 영수가 된 김옥균에 대하여 1881년 영선사 파견 무렵까지 그들 사
이의 공고한 단결과 협조를 다음과 같이 기록하였다.

　　처음에 古愚(김옥균)는 瓛齋(박규수)선생 문하에서 배워 宇內의 대세를 대
　개 깨닫고 일찍이 동지들과 더불어 國事를 근심하고 개탄했다. 辛巳년간 나
　는 領選使로 天津에 들어가고, 古愚 등은 동쪽으로 일본에 건너가 유람하면
　서 함께 扶國하기로 약속했었다.[45]

───────────────

45) 金允植, 《續陰晴史》 下, 부록, 《追補陰晴史》, 577쪽 참조.

 그러나 1882년 6월 9일(양력 7월 23일) '임오군란'이 일어나고 청군이 개입함으로써 사태는 근본적으로 달라지기 시작하였다.

 임오군란 후에 민비정권이 붕괴되고 대원군이 집권하자 민비 수구파는 청국에 구원을 요청하였다. 그리고 청국의 북양대신 李鴻章 등은 이에 대한 대책을 수립함에 있어서 한림원 학사 張佩綸의 이른바 '東征善後六策'이라는 건의안을 채택하여 이 기회에 청국군을 파견하여 서울에 상주시키면서 적극간섭정책을 실시하고 조선을 실질적으로 '속방화'하기로 결정하였다.

 청국은 이에 1882년 6월 27일(양력 8월 10일) 약 3천 명의 청군을 조선에 파병하여 서울에 주둔시키고, 7월 7일(양력 8월 20일)에는 집권자이자 국왕의 아버지인 대원군을 군함에 초청해 놓고는 그대로 납치하여 청국에 실어다가 保定府에 유폐하여 버렸다. 이와 같은 청군의 간섭으로 대원군정권은 붕괴되고 다시 민비정권이 재집권하게 된 것이었다.

 민비정권을 다시 세워 원상복구를 해 놓은 청국은 3천 명의 청국군을 철수시키지 않고 서울 복판에 그대로 주둔시켰다. 이 무력을 배경으로 하여 허명의 종주권을 주장하면서 조선을 실질적으로 '속방화'하기 위한 적극간섭정책을 집행하면서 청국은 조선의 자주독립을 크게 침해하기 시작하였다.

 조선에 주둔한 청국 장군 오장경과 젊은 장교 원세개는 조선조정의 군사권을 장악했으며, 재정고문으로 파견된 陳樹棠은 재정권을 장악해 갔다. 또한 李鴻章이 파견한 묄렌도르프(Paul Georg von Möllendorff, 穆麟德)는 새로 설립한 해관을 장악했을 뿐 아니라 외교까지 장악하려 했다.

 뿐만 아니라 청국측은 김옥균을 중심으로 한 조선 개화파의 개화활동이 궁극적으로 청국으로부터의 조선의 자주독립을 추구하는 활동이라고 보고 여러 가지 방법으로 개화파를 탄압하고 개화활동을 방해하였다. 조선 개화파는 임오군란 이후, 어떠한 방법으로든 개화정책을 실시하려 했지만 청국측의 방해와 견제 때문에 많은 어려움이 있었다.

당시 '임오군란'에 의하여 한 번 정권이 붕괴되었다가 청국측의 구원으로 다시 정권을 장악하게 된 민비 수구파는 청국의 '속방화'정책에 순종하여 조선의 독립이 청군에 의해 크게 침해되고 자주근대화가 저지되는 것에 대해 전혀 돌아보지 않았다. 임오군란 이전에 제휴하여 등용했던 개화파에 대해서도 이제는 이를 경원시했으며, 도리어 청군과 야합하여 개화파를 견제하고 탄압하기까지 하였다

당시 청국이 조선의 자주독립을 얼마나 침해했는가에 대해 몇 가지 사례를 들면, 청국은 '임오군란 진압' 직후에 민비정권에 압력을 가하여 그 동안 조선이 각국과 맺은 불평등통상조약 가운데에서 가장 불평등하고 청국의 특권을 설정한 〈朝中商民水陸貿易章程〉을 1882년 8월 23일(양력 10월 4일) 체결토록 강요했으며, 그 전문에는 조선을 중국의 '속방'이라고 문자로 명시해 넣었다. 심지어 속국 조선은 중국과 '조약'· '조규'의 용어를 사용할 수 없다고 하면서 '章程'의 용어를 사용해야 한다고 주장하고, 청국측이 일방적으로 초안을 작성한 '무역장정'의 승인을 강요하여, 국왕의 승인을 받았다고 주장하면서 선포하였다. 재정고문 陳樹棠은 방자하게 '조선은 중국의 속국'이라는 구절을 넣은 방문을 숭례문에 써 붙이기까지 하였다.[46]

진수당은 또한 한국인의 집을 강제로 사들이고자 하여 이에 항의한 조선조정의 正言 李範晋을 청군의 군영에 잡아다가 어지러이 매를 때리는 만행까지도 자행하였다.[47] 또한 청국은 민비정부에 대하여 "무릇 외교에 관한 일은 일체를 청국에 문의하라"[48]고 지시했으며, 청군 대장

---

46) 《尹致昊日記》, 1883년 10월 5일자 참조.
47) 《尹致昊日記》, 1884년 5월 28일자 참조.
48) 《尹致昊日記》, 1883년 10월 3일자 참조.

오장경은 조선국왕 高宗에게 맞대놓고 "내가 3천 군대를 거느리고 이곳에 와 있으므로 매사에 皇朝(청국)를 배반해서는 안 된다"[49]고 협박하였다. 오장경은 고종에게 "내년 봄에는 청국의 군대가 증파될 것이다"[50]라고 위협하였다.

또한 서울에 주둔한 청군의 행패도 극심하였다. 하나의 예만 들면 청군들이 광통교 약국에서 무상으로 약품을 빼앗으려 하다가 약값을 요구하는 약국주인 최씨의 아들을 사살하고 최씨에게 총을 쏘아 중상을 입힌 사건이 발생하였다.[51] 조선정부에서 발행하는 개화파 신문인 《漢城旬報》가 이 사건을 보도하자, 청군은 이 사건을 보도했다는 이유로 《한성순보》를 발행하는 통리기무아문의 博文局을 습격하기까지 하였다.[52] 그러나 청군의 도움으로 재집권한 민비정권은 이러한 청군의 만행에 대하여 항의조차 한 번 변변히 하지 못하는 형편이었다.

임오군란 이후의 청국의 이러한 정책전환과 청군의 만행에 대하여 대응책을 놓고 1882년 8월부터는 개화파의 내부에서 현저하게 견해 차이가 노출되어, 개화파는 김옥균·박영교·홍영식·박영효·서광범 등을 중심으로 한 급진개화파와 김윤식·어윤중·김홍집·박정양 등을 중심으로 한 온건개화파로 분화되기 시작하였다. 개화파가 급진개화파와 온건개화파로 분화된 가장 중요한 요인으로서는 다음의 세 가지 점이 특히 주목된다.

첫째, 청국의 조선에 대한 '속방화'의 적극간섭정책에 대한 비판과 조선의 자주독립에 대한 강조의 무게에서 개화파 내부에 의견 차이가

---

49) 위와 같음.
50) 《尹致昊日記》, 1883년 12월 4일자 참조.
51) 《尹致昊日記》, 1884년 1월 3일자 참조.
52) 《漢城旬報》 10호, 1884년 1월 3일자, 〈革兵犯罪〉 참조.

노출되었다.

김옥균을 중심으로 한 개화파세력은 청국의 조선에 대한 속방화의 적극적 간섭은 조선의 자주독립에 대한 중대한 침해이며 조선에 대한 매우 큰 침략적 위협이라고 간주하여 이를 격렬하게 규탄했다. 그리고 비록 개화파의 정적이었지만 대원군을 청국이 납치해 간 것은 조선의 주권을 유린한 만행이라고 통분해 하고 이를 격렬하게 규탄하였다. 김 옥균은 이 무렵 청국의 조선독립 침해에 대하여 그의 외국 친우에게 보낸 편지에서 다음과 같이 기록하였다.

　자래로 청국이 자의로 (조선을) 屬國으로 생각해 온 것은 참으로 부끄러운 일이며 나라(조선)가 振作의 희망이 없는 것은 역시 여기에 원인이 없지 않다. 여기서 첫째로 해야 할 일은 羈絆을 撤退하고 특히 獨全自主之國을 수립하는 일이다. 독립을 바라면 정치와 외교를 불가불 自修自强해야 한다.[53]

김옥균이 여기서 말한 '獨全自主之國'을 현대어로 번역하면 '완전 자주독립국가'라고 말할 수 있다. 김옥균은 청국이 조선에 대하여 속방화의 적극간섭정책을 쓰기 때문에 조선의 큰 발전 가망성이 없는 것이므로, 조선에서 첫째로 해야 할 일은 청국의 명에를 철퇴하고 완전 자주독립국을 수립하는 일이라고 강조한 것이었다.

김옥균의 동지인 서재필은 이 점에 대하여 김옥균의 생각을 다음과 같이 회고하였다.

　그때 김옥균의 생각은 무엇보다도 청나라 세력을 꺾어 버리는 동시에 그에 추종하는 귀족들의 세력을 빼앗은 후에 우리나라의 완전 자주독립정치를 수립하자는 것이 그의 이상이었고 실현의 최고 목적이었다.

　더욱이 청나라에서 대원군을 납치하였다는 것은 우리로서 참을 수 없는

---

53) 金玉均, 〈朝鮮改革意見書〉, 《金玉均全集》, 110~111쪽 참조.

치욕이라고 하여 분개함을 참을 수가 없어 그 세력구축과 귀족타파의 깃발을 둘러메고 나서려 한 것이다.[54]

서재필은 이 문제에 대한 견해를 또 다음과 같이 기록하였다.

김옥균은 조국이 청국의 종주권 아래 있는 굴욕감을 참지 못하여 어찌하면 이 수치를 벗어나 조선도 세계 각국 가운데 평등과 자유의 일원이 될까 주주야야로 노심초사하였던 것이다.[55]

개화파에 의하여 일본에 유학생으로 파견되었던 申重模는 당시 김옥균으로부터 들은 말을 다음과 같이 공술하였다.

나는 원래 常漢이었으나 유길준의 愛顧에 의하여 일본에 건너가서 어학을 배우고 귀국하였다. 당시 渡日한 20여 명 가운데 나를 비롯한 14명은 士官學校에서 1년 반 공부했으나, 그후 金玉均이 일본에 와서 1주일에 1회씩 모이게 되어 누누이 相會하였다. 따라서 김옥균으로부터 들은 말에 의하면, "서양 각국은 모두 독립국가이다. 어떠한 국가든지 독립한 연후에야 비로소 타국과 화친할 수 있는 것이다. 조선은 오직 청국의 屬國이 되어 있는바 참으로 부끄러운 일이다. 조선도 언젠가는 독립국가가 되어서 서양제국과 同列에 서야 할 것이다"고 말하였다.[56]

김옥균 등이 청국의 조선에 대한 '속방화'정책에 얼마나 적극적으로 대항했으며, 청국의 종속화정책으로부터의 조선의 완전독립 쟁취를 얼마나 중시했는가를 위의 자료들에서 충분히 알 수 있다.

이에 비하여 김윤식·어윤중 등은 청국 체류중에 민비의 의뢰를 받고 李鴻章에게 청군의 조선파병에 의한 임오군란의 '진압' 요청을 전달해

---

54) 金道泰, 《徐載弼博士自敍傳》(首善社, 1949), 86~87쪽 참조.
55) 徐載弼, 〈回顧甲申政變 — 閔泰瑗〉, 《甲申政變과 金玉均》, 82쪽 참조.
56) 《推案及鞫案》30책, 〈大逆不道罪人喜貞等鞫案〉中의 申重模의 供述, 588쪽 참조.

주었으며, 청국의 대원군 납치에도 방조적이었다. 김홍집도 청국의 적
극간섭정책과 대원군 납치에 대한 비판의 정도가 김옥균 등과 같이 강
렬하지는 못하였다. 조·청 관계에 관련하여 자주독립의 중요성에 대한
강조의 정도에서 개화파 내부에 현저한 견해 차이가 드러났으며 이로
인하여 개화파가 분화되는 요인이 생긴 것이었다.

둘째, 조선의 개화를 추진하는 범위와 속도에 대하여 개화파 내부에
견해 차이가 노출되었다.

김옥균을 중심으로 한 개화파는 서양의 선진 과학기술을 적극적으
로 수용해야 할 뿐 아니라 정치·경제·사회·문화의 모든 부문에서 '대
경장개혁'을 주장하는 '변법적 개화'를 주창하였다. 김옥균은 일본 자유
당계 요인들에게 보낸 편지에서도 "400년 누적된 頑俗을 갑자기 변화
시키기가 매우 어렵다. 대세는 부득불 정부를 한번 大更張改革을 한
연후에야 군권(독립권)을 높일 수 있고 민생을 보전할 수 있다"[57]고 하
면서 "독립을 바라면 정치와 외교를 불가불 自修自强해야 하는데, 이
일은 지금의 정부 인물로서는 될 수 없으므로 군권(독립권)을 위태롭게
하고 권세만 탐내는 고식배들을 역시 불가불 한번 소제할 수밖에 없
다"[58]고 주장하였다.

서재필은 김옥균의 꿈이 국가의 모든 부문에서 급속히 개화를 성취
하여 "일본이 동방의 영국 노릇을 하려 하니 조선은 아세아의 불란서
같은 나라를 만들어야 하는 것"이었다고 다음과 같이 회고해서 기록하
였다.

매 일요일이면 우리는 반드시 그(김옥균)를 築地 寓居로 심방하였다. 그럴
때마다 그는 우리를 親弟와 같이 대접하며 숨김 없고 남김 없는 폐간 속의

---

57) 金玉均, 〈朝鮮改革意見書〉, 《金玉均全集》, 109~110쪽 참조.
58) 위의 글, 111쪽 참조.

말을 우리에게 들려주었다. 그는 祖國刷新에 대한 우리의 중차대한 임무를 말하는 동시에 나라에 돌아가 우리가 빛나는 대공훈을 세울 것을 믿어 마지 아니하였다. 그리고 그는 늘 우리에게 말하기를 "일본이 동방의 英國 노릇을 하려 하니 우리는 우리나라를 亞細亞의 佛蘭西로 만들어야 한다"고 하였다. 이것이 그의 꿈이었고 또 유일한 야심이었다. 우리는 金씨의 말을 신뢰하고 우리의 전도에 무엇이 닥쳐오든지 우리의 책임을 이행하고야 말겠다는 굳은 결심을 하였던 것이다.[59]

한편 당시 김윤식·어윤중·김홍집 등은 서양의 선진 과학기술의 수용에는 마찬가지로 적극적이었으나, 사회제도의 대개혁에는 매우 소극적이어서 아직도 東道西器論的 성격이 강했으며, 개화의 속도도 점진적인 것을 선호하였다.[60] 김윤식·어윤중·김홍집 등은 온건개화를 추구했던 것이다.

셋째, 개화독립정책을 단행하기 위한 권력장악의 방법에 대하여 개화파 내부에 견해 차이가 내재하였다.

김옥균을 중심으로 한 급진개화파는 자주독립과 대경장개혁의 단행을 위한 권력장악 방법에서 '權道'의 사용은 당연히 있을 수 있는 것으로 생각하였다. 이 때문에 그들은 '정변'의 방법을 중시하였다.

김옥균은 일찍이 대경장개혁 단행의 방법을 '평화행사의 방법'과 '무력행사의 방법'으로 구분하여 강조한 바 있다.[61] 김옥균에 의하면 평화행사의 방법이란 국왕의 칙령을 빌려서 평화적이고 점진적으로 개혁사업을 수행하는 것이다. 한편 무력행사의 방법은 국왕의 密意애 의탁하면서 무력을 사용하여 정변이나 혁명을 일으켜 우선 정권을 장악한

59) 徐載弼, 〈回顧甲申政變〉, 84~85쪽 참조.
60) 尹致昊, 〈風雨二十年—韓末政客의 回顧談〉, 《東亞日報》 1930년 1월 12일자 참조.
61) 金玉均, 〈朝鮮改革意見書〉, 《金玉均全集》, 111~112쪽 참조.

다음, 급진적으로 개혁사업을 신속히 단행하는 방법이다.

서재필은 김옥균이 개화를 구미형과 일본형으로 나누었으며, 구미형은 수세기(수백년)에 걸쳐 점진적으로 이룩된 것이고 일본형은 한 세대에 이룩한 것인데, 조선은 뒤늦게 개화를 하려는 것이므로 단기형인 일본형을 선택하여 개화를 성취하려고 정변의 방법도 생각한 것이었다고 설명하였다.

그(김옥균)는 歐美의 문명이 一朝一夕의 것이 아니고 열국간의 경쟁적 노력에 의한 점진 결과로 幾多 世紀를 요한 것이었는데, 일본은 한 代 동안에 그것을 달성한 양 깨달았다. 그리하여 그는 자연 일본을 모델로 청하여 백방으로 분주하였던 것이다.[62]

한편 김윤식·어윤중·김홍집 등 온건개화파는 아무리 대경장개혁이 필요하다 할지라도 권도로서의 '정변'의 방법은 찬성하지 않았으며, 세력을 길러 국왕의 자발적 임명에 의거한 정권장악의 방법을 추구하는 정치적 견해를 갖고 있었다.

이상의 요인으로 말미암아 초기 개화파는 1882년 후반부터 1884년 사이에 김옥균·홍영식·박영교·박영효·서광범 등을 중심으로 한 급진 개화파와 김윤식·어윤중·김홍집 등을 중심으로 한 온건개화파로 분화하게 되었다.

(4) 1880년대초 조선 정치세력과 당파의 분화

1882~1884년 당시 국내 정치세력의 분화와 그 중요인물 및 정치적 특징을 살펴보면 다음의 표 1과 같다.

---

62) 徐載弼, 〈回顧甲申政變〉, 82쪽 참조.

표 1. 1882~1884년의 조선 정치세력과 당파의 분화

	정치세력당파	중요 인물	정치적 특징
①	급진개화파 (개화당)	劉鴻基, 金玉均, 洪英植, 朴泳教, 朴泳孝, 徐光範, 柳相五, 徐載弼, 尹雄烈, 尹致昊, 邊 樹(燧), 朴齊絅 그 밖의 다수	·變法的 개화 및 국정 전반에 걸친 　대경장개혁을 추구 ·청국의 적극간섭정책과 속방화 　정책에 적극 저항 ·정변의 방법도 불사 ·주로 선각적인 청년 지식인층으로 　구성 ·조정의 중간 관직에 다수 진출
②	온건개화파 (중간파)	金綺秀, 金弘集, 金允植, 魚允中, 朴定陽, 金晩植, 金仁植, 姜文馨, 李憲泳, 申箕善, 李元會, 趙秉鎬 그 밖의 다수	·東道西器論的 개화를 추구 ·점진적 개화를 추구 ·정변의 방법에 불찬성 ·주로 장년층이 중심이 되어 구성 ·조정의 고위 관직에 다수 진출
③	민비수구파 (집권파)	閔 妃, 閔台鎬, 閔謙鎬, 閔應植, 閔泳翊, 閔丙奭, 閔泳穆, 閔種默, 趙寧夏, 韓圭稷, 李祖淵, 尹泰駿 그 밖의 다수	·守舊를 원칙적으로 추구했으나 　불가피할 때는 開化를 승인 ·임오군란 후에는 親淸事大정책 　을 추구 ·閔氏戚族 중심으로 구성 ·주로 노년·장년층이 중심 ·조정의 최고권력과 관직을 점유 　한 집권파임
④	대원군수구파	興宣大院君(李昰應), 李載元, 李載完, 李載冕, 李載先, 洪淳馨, 鄭顯德, 申應朝, 李景夏, 韓聖根, 李載純 그 밖의 다수	·守舊를 원칙으로 추구 ·왕권의 강화, 宗社의 구습보전을 　추구 ·淸에 대해서는 의례적 사대외교 　만 하고, 실질적으로는 자주를 　추구 ·대원군을 중심으로 하여 종친과 　그 세력으로 구성 ·임오군란 때 1개월 간 집권했으나 　그 이후에는 실권
⑤	위정척사파 (재야유림 수구파)	金平默, 崔益鉉, 柳麟錫, 李晩孫, 白樂寬, 梁憲洙, 申 櫶, 洪在鶴, 奇宇萬, 韓洪烈, 高定柱, 金鎭淳 그 밖의 다수	·철저한 守舊와 위정척사를 이론적 　실천적으로 고수 ·明과 중국에는 사대적이며, 淸에 　는 중립적 외교지지 ·일본과 서양에 대해서는 극단적 　으로 배척 ·서원과 향교를 근거지로 한 유림 　세력으로 구성 ·평상시에는 조정의 관직에 진출 　하지 않고 재야세력으로 존재

앞의 표 1에서 ①과 ②의 정치세력과 파당이 개화파의 범주에 드는 것이고, ③④⑤의 정치세력은 수구파의 범주에 드는 것이다. 앞의 표는 ①의 정치세력에 접근할수록 더욱 개화적이고, ⑤의 정치세력에 접근할수록 더욱 수구적인 정파의 분류표이다. 1884년의 갑신정변은 위의 표의 5개 정치세력·정파 가운데 ①의 급진개화파가 청군과 ③의 민비수구파정권에 대항하여 일으킨 정치운동이었다.

(5) 초기 개화파의 활동

초기 개화파는 1879년(高宗 16)에 이동인을 일본에 파견한 것을 비롯해서 1880~1884년 갑신정변 직전까지 여러 가지 개화활동을 전개하였다. 이에 대해서는 다음 논문에서 상세히 고찰할 것이므로 여기서는 그 가운데에서 몇 가지 중요한 것을 항목화하여 간단히 논급하는 데 그치기로 한다.

1) 통리기무아문의 설치(1880)

조정에 진출한 초기 개화파들이 중심이 되어 개항 후의 정세변화에 대응하기 위해 외교와 통상을 관장하는 새로운 행정기구로서 종래의 의정부·6조 기구와는 별도로 1880년 12월(양력 1881년 1월) 통리기무아문을 신설하였다.[63] 그 설치 목적은 '통리아문의 설치는 時務를 강구하고 變通을 참작함을 전담하기 위한 것이다'[64]라고 규정하고 있는 바와

---

63) 全海宗, 〈統理機務衙門 設置의 경위에 대하여〉, 《歷史學報》 17·18합집, 196
    2 ; 李光麟, 〈統理機務衙門의 組織과 機能〉, 《學術院論文集 — 인문·사회과학
    편》 26, 1987 ; 全弼東, 〈갑오경장 이전 朝鮮의 近代的 官制改革의 추이와 새로
    운 官僚機構의 성격〉, 《韓國社會史學會論文集 33 — 한국의 사회제도와 농촌사
    회의 변동》(문학과지성사, 1992).
64) 《統理機務通商事務衙門章程》(규장각도서) 참조.

같이 전적으로 개항 후, 근대적 행정기구로 정세변동에 대응하기 위한 것이었다.

통리기무아문은 처음에 설치할 때 다음과 같이 12司를 두어 업무를 분담하도록 하였다.

2) 일본국정시찰단(신사유람단)의 파견(1881)

1879년 일본에 파견된 이동인의 활동결과로 조선조정은 일본의 개화실태를 시찰하기 위하여 12朝士와 수행원으로 구성된 총 62명의 일본국정조사단(紳士遊覽團)을 1881년 1월 파견하였다.[65]

3) 영선사(병기제조학습 유학생사절단)의 파견(1881)

중국에 들어와 있는 서양의 선진 과학기술 및 병기 제조기술을 학습하고 도입하기 위해 조선조정은 청국측과 약정을 체결하고 1881년 9월 26일에 김윤식·어윤중 등의 개화파를 중심으로 하여 중국의 天津機器局에 공학도를 파견하게 되었다.[66] 당시 천진기기국은 주로 독일 쿠루프 회사의 기술이 도입되어 있었다. 이때의 領選使 일행은 관리 12명, 隨從 19명, 학도 20명, 工匠 18명 등을 비롯해서 모두 69명으로 구성되었다. 그러나 실제로는 각 관리와 학도들이 사사로이 거느린 하인들이 14명이었으므로,[67] 실제의 단원 수는 83명이나 되었다.

---

65) 鄭玉子, 〈紳士遊覽團考〉,《歷史學報》27집, 1965 ; 李光麟, 〈開化僧 李東仁〉, 1973 ; 李用熙, 〈東仁僧의 行蹟(上) ― 金玉均派 開化黨의 形成에 沿하여〉,《서울대학교 國際問題研究所論文集》창간호, 1973 ; 許東賢, 〈朝士日本視察團에 관한 研究〉,《韓國史研究》52집, 1986.

66) 權錫奉, 〈領選行에 대한 一考察〉,《歷史學報》17·18합집, 1962 참조.

67) 金允植,《陰晴史》上[국사편찬위원회 편, 高宗 18년(1881) 10월 29일], 14쪽 참조.

4) 신식육군(별기군)의 창설(1881)

개항 후, 개화파는 국방을 강화하고 근대화하기 위하여 개화파 別選軍官 尹雄烈이 중심이 되어 5군영으로부터 지원자 80명을 선발해서 한국 최초의 신식육군인 別技軍을 창설하였다.

별기군 당상에는 閔泳翊, 정령관에 韓聖根, 좌부령관에 윤웅렬, 우부령관에 金魯完, 참령관에 禹範善이 임명되었으나, 실질적인 주도자는 윤웅렬이었다. 처음에는 중국에서 훈련교관을 초빙할 계획이었으나 시일 관계로 서울의 일본공사관에 근무하는 공병소위 호리모토(掘本禮造)를 교관으로 초빙하여 서양 신식 군사훈련을 시작하였다.[68]

5) 기무처의 설치(1882)

초기 개화파는 정책을 입안하는 새로운 근대적 기구로서 1882년 7월 25일 정부안에 機務處를 신설하였다. 기무처는 정치·경제·사회·군사·법률 등 모든 군국기무처에 대하여 정책을 입안하는 합의제 정책의결기관이었다. 설립과 동시에 기무처의 당상에는 趙寧夏·金炳始·金弘集·金允植·洪英植·魚允中 등 7명이 임명되었다.[69] 이 가운데 조영하·김병식를 제외하고는 5명이 모두 개화파였으므로, 기무처는 개화정책을 추진하는 중요한 기구의 하나가 되었다.

6) 減省廳의 설치(1882)

초기 개화파는 불필요하면서도 방만해진 행정기구들을 개편 정리하고 재정비용을 줄이기 위한 한시적 기구로 1882년 10월 20일 감생청을 설치하였다.[70] 감생청의 총 책임자로는 개화파인 어윤중이 임명되었고,

---

68)《日本外交文書》제14권, 문서번호 153,〈朝鮮國ニ於ケル創銃隊創設ノ件〉, 365~369쪽 참조.

69)《高宗實錄》, 高宗 19년(1882) 7월 25일조 참조.

70) 李鉉淙,〈高宗때 減省廳 설치에 대하여〉,《金載元博士回甲紀念論叢》, 1969.

그 실무관리 8명 가운데에는 유홍기가 副司勇(종9품)으로 임명되어 활동하였다.[71]

7) 대외적 균세정책의 실시(1882)

초기 개화파는 일본과의 1876년 '조·일수호조규'가 불평등조약일 뿐만 아니라 일본 1개국과만의 개국통상은 나라에 불리함을 깨닫고, 세력균형(balance of power)을 세우는 균세정책의 실시로 다른 서양국가들과의 개국통상을 추구하였다.

개화당의 균세정책으로서는 영선사 김윤식과 일본국정시찰단으로 일본에 갔다가 천진에 들린 어윤중에게 청국의 李鴻章이 일본 견제를 위해 조·미수호통상조약을 권고하자 이를 기꺼이 받아들여 1882년 4월 4일(양력 5월 22일) '조·미수호통상조약'을 체결하였다.

이어서 1883년 10월 27일(양력 11월 26일)에는 '조선·영국수호조규'와 '조선·독일수호조규', 그리고 1884년 윤5월 4일(양력 6월 26일)과 윤5월 15일(양력 7월 7일)에 '조선·이태리수호조규'와 '조선·러시아수호조규'가 각각 체결되어 서양열국과의 전면적 개국통상이 시작되었는데, 이것은 개화파들의 균세정책의 실시 노력과도 관련되어 있었다.

8) 海關의 설치(1882~1883)

조선은 1876년 조·일수호조규 체결 때 일본측에게 기만당하여 불평등조약을 체결했으며 無關稅 무역을 인정하였다. 개화파들이 조정에 진출하자 이를 개정하고 해관을 설치하기 위한 활동을 전개하였다.[72]

---

71) 《備邊司謄錄》, 高宗 19년 10월 19일 참조 ; 《高宗實錄》, 高宗 19년(1882) 10월 20일조 참조.

72) 高柄翊, 〈穆麟德의 顧聘과 그 背景〉, 《震檀學報》 25·26·27합집, 1964 ; 李鉉淙, 〈監理署硏究〉, 《亞細亞硏究》 11-3, 1968 ; 金敬泰, 〈開港直後 關稅權 回復問題〉, 《韓國史硏究》 8, 1972 ; 夫貞愛, 〈朝鮮海關의 創設 經緯〉, 《韓國史論》 1집, 서울대학교 국사학과, 1973.

김홍집은 1880년 5월 수신사로 일본에 건너가 일본측과 관세설정을 교섭하고, '관세세목초안'을 일본측에 제안하였다. 그러나 일본정부는 회피만 할 뿐 전혀 교섭에 성의를 보이지 않았다.

김홍집·김윤식 등 개화파는 일본측이 끝까지 관세설정에 응하지 않자, 구미제국과 수호통상조약을 체결할 때 관세를 설정하여 이를 일본에게도 적용하는 우회 전략을 채택하였다. 그리하여 1882년 4월 체결된 조선·미국수호조규의 제5관에 조선측이 주장한 관세자주권과 관세율을 명기하는 데 성공하였고, 1882년 6월 14일 일본정부에게 미국과 동율의 관세율을 적용할 것을 촉구하였다.[73] 개화파들의 활동에 의하여 해관이 설치되고 대외통상에 관세가 설정되었다가 청국의 간섭을 받게 되었다.

9) 근대학교의 설립(1883)

개항 후 신지식의 교육이 절실하게 필요하게 되자 근대적 신식학교의 설립도 일어나기 시작하였다.

개항장 원산에서는 처음에 개량서당을 설립하여 자제들을 교육하다가 1883년 봄에 개화파 관료인 덕원부사 겸 원산감리 鄭顯奭과 원산의 민간인들이 합작하여 근대학교로서 元山學舍를 설립하였다. '원산학사'는 설립 후 운영에 성공하자 정현석이 무예반의 자격인준 때문에 1883년 8월 28일자로 정부에 보고를 올렸으며, 정부는 10월 20일 이를 승인하였다.[74]

또한 1882년 서울에서는 군국기무아문 안에 英語學校로서 통역관 양성을 위하여 同文學이라는 학교를 설립하였다.[75]

---

73) 〈通商新約附箋條辦〉(규장각 고문서) 참조.
74) 愼鏞廈, 〈우리나라 最初의 近代學校 設立에 대하여〉, 《韓國史硏究》 10집, 1974 참조.
75) 金允植, 《陰晴史》 下, 高宗 19년(1882) 11월 21일 참조.

10) 근대신문의 발간(1883)

초기 개화파는 1880년대에 박영효를 중심으로 신문 발간을 주창해 왔었다.

신문 발간계획을 이어 받은 金允植은 신문 발행부서로 博文局을 신설하고 그 책임자로 金寅植 등을 임명했으며, 박문국은 1883년 10월 1일(양력 10월 30일) 한국 최초의 근대신문인《漢城旬報》창간호를 발행하였다.[76]

11) 근대적 산업시설의 대두와 고취

초기 개화파는 개항 후 자주 부강한 근대국가를 만들기 위해서는 근대적 산업을 일으켜야 한다고 주장하고 이를 적극 고취하였다. 개화파들이 주장하고 고취한 산업시설의 조직은 근대적 회사 형태의 것이고, 공업은 증기기관을 동력으로 사용하는 공장제 생산기업을 의미한 것이었다. 초기 개화가 주도한 통리기무아문은 회사의 설립을 적극 장려하고, 전국에 훈령을 내려 잡세징수나 그 밖에 자유로운 영업행위를 저해하는 모든 제약을 철거하도록 해서 회사를 보호하였다.[77]

이에 따라 1880년대에 들어서자 서울과 전국 각 지방에는 각종 근대적 회사들이 설립되기 시작하였다. 1880년부터 1884년 갑신정변 직전까지 설립된 근대적 회사 형태의 상공업 기업체들이 약 26개에 달하였다.

근대적 기업체로서 농업부문에서도 1884년에 農桑公司가 설치되고, 근대적 양잠법을 적극적으로 장려하였다. 또한 외국의 농법과 양잠법을 소개하고 보급할 목적으로 安宗洙의《農政新編》(1881), 李祐珪의《蠶桑撮要》(1884) 등이 간행되었다.[78] 특히 洪英植과 崔景錫이 중심

---

76) 李光麟,〈漢城旬報·漢城周報에 대한 一考察〉,《歷史學報》38집, 1968 ; 鄭晋錫,〈漢城旬報·周報에 관한 연구〉,《新聞研究》36, 1983.
77)《統理機務衙門日記》1책, 1883년 8월 28일 및 8월 29일.
78) 李光麟,〈安宗洙와 農政新編〉,《歷史學報》37집, 1968 참조.

이 되어 이룩한 1884년 農務牧畜試驗場의 설립은 획기적 사업이었다.[79]

또한 증기선의 해운부문에서도 1884년에 汽船會社가 설립되어 큰 발전이 이루어졌다. 기선회사는 통리기무아문의 전운국에서 미국상인과 계약하여 3척의 기선(海龍號·蒼龍號·顯益號)을 구입하여 설립했으며, 연해의 화물운송과 조세곡수송, 그리고 군대 및 관용의 화물운송도 담당하였다.[80]

이 밖에도 개화파의 활동으로서 주목할 것으로는 김옥균·어윤중 등에 의한 수많은 유학생의 해외파견, 박영효가 한성판윤으로 있을 때의 治道局 설립과 종로로부터 동대문까지의 근대식 도로확장사업, 근대적 경찰제도의 수립, 홍영식이 중심이 된 우정국 설립과 근대적 우편제도의 창설, 개화파들이 추진한 복식제도의 개혁과 간소화 등은 중요한 개화활동이었다. (《한국사》 제38권, 국사편찬위원회, 1999)

---

79) 李光麟,〈農務牧畜試驗場의 設置에 대하여〉,《金載元博士回甲紀念論叢》, 1969 참조.

80) 韓㳓劤,〈開港後 商業構造의 變遷〉,《韓國開港期의 商業硏究》(一潮閣, 1970), 226~227쪽 참조.

3. 초기 개화사상의 발전과 근대산업체제의 구상

(1) 초기 개화파의 사회제도 '대경장개혁' 구상

19세기 중엽 우리나라에 대한 외래 자본주의의 도전이 본격화되자 민족적 위기를 느낀 사람들 사이에는 의식의 급격한 변화가 일어나고 새로운 사상적 조류가 형성되었다. 그 대표적 사상이 개화사상과 동학과 위정척사론이다.

이 가운데에서 개화사상은 18세기의 실학사상을 계승하여 성립·발전된 것으로, 특히 다산 丁若鏞의 학파와 洪大容·朴趾源·朴齊家 등의 北學派 학풍은 이 시기의 개화사상에 직접적인 영향을 주었다.

다산학파가 강조한 정치·경제의 개혁사상인 실사구시·부국강병·이용후생의 가치정립, 자연과학 유산의 본격적 탐구, 외국문화 섭취의 자주적 입장 등은 개화사상을 형성하는 데 중요한 일부가 되었으며, 북학파가 강조한 비판정신, 평등사상, 선진과학기술의 도입, 국제통상무역의 확대, 진취적 연구방법, 행동주의 등은 개화사상을 형성하는 데에 중요한 내용이 되었다.

이러한 사상적 기반 위에, 개항 직전에 중국을 다녀온 선각적 인사들과 그들이 중국에서 가져온 서구 자본주의 문명에 대한 서적을 통해 받은 영향하에 오경석·유대치·박규수 등이 개화사상을 갖게 되고, 그들의 가르침으로 김옥균·박영교·박영효·이동인·서광범·어윤중·김윤식·유길준·김홍집 등이 개화사상을 갖게 되어, 이른바 초기 개화파가 형성되었다.

간단히 말하면 개화사상은 실학을 계승하여 개항 이전인 1853~1860년대에 형성되어 개항 후, 새로운 사태에 대응하면서 발전된 한국인의 새로운 사상체계라고 말할 수 있다.

종래 개화사상에 대해 이것을 계몽사상 또는 시민적 계몽사상이라는 좁은 의미의 문화적 정치적 측면에서 고찰하여 왔다. 그러나 이것만으로는 초기 개화사상의 진면목을 알기에는 부족하다고 생각한다.

그 위에 초기 개화파의 사회·경제사상까지 엄격히 검토한 후에야 개화사상의 구조를 그 핵심까지 접근할 수 있는 것이며, 갑신정변과 그 이후의 우리 민족의 역사적 발전에 대한 깊은 이해를 가질 수 있을 것이다. 여기서는 초기 개화파의 사회·경제사상을 근대산업체제관을 중심으로 간단히 고찰하기로 한다.

초기 개화파의 사회·경제사상을 분석하기 위하여 두 가지 측면에서 방법론적 전환을 시도하겠다.

그 첫째는 특정 사상가나 특정 정치가를 중심으로 보지 않고 사회학적 관점에서 초기 개화파의 전부를 하나의 집단으로 보아 이를 분석하고자 하는 것이다. 이러한 방법론의 전환은 다음과 같은 몇 가지 사실에 의거해서 정당성을 인정받을 수 있으리라고 생각한다.

① 개화파에 속할 수 있는 인사들이 평소에 자주 접촉하여 개방적으로 의견을 교환하고 사상을 공유한 동질의 의식집단이라는 사실 때문이다. 1882년 후반기에 高宗에게 낸 개화적 疏文의 사상도

개화파 지도자들의 영향을 받은 것이 분명하며, 또 한편 개화파 지도자들도 그들의 상소문을 면밀히 검토한 것이 분명하므로 역시 함께 포함하여 분석 대상으로 삼고자 한다.

예컨대 1882년 8월 23일에 池錫永은 그 소문에서 다음과 같이 쓰고 있다.

　　…… 우리나라의 교리 김옥균이 편집한《箕和近事》, 전승지 박영교가 편집한《地球圖經》, 진사 安宗洙가 번역한《農政新編》…… 등 書는 모두 구곡을 개발하고 시무를 요해하는 데 족한 책입니다. 원컨대 一院을 설치하셔서 위의 諸書를 수집하여…… 능히 서적을 정밀히 연구하고 時務를 깊이 알게 하소서.[1]

또한 김옥균은 1882년 11월에〈治道略論〉에서 다음과 같이 쓰고 있다.

　　성상이 윤음을 내리심에…… 현재 조정과 지방을 불문하고 현명한 인사가 반드시 탁월한 대책을 가지고…… 상하가 하나의 마음, 하나의 의기로써 적극적으로 돕는 것은 국가 중흥의 기회를 가히 목전에 기다릴 수 있게 합니다.[2]

공주유학 지석영은 김옥균·박영효 등의 저서를 읽고 큰 영향을 받은 것이므로, 이러한 개화파 지도자들의 저작이 서울과 각 지방의 청년들에게 애독되었음이 분명하며, 반대로 김옥균 등 개화파 지도자들도 서울과 지방 청년들의 상소문을 열심히 읽고 있었음이 다른 자료에서도 분명히 나타난다.

---

1)《承政院日記》, 高宗 19년(1882) 8월 23일조 참조.
2)《漢城旬報》26호 ; 金玉均,〈治道略論〉,《金玉均全集》, 2～3쪽 참조.

② 김옥균의 《箕和近事》 소실에서 볼 수 있는 바와 같이 개화파 지
도자들의 저작이 갑신정변의 실패 후에 모두 소멸되어 버렸기 때
문이다. 오늘날까지 남아 있는 것은 김옥균의 경우 《甲申日錄》과
몇 개의 논설 및 상소문들뿐이라는 점이다. 다른 지도자들의 경우
에도 사정은 마찬가지이다.

따라서 특정 지도자의 사상을 알기 위해서도 그의 직접적 영향을 받
은 다른 개화파 인사들의 의식을 분석하여야 할 형편에 놓이게 되었다.

③ 개화파 인사들이 시간의 여유를 가진 학자가 아니라 행동적 정
치가이며 사상가들이었기 때문에 그들의 사상은 주로 논책의 형
식으로 나타나 있다는 점이다.

따라서 동일한 사조의 논책들을 함께 묶어서 체계화할 때, 그 진면
목이 나타나게 되는 것이다. 이 문제와 관련해서 서구의 중상주의가
수많은 사람들의 논책들로 구성되어 있으며, 그것을 통합하여 체계화
한 것이 중상주의의 특징이라는 사실을 상기하기 바란다.

둘째의 방법론적 전환은 개화파의 경제의식을 하나의 유기적 통합
을 가진 정책체계로 보아 동적인 체계화를 모색할 필요에 의한 것이다.

이 동적 체계화를 위하여 사회학에서 자주 활용하는 목표 및 수단의
分化體系와 구조 및 기능 분화체계의 분석방법을 필요할 때는 사용할
필요가 있다고 본다.

초기 개화사상의 궁극적인 목표는 국가의 '자주와 부강'이었다. 이
목표를 위해서는 '부국강병'이 그 수단으로 의식되었으며, 또 이 부국
강병의 목표를 위해서는 국가와 사회의 전면적 개혁이 그 수단으로 필
요하다고 그들은 생각하였다. 즉 정치·경제·사회·군사·교육·문화 등

모든 부문을 대대적으로 개혁하여 개화시켜야 한다고 확신하였던 것
이다. 그들은 1860년대 이후의 우리나라에 대한 자본주의 열강의 도전
에 대하여 심각한 민족적 위기를 의식하고 이러한 도전에 대해서 국가
의 '자주와 부강', '부국강병'을 실현하려면, 적극적으로 선진 자본주의
문명의 사회제도를 도입하여 그들과 같은 방식으로 응전하여야 한다
고 생각하였다. 김옥균의 표현에 의하면 〈4백년래의 積累된 頑俗〉에
대한 '大更張改革'을 하여야 한다는 것이다.

(2) 근대적 산업체제의 구상

초기 개화파의 '대경장개혁'의 구조를 근대적 산업체제의 구상에 한
정하여 간단히 정리해 보면 다음의 그림과 같다.

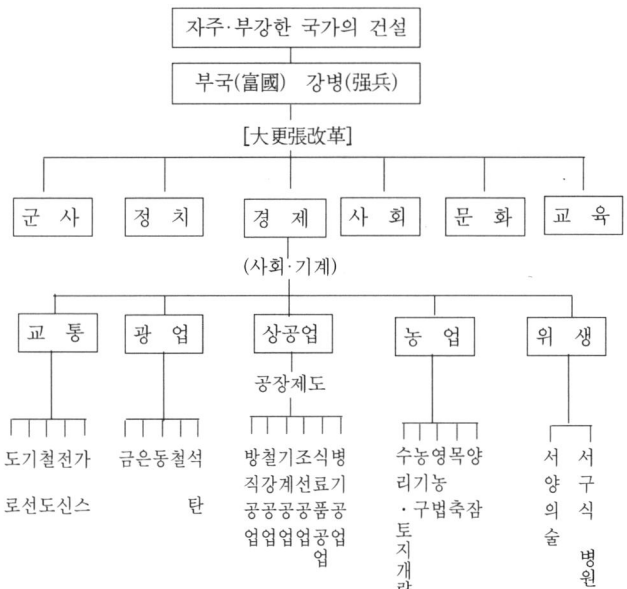

초기 개화사상가들은 근대적 상공업을 대대적으로 발전시킬 것을 주장하였다. 그들은 '부국강병'의 기초는 상공업의 발전에 있다고 생각하였다.

김옥균은 상공업 기업체를 발전시키는 것이 부국의 기초가 된다고 강조하고, 철공업·기계공업·조선공업·철도·기선·전신 등의 개발에 대하여 언급하면서 이런 것들을 개발하여, 우리가 富해지고자 하면 부해질 수 있고 강해지고자 하면 강해질 수 있으며, 그리하여 나아가면 선진국과 경쟁을 할 수 있고 물러서면 스스로 나라를 지킬 수 있다고 쓰고 있다.[3]

박영효도 "공업과 상업을 일으키고 그 원리와 기술을 배워 익히게 하라"[4]고 주장하고 있으며, 유길준도 오늘날 우리나라의 부국강병이 모두 상공업에 달려 있다고 쓰고 있다.[5] 柳完秀는 조선공업의 발전을 특히 강조하였으며,[6] 지석영은 방직공업을 강조하였다.[7] 특히 兵器工業은 모든 개화파 사상가들이 이것의 개발을 강조하였다.

그들이 말하는 공업은 놀랍게도 공장제 기계공업이었다. 김옥균은 구미에서는 기계를 제조[工作機械]하여 日用을 便利하게 하고 있다고 하면서, 우리도 그렇게 할 수 있음을 강조하였다.[8] 지석영은 외국으로부터 근대식 수차·농기·직조기·화륜기(증기기관)·병기 등의 기계를 구입하여 그 운전기술과 제조기술을 습득할 것을 강조하였다.[9]

---

3)《漢城旬報》3호,〈會社說〉13쪽 참조.
4)《興工商而使學習其法術事》(〈開化에 대한 上疏〉),《日本外交文書》제21권,《新東亞》1966년 1월호 부록 참조.
5)〈會社規則〉,《兪吉濬全書》6권(政治經濟篇), 90쪽 학회.
6)《承政院日記》, 高宗 19년(1882) 9월 6일조 참조.
7)《承政院日記》, 高宗 19년(1882) 8월 23일자 참조.
8)《漢城旬報》26호 ; 金玉均,〈治道略論〉, 3쪽 참조.
9)《承政院日記》, 高宗 19년(1882) 壬午 8월 23일조. "……伏願殿下 急置一院於都下 使有司授集上項等諸書 及近日各國 水車·農器·織組機·火輪機·兵器等 樣

상업에 대해서는 많은 개화사상가들이 강조하였다. 특히 박영효 등은 민간상사를 지원하여 외국 항구에 진출하도록 장려하면서, 人蔘商社를 설치하여 인삼의 대외 수출을 장려·지원하라고 주장하였다.[10]

또한 초기 개화사상가들은 광공업의 개발도 매우 강조하였다. 김옥균은 금·은·석탄·철광의 개발을 강조하였으며,[11] 박영효도 금·은·동·철·석탄·철광의 대대적 개발을 상소하고 있다.[12]

金源濟는 다섯 가지 금속의 광산개발을 주장하였으며, 梁鎭華는 특히 석탄광 개발의 중요성을 강조하였다.[13]

그들의 광산개발에 대한 주장은 기계를 사용한 개발이라는 데에 주목하지 않으면 안 될 변혁이 있었다.

김원제는 주장하기를 광산을 개발하되 "기계로써 製하여 인력을 대치하고 또한 생산비를 절하하면 곧 3년이 지나지 않아서 채광이 반드시 盛하게 되고, 그리하여 부강을 점차 이룩할 수 있다"[14]고 썼다.

개화사상가들이 광산개발의 용도를 정확히 알고 있었다는 점도 주목하지 않을 수 없다. 예컨대 양진화는 "석탄광 개발을 강조하는 이유가 석탄을 동력의 연료[火]로 사용할 수 있는 데 있음을 명백히 밝히고, 크게는 輪船·滑車·鑄幣·병기제조 등에, 작게는 稼器·織機·蒸爨薰 등에 사용할 수 있다"[15]고 썼다.

子 一一購買 行關于各道海邑 以善解文有雅望而爲一邑之翹楚者儒吏 各抄一人 送赴于該院 使之觀其書籍 玩其器械 而留院之日 以兩箇月爲定 期滿 該邑又遞送 一人 給養之節令該邑 以上細條中量宜劃呈"

10) 朴泳孝, 〈開化에 대한 上疏〉, 《新東亞》 1966년 1월호 부록 참조.

11) 《漢城旬報》 26호 ; 金玉均, 〈治道略論〉, 3쪽 참조.

12) 朴泳孝, 〈開化에 대한 上疏〉 참조.

13) 《承政院日記》, 高宗 19년(1882) 11월 19일조 참조.

14) 《承政院日記》, 高宗 19년(1882) 11월 19일조 참조. "開鑛……製以機器以代人力 且看工役之費則不出三年 採鑛必盛而富强之漸可致也"

15) 《承政院日記》, 高宗 19년(1882) 11월 19일조 참조. "……蓋石炭之爲物也其性近於火 其用長於錬 大則輪船, 滑車, 籌幣, 錬兵 小則稼器 織械 蒸爨薰 於國財有

또한 초기 개화사상가들은 근대적인 교통·운수·통신수단의 개발을
매우 강조하였는데, 김옥균은 해운·철도·도로·전신 등을 특히 강조하
여 그 개발을 주장하고 도로국의 설치를 구상하면서, 다음과 같이 쓰
고 있다.

　　當今 세계의 기운은 날로 변하고 있다. 만국이 교통하여 輪船이 해상을
交馳하고 있으며, 전선이 지구 위를 織羅하고 있다. 그 밖에 금·은·석탄·철
을 채굴하고 기계를 제작하는 것 등 일체가 民生日用에 편리한 일은 이루
다 헤아릴 수 없다.
　　이들 각국이 가장 切要한 정책으로 구하고 있는 것은 첫째 위생이요, 둘
째 農桑이요, 셋째 도로이다. 이 세 가지는 비록 아시아 주에서도 치국의 법
칙으로서 또한 능히 위배할 수 없는 것이다.[16]
　　우리도 화륜선을 船으로 하고, 철도를 차로 하고, 지방에는 전선을, 街路
에는 가스등을 가설할 수 있다.[17]

박영효도 民營의 陸運商社를 지원하거나 官營의 육운상사를 설치하
여, 육지 운수의 편의를 도모하여, 해상운수를 개선하기 위하여 舟橋司
를 설치하고 船政의 중흥과 등대의 설치 및 해로에 부표를 세울 것을
주장하였다. 또한 治道司로 하여금 항상 도로를 닦고 교량을 세우고
수리하도록 하며, 도로변에는 夜燈을 설치할 것을 주장하였다. 특히 주
목할 것은 박영효는 '민간이 그 자본[私錢]으로 水路를 열고 도로를 닦
으며 교량을 가설하여 그곳에서 통행료를 받는 것을 허가할 것을 제

　　餘 而兵甲自足 於民價尤廉 而閭稍饒 惟中國泰西 以作用日用之物 而必致富强者
　　此也"
16)《漢城旬報》26호 ; 金玉均, 〈治道略論〉, 3쪽. "當今宇內氣運丕變萬國交通輪船
　　交馳洋面 電線織羅全述 他如開採金銀煤鐵 工作機械等 一切民生日用便利之事
　　殆指不勝屈 而求其各國 切要之政術則一曰衛生二曰農桑三曰道路 此三者雖亞細
　　亞洲 聖賢治國之軌則亦不能違也."
17)《漢城旬報》3호, 〈會社說〉 13쪽 참조.

안'[18) 이하였다.

기선을 도입하여 해운을 발전시키고 철도를 부설하자는 것은 이 시기의 많은 개화사상가들의 공통된 주장이었다.

김옥균을 비롯한 초기 개화사상가들은 철도·해운·도로·수로 등의 사회간접자본이 광공업과 농업, 상업을 발전시키는 데 지극히 큰 기여를 한다는 사실을 인식하고 있었다.

초기 개화사상가들은 또한 농업을 근대적으로 발전시킬 것을 매우 강조하였다. 김옥균은 농업과 양잠업의 개발, 그리고 토지개량을 강조하였다. 박영효 역시 농상을 권하였으며, 새로운 영농법과 農具 이용의 利를 민중에게 가르칠 것을 강조하였다.

그는 또한 목축의 발전, 牧羊과 모직업의 도입을 주장하였으며, 어업을 진흥하여 무궁의 利를 取하고, 수렵업을 개발할 것을 강조하였다. 산림과 川澤의 修治를 주장하고 수리사업의 중요성을 강조하였으며, 長白山의 삼림자원의 개발을 주장하였다.[19)

박영효는 실제로 1883년에 서울 교외에 목장과 농업시험장을 설치하고, 선진제국의 농업경영 방식을 도입하여 근대적 농장의 경영을 시도하고, 농업기술자를 양성할 목적으로 이 농장에 농업기술학교를 설치하였다. 이 외에도 많은 개화사상가들이 농업의 근대적 개혁을 주목하고 강조하였다.

공장제 기계생산방식을 도입하여 개발하고, 석탄을 동력의 연료로 하며, 증기기관을 동력엔진으로 하여 방직공업·철강공업·기계공업·병기공업·조선공업·농기공업·식료품공업 등을 일으킬 것을 계획하고, 금·은·철·동·석탄·철광을 기계를 사용하여 개발할 것을 구상하며, 기선을 도입하고 철도를 부설하며, 도로를 개수 확장하고 電信을 가설하

---

18) 朴泳孝, 〈開化에 대한 上疏〉, '許民 以私錢疏水修道架橋 而在該處收買錢事' 참조.
19) 朴泳孝, 〈開化에 대한 上疏〉 참조.

며, 가로에 가스등을 가설하려는 계획을 세우며, 농업경영의 근대적 개
혁을 구상하는 이 論策을 우리는 어떻게 보아야 하겠는가?

이것은 다름 아닌 바로 근대적 산업체제 건설론이라고 할 수 있다.
초기 개화사상가들은 이때에 이미 서구의 산업혁명의 결과를 조선에
도입하여 조선의 자주적 역량으로 근대적 산업체제를 건설하려고 구
상하였던 것이다.《漢城旬報》제21호에서 서구의 최신 철강공업을 자
세히 소개하고 최신의 製鍊法을 정밀하게 설명하고 있는 것은 우연이
아니었다. 그들이 전 지면을 통하여 철도·기선·전신 등에 대하여 지나
치리만큼 많은 지면을 할애하고 그 중요성을 강조하고 있는 것은 결코
호기심 때문이 아니었다. 그들은 절실하게 대경장개혁으로서 근대적
산업체제 건설을 구상하였으며, 철과 석탄의 시대, 철도와 기선·전신
의 시대를 명확하게 의식하고 있었던 것이다.

(3) 근대자본주의 사회·경제조직의 추구

초기 개화사상가들이 우리나라에서 근대적 산업체제 건설의 목표를
수행하기 위해서 무엇보다도, 목표 수행의 수단인 생산요소로 자본과
기술의 공급문제를 어떻게 해결하려 하였으며, 또한 그것이 얼마나 근
대적인 성격을 가지고 있었는가를 고찰할 필요가 있다.

먼저 자본문제를 질적 변화와 양적 변화로 나누어 살펴보겠다. 자본
공급의 질적 변화의 문제는 제도개혁의 문제에 관련되며, 더 넓게는
산업혁명의 담당의 기본적 경제조직의 정립문제와도 관련된다.

초기 개화사상가들은 근대적 산업체제 건설을 회사제도에 도입하여
발전시킴으로써 수행하려고 하였다. 김옥균은 회사가 제도적으로 서구
제국의 부강의 기초라고 보고, 조선에도 회사제도를 도입하여 민간자
본을 '회사'에 동원시키고, 업종별로 이를 전문화시키려고 구상하였다.

그는 회사의 종류의 예로 철도회사·선박(기선)회사·제조업회사·토지
개량회사 등을 들면서, 이러한 회사조직을 통하여 그 담당 업종의 예
인 철도·기선·제조업·농업 등을 발전시키면서 부강을 이룩하여 나아
가면 선진 제국과 경쟁을 할 수 있으며, 물러서면 자기 나라를 스스로
지킬 수 있다고 썼다.[20]

김옥균이, 요즘의 용어를 빌리면 제3차·제2차·제1차 산업의 전 분야
를 회사조직을 통하여 발전시키려고 계획했던 것으로 보아 그의 卓見
과 원대한 통찰력을 잘 말해 주고 있다.

이 외에도 유완수는 조선공업의 개발을 부민들로 하여금 皆賫承辦
하여 자본을 모음으로써 일으킬 것을 주장하였다.[21] 박영효도 민간의
회사를 일으킬 것을 주장하였으며,[22] 유길준도 1882년의 〈會社規則〉에
서 회사가 산업개발을 위한 가장 능률적인 경제조직임을 강조하면서
민간자본의 集積에 의한 회사의 조직을 권장하였다.[23]

초기 개화사상가들이 말하는 회사는 주식회사와 合資會社이다. 김옥
균은 회사조직의 다섯 가지 원칙을 주식의 모집, 役員의 선출, 회사의
운영과 공개, 주식의 매매와 증권의 가격변동, 주식회사로부터 합자회
사로의 전환방법 등으로 해설하고, 민간회사의 설립과 簇出을 적극 권
장하였다.[24]

---

20)《漢城旬報》3호,〈會社說〉참조. "夫會社者衆人合本而托之數人 辦理農工商賈
之事務者 而工商之事務不一 故商會之種類亦不少也 會社之中 有爲鐵道以便國
內之運輸者 有爲船舶以通外國之往來者 有爲開墾專務土地者……今西洋諸國 海
駛輪船 陸馳火車 陲設電線 街懸煤燈 以洩造化莫各之機括 兵出四海通商萬國 富
甲天下威視隣邦以開 古今未有之局面者 皆會社 而後始有此事也. 然 此非西國獨
能獨行之事 使今日東土之君相 審時度勢極深硏機謀定而後動 時至而後行 不爲
迂論之所移 不被外人之所欺則我亦可以火輪其舟鐵路其事 電線其郵 煤燈其街
慾富則富 慾強則強 進可以爭雄退可以自守."

21)《承政院日記》, 高宗 19년(1882) 9월 6일조 참조.

22) 朴泳孝,〈開化에 대한 上疏〉참조.

23)〈會社規則〉,《兪吉濬全書》6권(政治經濟篇), 89~103쪽 참조.

유길준은 1882년에 쓴 〈회사규칙〉에서 회사를 조직하여 운영하는
25개조의 원리를 매우 상세하게 설명하였다.

그것은 본사의 경영조직과 인사관리, 회계(재무)관리, 그리고 支社의
조직과 관리에 이르기까지 오늘날 보아도 손색이 없는 모형을 제시하
였으며, 국기와 함께 社旗 제정의 예까지 제시하여 新商工業 국가 건
설의 매우 강력한 의지를 뚜렷하게 보였다.[25]

초기 개화사상가들은 이러한 '회사' 형태의 상공업 기업체를 정부가
강력히 보호·육성하여야 한다고 생각하고 주장하였다.

김옥균은 정부가 국가에 진실로 유익하다고 인정하는 회사에 대하여
이를 장려하는 방법은 매우 많지만, 그 가운데에서 가장 중요한 두 가지
요점은 정부와 회사가 '상약(相約 : 상호계약)'하여 회사가 손실을 보는
경우 정부가 재정자금으로써 이를 보상하는 방법이라고 보았다.

즉 첫째는 만일 회사가 크게 손해를 보아 그 拂入資本(本錢)에 缺損
이 있는 경우에 정부가 반드시 이 결손을 보상하는 방법이요, 그 둘째
는 회사의 이윤이 불입자본의 이자에 미달하는 경우에 정부가 재정자
금으로 그 이자분을 보충하여 사원으로 하여금 언제나 불입자본의 이
자를 초과하는 이윤을 얻도록 하는 방법이었다.

김옥균은 정부가 이러한 보호·육성책을 쓰면 대·소회사가 接踵하여
일어나 크게 번영할 것이라고 확신하였다.[26]

김옥균이 구상한 정부와 회사의 '상약'제도에 의한 상공업 기업체의
보호·육성책은 당시 중국의 개혁론자들이 구상한 〈官督商辦〉제도보

---

24) 《漢城旬報》 3호, 〈會社說〉 13~14쪽 참조.
25) 兪吉濬, 〈會社規則〉, 《兪吉濬全書》 4권(政治經濟篇), 99~100쪽 참조.
26) 《漢城旬報》 3호, 〈會社說〉 참조. "且自政府獎勵其業使之日進盛大 故如各國政
    府 認眞會社之有益於國家 則獎勵之方甚多 而其最要者有二一則政府與會社 相
    約若會社有受大損及有欠本錢 則政府必償欠損使社員常不失本錢. 或有政府保證
    會社之有益 而會社得利不滿本錢之利息, 則自政府出金 以充其息. 使社員常得本
    錢剩息之利益 故大小會社接踵而起 不難蒸日上也."

다 명백하게 더욱 발전적이고 자유주의적인 육성책이었다.

그것은 정부가 상공업 기업체 위에 군림하여 간섭하고 지도·감독하는 중상주의적 상공업 육성책이 아니라, 민간 상공업 기업체가 주도하여 자유로이 발전하고 정부는 뒤에서 돌보아주고 보호·육성하는 산업자본주의적 幼稚産業의 보호·육성책의 범주에 드는 것이라고 할 수 있겠다.

김옥균이 주장한 정부에 의한 상공업 보호·육성론이 콜베르주의의 제약을 이미 벗어나서 산업자본의 자유로운 발전, 보호·육성론의 궤도에 들어서고 있었다는 것은 특기할 만한 사실이다.

초기 개화사상가들은 정부가 재정제도를 개혁하여 '戶曹'가 모든 경제정책을 담당함으로써 산업혁명 수행에서 중요한 역할의 일부를 담당하여야 한다고 생각하였다.

초기 개화사상가들의 이러한 생각은 김옥균의 《甲申日錄》에 기재되어 있는 갑신정변 당시의 신정부의 政綱에 뚜렷하게 나타나 있다.

그 제12조에서는 "모든 국내 재정은 통일적으로 호조를 통하여 관할하며, 그 외의 일체의 경제부처는 이를 폐지한다"고 선언하였다. 또한 제3조에서는 "전국의 地租法에 관리의 弄奸을 방지하고 民困을 제거함과 동시에 국가 재정[國用]을 풍부히 하라"을 선언하였다.[27]

그들은 호조가 중앙집권적 경제부처가 되어 租稅改革을 통해서 재정자금을 확보함으로써 租稅國家의 면모를 갖추는 한편, 대경장개혁의 개정자금을 공급하고, 회사의 형태로 조직된 상공업 기업체들을 지원하고 육성하도록 구상하였다.

초기 개화사상가들은 자본 공급 이외에도, '정부는 법적 제도적 조치로써 상공업의 자유로운 발전을 지원하여야 한다'는 사상을 가지고 있었다.

갑신정변 때의 신정부의 정강 제9조에서는 "惠商公局을 革罷할 것"을 선언하였다. 이것은 종래의 봉건정부의 비호 하에 있던 독점 길드

---

27) 《甲申日錄》, 1884년 12월 5일조.

적인 御用 褓負商의 특권과 악폐를 시정하고, 상공업의 자유로운 발전을 촉구한 것이었다고 볼 수 있다.

박영효가 〈利子制限法〉을 제정하여 고이자율을 통제하라고 주장한 것이라든지, 일종의 商法이라 할 수 있는 〈新舊物賣買規則〉을 제정하여 매매를 편리하게 하고 부정을 없애려고 한 것, 또는 獨占謀利를 금지하여야 한다고 한 것은 모두 상공업 자본의 자유로운 발전을 법적 제도적으로 보장하여 지원하려는 의도에서 나온 생각이었다.

또한 그가 關稅의 유용성을 강조한 것이라든지, 京城開市를 철회하여 외국 상인을 출국시키고 국민이 그것을 경영하도록 하여야 한다고 주장한 것은 민족자본의 보호와 육성을 주장한 것이었다.[28]

서울 幼學 高穎聞은 국립은행의 설치를 주장하고 있으며[29] 박영효도 은행을 성립할 것을 상소하였다.[30] 상공업 자본의 금융조직으로서 은행의 성립을 구상하는 것은 그들이 산업혁명의 수행을 위한 자본 공급제도의 계획을 매우 근대적으로 수행하였음을 나타내 주고 있다.

뿐만 아니라 고영문은 1882년에 이미 상공업자의 협의체인 〈商會所(상공회의소)〉의 설치를 주장하였다.[31]

이러한 사실들은 모두 그들이 구상한 경제개혁이 근대자본주의적 사회·경제제도를 수립하려는 기획이었음을 나타내 주고 있다.

(4) 초기 개화파와 자본형성문제

초기 개화사상가들은 근대자본주의적 사회·경제제도의 건설을 구상

---

28) 朴泳孝, 〈開化에 대한 上疏〉, '撤京城開市 送出外國之人 而使國民營其事' 참조.
29) 《承政院日記》, 高宗 19년(1882) 9월 22일조 참조.
30) 朴泳孝, 〈開化에 대한 上疏〉 참조.
31) 《承政院日記》, 高宗 19년(1882) 9월 22일조 참조.

하는 한편, 자본공급의 원천 확대를 통해 자본의 공급량을 증가시킬 수 있는 방안을 구상하였다. 또한 그들은 대경장개혁을 실행하기 위해서는 막대한 자금이 필요하며, 더구나 그 자금의 일부로는 외국으로부터 기계와 시설을 도입하여야 하기 때문에 막대한 국제통화의 확보문제도 포함되는 것이라는 사실을 잘 이해하고 있었다.

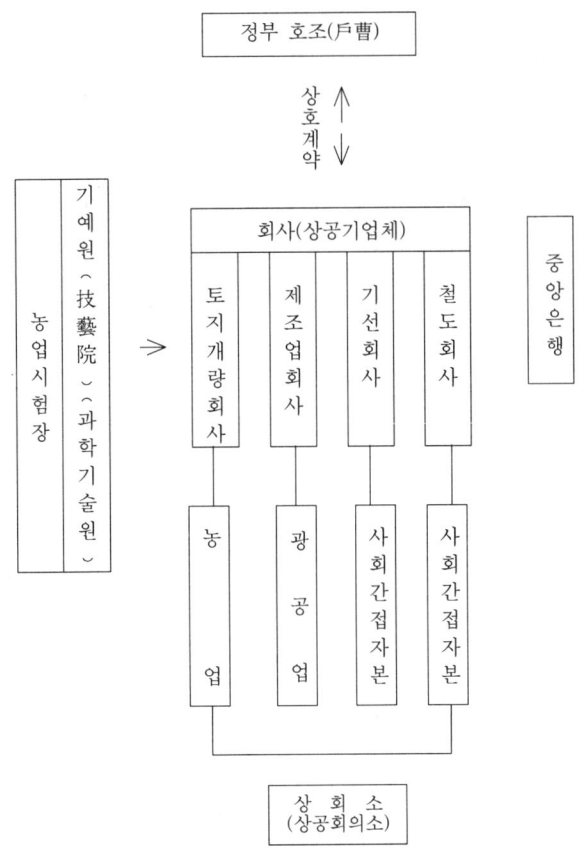

초기 개화사상가들은 內資動員의 첫 번째 방법으로 금·은광의 개발
을 구상하였다. 김옥균을 비롯하여 모든 개화사상가들이 금·은의 광산
개발을 통하여 귀금속의 산출량을 증가시키고, 금화·은화·동화의 화폐
를 주조하여 대내적으로는 화폐자본을 형성하고 대외적으로는 그것들
을 국제통화로 사용할 것을 생각하였다.

초기 개화사상가들은 내자동원의 두 번째 방법으로 內國債와 公債
의 발행을 매우 중요시하였다. 김옥균은 이 방법을 중요시하여 신정부
의 정강의 하나로 채택하였다는 기록도 있다.[32] 유길준은 국채의 네 가
지 종류와 그 발행과 償還의 손익을 자세히 제시하였다.[33]

초기 개화사상가들이 구상한 세 번째 내자동원의 방법은 회사의 주
식을 공모하는 것이었다. 김옥균이 산업개발을 하는 데 있어서 회사를
통하여 실행하려 한 데에는 민간자본을 근대적 상공업자본으로 급속
히 동원하여 발전시키려는 의도와 정부의 지원 하에 상업자본을 산업
자본으로 전환시키려는 기획이 포함되어 있음에 특히 주목할 필요가
있다.

초기 개화사상가들이 생각한 네 번째 내자동원의 방법은 租稅改革
을 통하여 재정자금을 확보하는 방안이었다. 이 방법은 김옥균을 비롯
하여 모든 개화파 사상가들이 중요시하였으며, 갑신정변 때 신정부의
정강에도 포함시킨 방법이었다. 이 방법은 정부의 대경장개혁에 필요
한 재정자금의 필요가 절실하였기 때문에 특히 중요시되었다.

초기 개화사상가들은 外資문제에 직면하였다. 그들은 외국으로부터
기계와 기술을 도입하려 하였기 때문에 외자 또는 국제통화에 대한 상
식의 필요가 절실하였다. 김옥균 등은 외자의 문제를 차관 또는 외국
채의 방법으로 해결하려고 생각하였다.

---

32) 井上角五郎, 《漢城酒殘夢》.
33) 〈國債種類〉, 《兪吉濬全書》 6권(政治經濟篇), 105~124쪽 참조.

또한 개화파 사상가들은 차관의 문제점에 대해서도 깊이 인식하고 있었다.《漢城旬報》제2호에서는 차관 때문에 영국의 내정간섭을 받는 이집트를 소개하면서, "무릇 외국으로부터 차관을 얻어서 내정을 更張改革하는 것은 達權일 때 좋다고 말할 수 있는 것이다. 그러나 혹시 이집트와 같은 나라의 경우가 있으니 어찌 그 까닭을 연구하지 않을 수 있겠는가"[34]라고 쓰고 있다.

이상에서 알 수 있는 바와 같이 초기 개화사상가들은 자본동원에서도 그것을 근대자본주의적 방법에 의하여 해결하려고 기획하였음을 명백히 알 수 있다.

(5) 초기 개화파와 선진과학기술의 도입

과학기술의 공급문제에 대해서는 김옥균을 비롯한 모든 초기 개화사상가들이 선진 자본주의 제국의 선진과학기술을 적극적으로 '도입'하여 그것을 '개발'하고 '보급'하여 생산에 '응용'할 것을 주장하고, 그에 대한 제도적 방책을 제안하였다.

첫째, 초기 개화사상가들은 우선 외국으로부터 기계의 도입과 함께 기술자를 초빙하여 국내의 학도에게 선진과학기술을 습득케 함으로써 신기술의 도입문제를 해결하려고 하였다. 예컨대 김옥균은 도로건설을 하면서 외국인 기술자들을 초빙하여 국내의 재능 있는 자를 학습시키면 수개월 내에 그 요령을 얻을 수 있으며, 외국인 교사는 돌려보낼 수 있을 것이라고 보았다.[35] 고영문도 외국인 교사를 초빙하여 전국의 상

---

34)《漢城旬報》2호,〈英兵駐埃及 夫得債於外國 革修內政 可謂達權亦屬善擧也 然或有如埃及國者 豈可不窮其故哉〉참조.

35)《漢城旬報》26호 ; 金玉均,〈治道略論〉, 4쪽 참조.

하 인민에게 신기술을 학습시킬 것을 주장하였다.[36] 李根鎬도 병기공업을 발전시키는 데 외국인 기술자를 초빙하여 유능한 사람에게 신기술을 가르친 후, 이들이 다시 지방에서 공장들을 선택하여 거기에 있는 사람들을 훈련시켜 신기술을 지방에까지 전파할 것을 주장하였다.[37] 그들이 외국으로부터 선진과학기술을 도입하면서 외국인 기술자를 기술교사로 초빙하여 국내 기술자를 양성함으로써 국내 기술을 '개발'하여 문제를 해결하려고 하였음은 주목할 만한 사실이다.

둘째, 초기 개화사상가들은 모두가 선진제국으로부터 신기술 도입을 위하여 외국에 유학생 파견을 훈련시키는 일을 매우 중요시하여 주장하였다. 이것은 김옥균·박영효 등에 의하여 일찍부터 시행된 정책이었다.

셋째, 초기 개화사상가들은 과학기술연구소에 해당하는 연구원을 설치하여 외국에서 도입한 신기술을 국내에서 다시 연구하고 개발하여 보급할 것을 기획하였다.

예컨대 지석영은 연구원을 설치하여 각국으로부터 신기계와 기술을 도입하고 과학서적을 비치한 다음 각 지방으로부터 1읍1인의 재능 있는 儒吏를 선출하여, 연구·훈련시킬 것을 건의하였다.

그는 특히 연구원들이 연구기간 동안에 신기술을 발명·발견하는 경우 특허권을 부여하고, 신과학서적을 저술하는 경우 저작권을 보호하여, 과학기술의 경쟁적 진흥을 도모할 것을 주장하였다.[38]

넷째, 초기 개화사상가들은 과학기술을 보급하고, 기술자를 양성하기 위한 근대적 학교(특히 기술학교)의 설립을 주장하고 있으며, 그것은 일찍부터 시행되기 시작하였다.

다섯째, 개화사상가들은 기술보급을 위해 과학기술서적의 간행을 대

---

36) 《承政院日記》, 高宗 19년(1882) 9월 22일조 참조.
37) 《承政院日記》, 高宗 19년(1882), 11월 11일자 참조.
38) 《承政院日記》, 高宗 19년(1882), 8월 23일자 참조.

대적으로 시행할 것을 강조하고 있다.

기술공급을 위한 위의 다섯 가지 대책을 보면, 초기 개화사상가들이 산업개발에 소요되는 기술문제를 체계적으로 해결하고 있음을 명백히 알 수 있다.

(6) 초기 개화파의 산업혁명적 근대산업체제 건설론

지금까지의 고찰에서 우리가 얻을 수 있는 결론은 초기 개화사상가의 산업경제의식은 명백하게 '근대산업체제 건설'을 구상하였다는 사실이다. 그들은 근대자본주의적 상공업 기업체를 興起시키고, 정부와 기업체 사이의 〈相約制度〉에 의하여 이를 보호·육성하고, 정부가 상공업 기업의 자유로운 발전을 제도적으로나 법적으로 보장해줌으로써 이 근대산업체제 건설을 수행할 수 있다고 생각하였다.

그리고 그들은 이에 필요한 자본과 기술의 공급문제를 질적(制度改革)으로나 양적(供給增加)으로나 모두 근대자본주의적 방법으로 해결하려 하였음을 알 수 있다.

그들의 이러한 〈위로부터의 자본주의적 기업에 의한 근대산업체제 건설〉의 구상이 결코 비현실적인 것이 아니었다는 사실은 1884년 이전에 이미 그들의 구상이 부분적으로 시행되고 있다는 사실에서 알 수 있다. 초기 개화사상가들의 〈위로부터의 근대자본주의적 기업에 의한 근대산업체제 건설〉의 구상은 같은 시대의 중국에서 구상된 〈官督商辦에 의한 위로부터의 근대산업체제 건설〉의 구상보다 더 자유롭고 진전된 것이었다.

또한 초기 개화파들의 이러한 〈위로부터의 자본주의적 근대산업체제 건설〉의 구상은 다른 개혁사상과 매우 밀접하게 관련되어 통합된 것임을 알 수 있다. 즉 정치개혁에서 議會主義를 도입하여 立憲君主制

를 수립하고, 公議堂(의회)·내각·사법제도의 삼권분립을 구상하여 '내
각'제도를 발전시켜 보려던 구상은 그들이 시민민주주의를 지향하고
있었음을 시사해 준다.

특히 그들이 내각제도를 구상한 것은 일본에 앞서 서구 민주주의 제
도를 직접 도입하려 한 것이다. 이 점은 주목할 만한 측면이다. 또한
사회개혁에서 양반제도와 문벌제도의 완전한 폐지를 주장한 것이라든
지, 김옥균 등이 종교와 신앙의 자유를 주장한 것, 근대학교의 설치 주
장이나, 박영효가 소·중학교를 설치하여 남녀 6세 이상의 의무교육 실
시를 구상한 것 등은 모두 그들이 민주적이고 자유주의적인 방향으로
개혁하려는 의지를 명백히 나타내고 있다.

갑신정변이 실패한 몇 달 뒤에 김옥균은 망명지 일본에서 영국이 거
문도를 점령하였다는 소식을 듣고 다음과 같이 고종에게 상소하였다.

이제 우리나라의 인구가 2천만에 과하고 물산 같은 것은 설령 人造의 精
品은 無할지라도 天産의 물품에 이르러서는 이를 일본 및 청국의 양국에 비
하여 훨씬 우수한 것이 많사온대 그 가운데 五金各鑛은 가히 수를 헤아리지
못하오니 이와 같은 고유의 부한 재원을 擧하여 타국에 委賴코저 함은 臣이
슬픔을 금치 못하는 바로소이다. 신이 다년 견문에 의하여 폐하께 주상한 바
있사온대 폐하는 이를 기억하시나이까? 그 뜻은 금일 아방 소위 양반을 芟
除함에 있나이다.

우리나라 中古以前 국운이 융성할 시에는 일체의 器機物이 동양 二國보
다 으뜸이었는데 이제 모두 廢絶에 속하여 다시 그 흔적도 없음은 他故가
아니옵고 양반의 跋扈專橫에 인하여 그렇게 되었나이다.

인민이 一物을 제조하면 양반관리의 輩가 이를 橫奪하고 백성이 辛苦하
여 銖錙를 積하면 양반관리 등이 來하여 이를 掠取하는 고로 인민은 말하되
자력으로 자작하여 衣食코자 하는 時는 양반관리가 그 利를 흡수할 뿐만 아
니라 심함에 이르러서는 귀중한 생명을 失할 慮가 有하니 차라리 농상공의
諸業을 棄하여 危를 면함만 같지 못하다 하여 이에 遊食의 民이 전국에 충
만하여 국력이 날로 소모에 歸함에 이르렀나이다.

방금 세계가 상업을 주로 하여 서로 산업의 多를 競할 時에 당하여 양반

을 除하여 그 弊源을 芟盡하는 일에 힘쓰지 아니하면 국가의 폐망을 기다릴 뿐이오니 폐하께서 다행히 이를 맹성하사 속히 무식무능하고 守舊頑陋한 大臣輔國을 黜하여 문벌을 폐하고 인재를 選하여 중앙집권의 기초를 확립하며 인민의 신용을 收하옵소서.[39]

김옥균·박영효 등의 초기 개화사상은 계몽사상의 범주를 훨씬 넘어서 독자적 산업혁명론적 근대산업체제 건설의 구상을 가지고 있으며, 그 계몽사상이 이미 입헌군주제를 골격으로 한 시민민주주의적 정치개혁과 사회개혁의 내용을 가지고 있었다는 점에서 초기 개화사상은 위정척사론이나 동학과는 구분이 되는 특징이 있었다고 생각된다.

초기 개화사상은 그들 나름대로의 계몽사상 및 입헌군제론과 산업혁명론적 근대산업체제 건설의 구상을 통합하여 가지고 있는 사상체계이며, 갑신정변은 서구에서는 단계적으로 장기에 걸쳐 발전한 이 세 개의 사상체계를 우리나라에서 동시에 수행하여 짧은 기간에 자주 부강한 근대국가로 발전해서 외래 자본주의 제국의 도전에 응전하려는 시도였다고 볼 수 있다.

서재필의 회상에 의하면, 김옥균은 1884년 이전에 그에게 종종 말하기를 "국가를 발전시키는 데에는 서구와 같이 장기에 걸쳐 이루는 방법과 일본과 같이 정부의 힘을 빌려 단기에 이루는 방법이 있으니, 우리는 일본과 같이 단기에 이루는 방법을 택하여야 국권을 보전할 수 있다"고 말했다고 한다. 또한 말하기를 "지금, 일본이 동양의 영국이 되어가고 있으므로, 우리는 서둘러 동양의 프랑스가 되어야 한다"고 강조했다 한다.

만일 우리가 초기 개화사상이 가지고 있는 〈산업혁명론적 근대산업체제 건설의 구상〉을 충분히 이해하면 갑신정변 당시에 왜 그들이 모든 경제부서를 호조에 집중시켰는가, 그리고 김옥균이 왜 구태여 호조

39) 〈巨文島事件에 대한 上疏〉,《新東亞》 1966년 1월호 부록.

참판의 직을 택하였는가의 동기를 충분히 알 수 있으며, 갑신정변의
역사적 성격을 더욱 깊이 이해할 수 있으리라고 생각한다.

(《한국인의 사상구조》 제3책, 한국아카데미총서, 1975)

4. 초기 개화정책과 개화운동

　1876년 강화도조약에 의한 개항 후, 근대 열강과의 통상교섭이 확대되고 열강의 도전이 증대되기 시작하자 국내외 정세의 변화에 대처하여 본격적인 개화정책을 추진하려는 노력이 조선왕조의 선각자들과 초기 개화파 관료들 사이에 나타났다. 그들은 근대 열강의 도전에 대항하여 나라의 독립과 안전을 지키기 위해서는 하루속히 개화정책을 실시하여 자주 부강한 조국을 건설하여야 한다고 생각하였다.

　이러한 정세변화에 대처하기 위해서는 모든 부문에서 근대적 개혁이 절실히 필요했다. 전통을 계승할 뿐만 아니라 여기에 열강의 선진 과학기술을 도입하고 제도개혁을 단행하여 하루속히 부강한 근대국가의 체제를 갖추는 일이 열강의 위협 속에서 나라를 지키는 길임이 명백하게 되었다. 1878년부터 현저히 나타나기 시작한 초기 개화정책의 움직임은 1880년대에 들어서자 급속히 성장하기 시작하였다. 열강의 무력적 위협 속에서 다소 늦게 출발한 개화정책의 실행은 수많은 시련에 부딪혔지만 우여곡절 속에서도 줄기차게 진전되어 많은 성과를 내기 시작하였다. 이 글에서는 1878~1884년까지의 초기 개화정책의 몇 가지 중요한 성과들을 지금까지 학계의 연구결과를 종합하면서 기술하려고 한다.

(1) 統理機務衙門의 설치

개항 후 국내외 정세의 급격한 변화에 대처하기 위해서는 종래의 국가기구는 부적합했다. 그래서 우선적으로 대외 통상의 새로운 과제에 적응하기 위한 정부행정기구의 개편이 요청되었다. 통리기무아문의 설치는 이러한 새 과제에 대응하기 위한 정부행정기구개혁의 첫 출발이었다.

통리기무아문은 종래의 議政府·六曹와 같은 기구와는 별도로 1880년 12월(양력 1881년 1월)에 전혀 새로운 기구로 설치되었다.[1] 그 설치 목적은 "統理衙門의 設置는 時務를 講究하고 變通을 參酌함을 專擔하기 위한 것이다"[2]라고 밝히고 있는 바와 같이 전적으로 개항 후 새로운 성격의 사무와 정세변화에 대처하기 위한 것이었다.

통리기무아문은 처음 신설될 때에는 다음과 같이 十二司를 두어 사무를 분담 관장하도록 하였다.[3]

① 事大司 : 對중국관계의 문서와 사신왕래 등 對중국외교를 관장
② 交隣司 : 對일본 및 기타 각국 관계의 문서와 사신왕래 등 외교사무
　　　　　를 관장
③ 軍務司 : 서울과 지방의 군사를 통솔하는 사무를 관장

1) 全海宗,〈統理機務衙門 設置의 經緯에 대하여〉,《歷史學報》17·18합집, 1962. 6 ; 李光麟,〈統理機務衙門의 組織과 機能〉,《學術院論文集》― 인문·사회과학편 26, 1987 ; 全弼東,〈갑오경장 이전 朝鮮의 近代的 官制改革의 추이와 새로운 官制機構의 성격〉,《韓國社會史學會論文集》33집, 1992.
2)《統理交涉通商事務衙門章程》(규장각도서) 참조.
3) 全海宗, 全弼東, 앞의 글 참조.

④ 邊政司 : 邊政의 사무와 鄰國의 動靜偵探 등의 사무를 관장
⑤ 通商司 : 중국 및 鄰國과의 통상사무를 관장
⑥ 軍物司 : 병기제조 등의 사무를 관장
⑦ 機械司 : 各樣의 기계제조 등의 사무를 관장
⑧ 船艦司 : 각양의 선박 제조와 統領 등의 사무를 관장
⑨ 譏沿司 : 연해를 왕래하는 船隻의 照檢 등의 사무를 관장
⑩ 語學司 : 각국의 언어 문학 등을 譯解하는 사무를 관장
⑪ 典選司 : 재능을 擇取하고 各司需用 등의 사무를 관장
⑫ 理用司 : 財用의 經理 등의 사무를 관장

통리기무아문의 十二司제도 그 자체도 새로운 것으로서 이로써 근대적 체제를 갖추기 시작한 것이었다.

이 신설된 통리기무아문은 국내외의 군국기무처를 총지휘하는 역할을 담당하므로 그 지위를 특별히 높이어 正一品 衙門으로 정했다. 그리고 대신들 가운데에서 총리를 임명하여 節制視務케 하여 의정부와 一律로 하였다.

또한 현직 原任大臣은 통리기무아문의 都相을 겸하게 하였으며, 그 실무직책으로는 堂上과 主事 및 副主事를 두되, 당상은 員數에 구애됨이 없이 통리기무아문에 임명하고 郎廳은 定數 없이 擇差하되 參上은 주사로 하고 參下는 부주사로 하도록 규정하였다.[4]

조선왕조정부는 음력 1880년 12월 21일(양력 1881년 1월) 정식으로 정부기구로서 통리기무아문을 발족하고 이튿날인 음력 12월 22일에 영의정 李最應을 통리기무아문의 총리대신으로 임명하였다. 그리고 京畿監司 金輔鉉, 知中樞府事 閔謙鎬, 上護軍 金炳德, 禮曹參判 金弘集 등 10명을 통리기문아문의 당상으로 임명하는 등 인선을 완료하였다. 통리기무아문의 신설 당시, 그 제도의 참신성에 비하여 인선은 수구파

---

4) 《備邊司謄錄》, 高宗 17년 12월 초7일조.

중심이어서 개화파 관료로서는 김홍집 이외에는 뚜렷한 진출을 하지 못하였다.

통리기무아문의 설치는 개항 후의 국내외 정세의 변동에 대처하기 위한 것이었으나 그 설치에서는 다소간 청국의 總理各國事務衙門(總理衙門)을 참작한 것으로 보인다. 물론 청국의 총리아문은 통상사무만을 관할한 데 비하여 조선왕조의 통리기무아문은 군국기무를 관할하였기 때문에 약간은 차이를 보이지만, 조선왕조의 통리기무아문이 統理交涉通商事務衙門과 統理軍國事務衙門으로 분리된 후에는 전자는 청국의 총리아문과 매우 상통된 바가 있으며, 통리기무아문 자체도 그 명칭이나 중앙관제상의 위치가 총리아문과 비슷한 성격을 갖추었다.

조선왕조정부가 통리기무아문을 설치할 준비를 시작한 시기는, 중국의 대학사 겸 北洋大臣直隷總督인 李鴻章과 우리나라 領中樞府事 李裕元 사이에 學造機械事가 논의되었을 때부터이다. 1879년 음력 7월 우리나라에서는 賚咨官 卞元圭를 청국에 파견하여 과학기술학도의 유학파견계획을 구체화함과 동시에 국내에서는 《비변사등록》에 쓰인 바와 같이 "一衙門을 不可不設이다"고 하여 정부기구 개편이 착수되었다. 이때에 청국의 총리아문을 약간 참작하여 조선왕조의 별도의 통리기무아문을 설치한 것으로 보인다.

통리기무아문은 1880년 음력 12월 신설된 후, 세 차례를 걸쳐 개편되었다. 그 첫째는 1882년 음력 11월 통리기무아문을 統理衙門과 統理內務衙門으로 분화시킨 것이다. 그 다음은 1882년 음력 12월에 다시 統理衙門을 統理交涉通商事務衙門으로 개칭하고 統理內務衙門을 統理軍國事務衙門으로 개칭하였다. 이때에는 金允植·朴定陽·魚允中·金弘集·洪英植·金玉均·金明均·卞元圭·尹起晋·李源兢·尹致昊·李健鎬·呂圭亨·高永喆·張博·金基駿 등 초기 개화파들이 많이 진출하였다. 당시의 통리기무아문과 통리교섭통상사무아문의 기구 개편과 인선을 보면 다음과 같다.[5]

統理軍國事務衙門 督辦 閔台鎬
利用司 督辦 金炳始
        協辦 李喬翼 趙準永
        參議 閔應植
        主事 李重夏 尹泰駧 徐相喬
軍務司 督辦 金炳始(兼)
        協辦 尹泰駿 韓圭稷
        參議 趙同熙 李祖淵
        主事 洪在鼎 林敎相
監工司 督辦 鄭範朝
        協辦 金允植 朴定陽
        參議 李重七
        主事 李秀洪 金明均
典選司 督辦 金有淵
        協辦 韓章錫 魚允中
        參議 申箕善
        主事 朴齊永
農商司 督辦 趙寧夏
        協辦 尹泰駿(兼) 閔種默 具完植
        參議 趙同熙(兼) 王錫鬯 閔應植(兼)
        主事 權 澘 洪承運 徐光祚 韓龍源
掌內司 督辦 閔台鎬(兼)
統理交涉通商事務衙門 督辦 閔泳穆
掌交司 協辦 金弘集 李祖淵
        主事 尹起晋 李源兢 尹致昊 李鶴圭 李種元
征榷司 協辦 穆麟德
        參議 卞元圭
        主事 鄭憲時

---

5)《漢城旬報》7호, 開國 癸未 12월 초1일자 참조.

富敎司 協辦 閔泳翊 金玉均
　　　 主事 丁大英 朴齊純 李健鎬
郵政司 協辦 洪英植
　　　 參議 李敎榮
　　　 主事 鄭萬朝
同文學 協辦 金晩植
　　　 主事 呂圭亨 高永喆
　　　 司事 張　博 金基駿 吳容默

　이 두 아문은 다시 1884년 음력 10월에 總理軍國事務衙門을 의정부
에 통합시켰다. 따라서 統理交涉通商事務衙門만이 남게 되었는데, 이
것은 기구가 축소된 채 그후 統理衙門으로서 갑오경장 때까지 존속되
었다.

　통리기무아문의 설치는 그 기구내용에서 볼 수 있는 바와 같이 새로
운 과제를 새로운 제도로 대응한 것이었으며, 초기 개화정책을 실현하
기 위한 방법 가운데 하나가 된 제도개혁이었다고 볼 수 있다.

(2) 領選使 병기제조학습 유학생 사절단의 파견

　개항 후 조선왕조정부는 武備自强의 일환으로 김윤식·어윤중 등의
개화파들이 중심이 되어 중국에 들어와 있는 서구의 과학기술 및 병기
제조방법을 도입하여 학습을 시도하였다. 개화파들은 어린 국왕 高宗
을 움직여 중국으로부터의 병기제조방법 학습을 위하여 과학기술학도
를 유학 파견할 것을 종용하였다.

　무비자강을 위해서 학도파견의 교습이 시작된 것은 1879년 음력 7월
賚咨官 李容肅이 李裕元의 비밀편지를 直隷永平府 知府 游智開를 통
하여 李鴻章에게 전달하고 병기제조와 군사훈련 등에 관한 문제에 자

문과 지원을 요청하면서부터였다. 이에 대해 李鴻章은 적극적인 관심을 표시하였다. 군사력의 강화는 반드시 실행되어야 할 문제이므로 李鴻章은 李裕元과 단독으로 논의할 것이 아니라 장래 조선국이 자문을 보내오면 禮部와 奏明을 거쳐 總理衙門에 轉咨하여 辦理할 것이며, 天津에서 군대훈련과 병기제조의 법을 적절하게 교수하도록 할 것이라는 약속을 游智開를 통하여 보내왔다.[6]

李鴻章의 긍정적 반응에 비하여 李裕元은 오히려 소극적이었다.

1880년 음력 4월에 李鴻章의 제안이 표면화되어 의정부에서 구체적 논의가 있었을 때에도 다수의 원로대신들이 인선문제와 재정문제를 들어 신중론을 펴면서 소극적인 반응을 보였다. 그러나 고종이 이 문제에 대하여 매우 큰 관심을 가졌으며 적극적이었다. 고종은 學徒와 工匠의 유학파견이 學造(병기제조학습)와 備禦之策에서 나온 것이니 마땅히 다시 결정하여 즉각 시행할 것을 촉구하였으며, 음력 5월 25일에는 청국의 학도파견의 필요성을 재차 강조하고 咨文의 작성, 賚咨官의 선정을 하명하는 한편 인재천거의 기준으로서 ① 學術純篤 ② 吏治優異 ③ 技藝精敏 ④ 幹局通練 ⑤ 繕造兵械 ⑥ 能解算術의 6조까지 지시하여 영의정 李最應을 당황케 하였다.[7]

조선정부는 중신들의 논의를 거친 다음 무비자강을 위한 請咨文을 7월 9일 別賚咨官 卞元圭를 파견하여 청국에 보냈다. 이에 따라 청국측은 李鴻章을 중심으로 다각적인 논의를 거듭한 후에 유학생이 오는 것을 전제로 하여 이른바 '代朝鮮擬製器鍊兵各條'를 작성하였다.

이 계획안에 의하면 製器는 병기의 종류에 따라 완급이 있으니 기다리기 어려운 것부터 도입할 것이요, 軍械는 반드시 損壞가 있으니 機器의 수리와 방법을 반드시 익혀야 함을 원칙으로 하고, 製器學習方針

6) 權錫奉,〈領選使行에 대한 一考察〉,〈領選使行에 대한 一考察〉,《歷史學報》 17·18합집, 1962. 6 참조. 이 항은 주로 이 논문에 의거하였다.
7)《承政院日記》, 高宗 17년(1880) 庚辰 5월 25일조 참조.

으로는 화약제조에 중점을 두되, 汽機·提硝·器具·壓水機器는 수력에 의하여 작동하는 機器를 택하고 종목은 11科(製圖, 木樣, 飜沙, 鎗子捲銅, 機器, 汽機鋼爐, 熟鐵, 火器, 電機, 火藥, 礎水)로 나누어 각과에 1~4명을 배정하되 그 연령은 15~20세 내외로 하고 모두 38명을 天津機器局의 東局과 南局에 배속시킨다는 것이었다. 또한 構器鍊兵事에 대해서는 우선 王城現兵 3만 명을 馬兵 3,000명, 礎兵 3,000명, 步兵 24,000명으로 구분하여 이들의 무장에 필요한 武器와 그 가격을 다음과 같이 정하였다. 즉 마병용 무기는 모제르 — 長銃(毛瑟鎗, Mauser)과 엔필드 — 長銃(恩費爾來福鎗, Enfield)을 병용하고, 보병은 2명이 무장하되 라이플 — 銃(後膛鎗, rifle) 3,000정과 前膛鎗(Muzzle-looding gun)을 사용하고 礎兵用으로는 쿠루프 — 四磅後膛銅砲(Krupp cannon) 18문과 크루프 — 兩磅過山後膛砲 18문 등을 책정하였고, 각 彈藥價를 포함하여 총계 22만 1,400냥을 계산하였다. 이와 함께 이 무기의 조련을 위하여 영리하고 강건한 弁兵 수십 명을 천진 소총부대와 포병부대에 배속시키는 한편 해전에 대비한 水雷電氣의 학습도 병행한다는 것이었다.[8] 이것은 당시의 조선왕조를 둘러싼 내외정세에 비추어 보면 매우 시의에 적절하고 현명한 대응책이었음을 알 수 있다.

이러한 양국간의 합의에 따라 조선측 뇌자관 변원규와 청국측 관계위원 사이에 성안을 본 것이 4개조로 된 '朝鮮國員弁來學製造操練章程'인바, 그 내용은 다음과 같다.

第一條 선정 파견된 38명은 동·남 양국에 배치한다. 이들을 2명의
       관원이 분관하며 통역은 동국에 2명, 남국에 1명을 둔다. 또
       한 영리하고 강건한 弁兵 40명을 친군 鎗礎營에 나누어 배
       치하고 이를 또한 2명의 관원이 분관하여, 통역은 2명 이상

8) 權錫奉, 앞의 글 참조.

을 둔다. 이상 87명의 資斧火食 등 항목은 본국자비로 하되 住房만은 加給한다.

第二條 朝鮮王朝貢信使의 왕래길은 이미 정립되어 있는 바로서 派人來學은 예외적 거사이고 제조조련 등은 過久하지 않을 것이니 바닷길에 의하도록 酌量變通한다. 그러나 내학사 이외에는 辦理할 수 없으며, 중국이 代購하는 군계기기 등이 購到하면 咨照를 거쳐 조선에서 바닷길를 따라 派員 領運한다.

第三條 委員·弁兵·學徒·通事 등은 北洋大臣衙門에서 발급하는 空白憑票에 記名 名冊을 작성하여 북양대신아문과 예부에 보낸다. 입국 후에는 중국의 規矩를 준수하여 배울 것이며, 혹 이를 위배할 때는 중국의 派來委員이 查覈辦理할 것이다. 隨從들의 다수 파송을 금하며, 私帶商販이나 화물의 입송을 금한다.

第四條 鍊兵·學藝·購器·軍務 등에 속하는 공문은 예부와 북양대신아문으로 分咨하여 편리와 민첩을 기한다.

변원규의 이 장정 체결은 성공적인 외교교섭이었다. 변원규가 귀국한 1880년 음력 11월 1일에 이 사실이 보고되자 본격적인 유학생 파견 준비가 진행되었다.

그러나 변원규의 귀국을 계기로 유학생 파견이 서둘러지자 국내외에서 반발이 일어났다. 국내에서는 위정척사파인 許元杖·李駿善 등이 "도리어 오랑캐를 불러들이는 매개가 된다(反爲招寇之媒)"며 강력한 반대상소를 올렸으며, 일본측으로부터는 공사 花房義質이 신군제와 연병은 일본의 예를 참작하기를 권하였고, 청국측에서도 그들에게 부담이 가는 이 사업에 적극성을 띠지 않았다.

이에 조선왕조의 개화파들은 청·일 양국 사이에서 중립형평책으로

1881년 이른 봄에 일본에 대해서는 이른바 '紳士遊覽團'이라 알려져 있
는 '日本國情視察團'을 파견하는 한편, 중국에 대해서는 공학도들을 파
견하여 두 이웃 나라에 들어와 있는 근대문물을 골고루 섭취하는 정책
을 수립하였다.

'日本國情視察團'은 예정대로 출발하였으나, 청에 보내지는 유학생
파견은 처음 음력 4월 11일을 출발일자로 택정했지만 우여곡절 끝에
다섯 차례나 일자를 변경하다가 결국 음력 9월 26일이 출발일자로 확
정되었다. 이에 다음과 같은 領選使團員이 조직되었다.[9]

領選使	金允植
從事官	尹泰駿
別遣堂上	卞元圭 李根培
官辯	白樂倫
譯官	崔性學
醫員	柳鍾翕
伴倘	朴泳鈺
從事官伴倘	尹泰駠
通事	鄭麟興 李文熙 崔志華
隨從	順得 등 19명

[學徒] 高永喆, 李必善, 朴台榮, 秦尙彦, 尙 澐, 高永鎰, 李熙民, 金光練,
李昌烈, 金台善, 趙漢根, 趙台源, 安昱相, 安 浚, 李章煥, 李南秀,
李王賢, 崔圭漢, 金聲, 鄭在奎

[工匠] 金元永, 河致淡, 皮三成, 韓得俊, 金聖元, 洪萬吉, 黃貴成, 張榮煥,
宋景和, 金興龍, 崔同順, 金泰賢, 朴奎性, 安應龍, 崔志亨, 金 成,
朴永祚, 金德鴻

---

9) 金允植, 《陰晴史》, 高宗 19년(1882) 壬午 2월 11일조, 83~86쪽 ; 《啓下咨文
冊》 11책, 《朝鮮國委員學徒通事隨從名數別錄》; 權錫奉, 앞의 글 참조.

여기에서 보면 學員은 '학도' 20명과 '공장' 18명으로 구성되어 있음을 알 수 있다. 학도와 공장의 구분의 기준은 명확하지 않으나 대체로 전자는 양반 출신이고 후자는 중인 출신으로 알려져 있다. 그러나 고영철이 역관 가문인 것을 고려하면 이것은 정확한 구분은 아니다. 이 38명의 유학생 외에 관원이 12명, 隨從이 19명으로 구성되어 있었다. 《陰晴史》에 의하면, 일행을 점검해 보니 69인 이외에 여기에 다시 각방 및 학도가 사사로이 거느린 하인들을 줄이기를 독촉 명령하여도 오히려 14인이 되었다고 하니,[10] 실제의 단원 수는 83명의 대규모 사절단이 되었음을 알 수 있다.

여기서 주목할 것은 실제의 領選使 일행의 파견에는 병술훈련을 위한 변병파견은 제외되었다는 점이다. 이것은 조선왕조정부가 ① 재정 문제와 ② 1880년 음력 11월 일본공사 花房義質이 來朝하여 신군제는 일본의 권유에 따라 鍊兵하도록 권고함으로써 李鴻章과 변원규 사이에 합의된 사항 가운데 군사관계는 뒤로 미루어진 것이 아닌가 추측된다.

김윤식이 인솔하는 유학생으로 구성된 領選使는 일단, 1881년 음력 9월 26일 서울을 출발하여 義州에 먼저 도착한 一團과 만나, 음력 10월 26일에 渡江 압록강을 건넜으나 바닷길이 이미 얼었기 때문에 육로로 음력 11월 17일 北京에 도착하였다.

김윤식은 도착 직후 세 차례(제1차, 음력 11월 28일. 제2차, 음력 11월 30일. 제3차, 음력 12월 1일) 회담을 하였으며, 학도들은 마침 天津機器局의 兩局이 放工중이므로 기다리고 있다가 이듬해 1882년 음력 1월 8일부터 東·南局의 開工함을 기하여 배치를 시작해서 음력 1월 17일에는 일단 유학생의 배속을 완료하였다.

天津機器局에 배속된 우리나라 유학생의 상황을 보면(2월 11일 현재)

---

10) 金允植, 《陰晴史》上, 高宗 18년(1881) 辛巳 10월 29일조, 14쪽 참조.

東局에 13명(학도 5명, 공장 8명), 南局 12명(학도 5명, 공장 7명), 水師學堂에 학도 1명, 水雷學堂에 2명(학도 1명, 공장 1명)으로 합계 28명이 배치되었다. 이것을 전공별로 구분하여 보면 다음과 같다.

조선 유학생의 전공별 배속상황

學堂·廠名		學徒·工匠名	學習內容	備　考
東局	水師水雷	學徒 高永喆學徒 崔圭漢工匠 朴永作	專習 洋文 洋語	
	銅冒	學徒 高永謐 金光練工匠 河致淡	銅冒, 後膛鎗子의 製法	學徒　金光練은水師學堂에서
	磠水	學徒 金台善工匠 黃貴成	黃磠, 硝磠, 鹽磠, 水硝磠 등의 製法	火藥廠八局 중 燒炭局에 있었음
	機器	工匠 崔志亨 宋景和安應龍	修造機器의 操作法	
	木樣	工匠 張榮煥	畵本에 依한 模型製造法	水師學堂 自退
	火藥	工匠 金興龍 金德鴻	火藥製造法	水師學堂 自退
	化學	學徒 李熙民	各項藥物製造法	
	電氣	學徒 趙漢根	水電砲의 電理	
南局	畵圖	學徒 趙台源 安昱相	諸廠機器의 製造法	工匠 朴奎性이一時 分隷되었음.
	電氣	學徒 安 浚 尙 濛	陽電氣의 理論	
	飜沙	工匠 崔同順 金泰賢	銅鐵의 鎔鑄法	
	機器	工匠 金元永 韓得俊	機器의 輪流	工匠 皮三成이
	木樣	工匠 金聖元	東局과 같음.	一時 分隷되었음.
	火器	學徒 李南秀	火藥製造法	

資料 : 權錫奉, 앞의 책 참조.

위의 표에서도 드러나는 바와 같이 天津機器局에 파견된 학도와 공장들은 화약이나 병기제조법만을 학습한 것이 아니라 자연과학과 외국어 등 각 분야의 새 지식을 습득했음을 알 수 있다. 이로 보아 領選使 파견은 당시 조선이 필요로 한 신과학기술 지식을 섭취하기 위한 개화정책의 적절한 대응책 가운데 하나였음을 재확인할 수 있다.

물론 유학생의 학습상황은 흡족할 만한 것은 아니었다. 1881년 3월에 이들 유학생들의 학습상황에 대한 중간평가가 있을 때 남국에 배치된 유학생에 대해서는 남국총판 왕덕균이 비교적 좋은 평가보고를 李鴻章에 제출하였다. 그러나 동국에 배치된 유학생에 대해서는 동국총판 심준덕은 유학생들이 우수한 것 같으나 強毅의 자질이 매우 부족하고 매양 速效를 얻고자 하여 恒心이 없으며 무엇보다도 인내력이 없고 文弱하다고 혹독하게 비판하였다.[11] 또한 유학생의 입장에서도 객지에서 단기간에 외국어를 습득하면서 생소한 서구과학기술까지 완벽하게 학습한다는 것은 매우 고된 학업이었을 것은 상상되고도 남음이 있는 것이다.

조선왕조정부와 개화파들은 學造機械事의 중요성에 비추어 고된 학업을 하고 있는 이들 유학생을 격려하고 점검하며 각국과의 자주통상의 가능성을 협의하기 위하여 1882년 음력 2월 통리기무아문 主事 어윤중과 이조연을 問議官으로 임명하여 청국에 파견하였다. 그들은 음력 2월 17일 서울을 출발하여 음력 3월 28일에는 天津機器局 남국에 도착하였다. 이때 초기 개화파들은 학도와 공장 가운데 낙오자가 중도에서 다수 발생했음에도 불구하고 끝까지 남아서 학습을 이룬 학도·공장들에 의하여 신병기창을 건설하고 근대적 병기를 제조하며 신과학기술을 도입할 꿈에 부풀어 있었다.

그러나 청국으로 보낸 유학생들은 유종의 미를 거두지 못하고 학습도중 1882년 10월에 撤還하지 않을 수 없게 되었다.

그 첫째 이유는 1882년 6월 9일에 임오군란이 발발하여 그 영향으로

---

11) 위의 책, 高宗 19년(1882) 壬午 3월 25일조, 129쪽 참조.

학습이 중단되기에 이르렀기 때문이었다. 6월 18일, 임오군란이 조선에
서 일어났다는 소식을 들은 유학생들은 심란하여 누구도 廠局에 공부
하러 들어가지 않았으며 여러 가지로 훈계하고 설득하여도 끝내 받아
들여지지 않았다고 한다.[12] 이것은 임오군란으로 말미암아 유학생을 파
견한 守舊·開化의 합정부가 무너지고 대원군과 척사수구정부가 수립
됨으로써 유학생들의 장래가 극도로 흐려졌기 때문이었다.

《漢城旬報》에서도 본국의 소식을 듣고 낭패한 김윤식이 환국하고
학습도 폐하게 되었다고 보도한 것을 보면, 임오군란이 이 유학생의
철환을 초래한 가장 결정적 원인이 되었음은 의문의 여지가 없는 것으
로 보인다.[13]

둘째 이유로는 학도와 공장 가운데에서 여러 가지의 사유로 귀국자
가 많이 생긴 것이 유학생 철환의 이유 가운데 하나일 가능성이 있다.
1882년 5월초까지 38명의 유학생 가운데 19명이 개인적인 이유로 귀국
하여 절반이 탈락하여 버렸기 때문에 임오군란이 발발하지 않았더라
도 學造機械事는 중단되지 않았을까 하는 의문을 갖게 되기도 한다.
그러나 천진에 남아 있는 나머지 절반의 학도와 공장이 신기술의 학습
에 성공하였다면 조선에게는 거대한 효과를 낼 수 있는 것이기 때문에
이것은 그다지 중요한 원인이 될 수 없다. 그후 조선의 근대화 과정에
서 신과학기술 지식이 얼마나 절실하게 필요하였는가를 회고하여 보
면 나머지 학도의 학습중단은 애석한 것이었다.

셋째 이유로는 재정의 빈곤을 들 수 있다. 당시의 조선왕조정부는
영선사와 유학생 일행을 天津機器局에 파견해 놓고도 그들의 학습을
지원해 줄 충분한 경비를 지급해 주지 못하였다. 실제로 그들의 1개월
경비가 어떻게 충당되어 지급되었는지 자세한 것은 알 수 없지만, 이

---

12) 위의 책, 下, 高宗 19년(1882) 壬午 6월 19일조, 179쪽 참조.
13)《漢城旬報》1호, 開國 492년 癸未 10월 1일자 〈內國紀事〉 참조.

미 1881년 정월 이후에는 김윤식 등이 청국의 官錢號莊인 華禮局에서 은전을 차용하고 있었으며, 2월에는 영선사와 전 관원이 경비 부족으로 힘들어하며 남국 공학도들과 동국 공학도들이 양식고갈을 호소해 오는 형편이었다. 문의관 어윤중이 청국에 도착해, 이러한 재정적 궁핍상을 목격하고 본국 정부에 보고하는 등 김윤식과 상의하여 天津海關道 周馥의 주선으로 天津의 동문 밖 華裕局이라는 상회에서 庫平銀 1만냥을 차용하여 이 부채로써 경비를 대는 실정이었다. 따라서 경비부족이 領選使뿐만 아니라 工學徒들에게도 큰 고통을 주고 그들의 철환을 가져오는 데 크게 작용하였으리라는 것을 알 수 있다.

넷째 이유로는 서울에 機器廠을 건설하려는 계획이 그들의 철환을 촉진하였을 가능성이 크다. 김윤식과 청국의 관계위원 사이에는 이미 1882년 2월부터 서울에 병기제작소를 건설할 계획이 논의되었다. 領選使 일행이 불리한 여건에 직면하고 공학도들의 학습기간이 장기화할 전망이 뚜렷해짐에 따라, 서울의 機器廠 설치계획은 급속히 진전되었다. 1882년 5월 23일에는 서울에서 김윤식에게 비밀명령서가 전달되고, 그 안에 본국 기기창의 설립에 필요한 여러 가지 기기 구입의 자금으로 은 15,000~16,000냥이 6월말 이내로 전송될 것이라는 결정이 명시되어 있었다. 이러한 과정 속에서 임오군란이 발발하자 본국에 기기창을 설치하는 것이 더욱 경제적이라는 판단이 작용하여 유학생 철환이 결정되었을 가능성이 크다고 말할 수 있다.

임오군란이 발발하자 김윤식(음력 7월 3일), 어윤중(음력 6월 22일) 등은 청국에 군병 응원을 요청하여 청군과 함께 귀국하였다. 김윤식은 음력 9월 29일 청국에 남아 있는 유학생 철환과 기기 구입을 위하여 천진에 다시 파견되었다. 또한 김윤식은 유학도들을 인솔하고 왕덕균, 주복, 독일인 슈미트(Schmidt) 등의 알선으로 기기창 설치를 위한 다수의 기계들을 구입한 다음, 음력 10월 28일 천진을 출발하여 음력 11월 1일 인천에 도착하였다. 그리하여 영선사 일행의 유학생 파견은 1881

년 음력 9월 26일부터 1882년 음력 11월 1일까지 약 1년여 사이에 완전히 철환하게 되었다.

따라서 공학도들의 학습기간은 실제로 반년밖에 안 됐다. 영선사가 우리나라를 출발할 때의 그 크던 무비자강의 완성은 큰 차질을 빚게 되었다. 그러나 이 영선사 파견은 그후 조선의 근대화에 다음과 같은 큰 영향을 끼쳤음은 누구도 부인할 수 없을 것이다.

첫째, 이 공학도들에 의하여 체계적으로 서양의 과학기술이 처음으로 학습되었으며, 그후 선진과학기술을 섭취하는 데 토대를 제공하였다는 사실에 주목할 필요가 있다. 이 점이 종래 경시되어 領選使 파견이 실패라고만 해석되어 왔으나, 그 원래의 목표에는 미흡하다 할지라도 서양과학기술을 1882년이라는 이른 시기에 체계적으로 도입하여, 일본국정시찰단이 섭취한 제도개혁자료와 함께, 그후의 산업과 과학발전의 기초를 세우는 데 크게 기여하게 된 점은 강조해 둘 필요가 있는 것이다.

둘째, 領選使 일행의 파견으로 우리나라에서는 처음으로 각종 현대기계와 과학기술서적이 대량으로 도입되었다. 이로 인해 국내의 과학기술 지식의 발전에 거대한 공헌을 하였다.

天津機器局에서 기증한 각종의 기계·기구 외에 본국 정부에서 송부한 자금에 의하여 제1차로 구입한 기계류만을 들어도, 造銅冒鐵手器 二座, 壓銅盂底窩卡撞子 各一件, 造鎗子頭道切銅片撞模 一件, 壓銅盂底窩套模 一件, 頭道銅鐵(撞子套模) 各 一件 등 62종에 달하였다.[14]

---

14) 金允植,《陰晴史》, 高宗 19년(1882) 壬午 10월 15일조, 212~213쪽 참조. 이때 구입한 기계는 造銅冒鐵手器二座, 壓銅盂底窩卡撞子各一件, 造鎗子頭道切銅片 撞模一件, 壓銅盂底窩套模一件, 頭道銅鐵(撞子套模) 各一件, 銅盂齊口(套模撞子) 各一件, 二道至九道銅盂(撞子套模) 各八件, 銅盂齊口車刀一件, 平銅盂底卡子 各一件, 平銅盂套模一件, 打銅盂眼卡撞子 各一件, 收銅盂口卡板套模各一件, 車銅盂底(套軸車刀) 各一件, 撞小銅冒撞(模子) 各一件, 撞小銅冒卡撞子 各一件, 撞小銅冒套模一件, 撞鉛子撞子各一件, 壓小銅冒卡撞子 各一件, 三角銅撞(模子)

또한 이때 김윤식은 귀중한 과학서적들을 다수 구입하여 왔는데 이 것은 運規約指·地學淺澤·製火藥法·金石識別·汽機發軔·化學鑑原·汽機新制·化學分原·汽機必以·開媒要法 등 機械·物理·化學·數學·蒸氣機關·採鑛·治金·火藥·天文·地理·航海·測候·軍事 등 당시의 자연과학의 모든 분야에 걸친 53종에 달한 것이었다.[15] 이것은 당시의 자연과학 전반에 걸친 방대한 과학기술 서적들이며, 이것이 조선에 들어와 미친 영향은 결코 가볍게 다룰 수 없는 것이었다.

셋째, 領選使 일행의 파견의 결과로 조선 최초의 근대 병기공장인 '機器廠'이 건립되었다. 기기창은 종사관 김명균이 천진에서 천진 工匠 4인을 데리고 돌아와 1883년 음력 3월에 서울 삼청동 北倉에 건립하였다. 음력 5월에는 기기국 총판에 박정양·김윤식·윤태준·이조연, 幫辦에 안정복·구덕희·김명균·백락윤 등을 임명하여 매일 북창에서 회동하면서 공장 건설 작업을 시작하였다.[16] 이 기기창에서의 동력은 청국을 통하여 구입한 증기기관을 사용하였다. 이것이 조선 최초의 병기공장임과 동시에 근대공장으로서 기기창 건립의 역사적 의의는 매우 크

各一件, 撞鉛子撞模套模一件, 撞紙墊撞(模子) 各一件, 銅冒手器二件, 中號玻璃釜一箇, 五分經玻璃試筒三個, 大小玻璃管, 二枝小磁鍋箇, 大小密鍋五箇, 玻璃寒瓶一箇, 玻璃試箸二枝 六分象皮管二十尺, 架酒燈鐵架連銅鉗一付, 試硪水表幷試筒一件, 紅丹紛二十磅白漆二十八磅, 磺硪水二瓶, 硝硪一瓶 鹽硪水一瓶, 石膏十磅 棉花火藥三磅 등이 있다.

15) 위의 책, 高宗 19年(1882) 壬午 4월 26일조, 144~145쪽 참조. 이때에 가져온 서책은 運規約指, 地學淺澤, 製火藥法, 金石識別, 汽機發軔, 化學鑑原, 汽機新制, 化學分原, 汽機必以, 御風要術, 開媒要法, 航法簡法, 防海新編, 西藝知新續刻, 器象顯眞, 營城揭要, 克虜伯操法, 營壘圖說, 克虜伯造法, 測候叢談 水師操練, 平圖地珠圖, 代數術西國, 近事巢彙, 行軍測繪, 列國歲計政要, 聲學, 三角數理, 治金錄, 井礦工程, 海塘輯要, 格致啓蒙, 四裔編年表, 數學理, 海道圖說, 水師章程, 爆藥紀要, 董方立遺書, 電學, 九數外錄, 談天, 句股之術, 東方交涉記, 開方表, 三才紅要, 對數表, 算法統宗, 弦切對數表, 八線線簡表, 恒星圖表, 算學啓蒙, 八線代數簡表, 輪船布陳 등이었다.

16) 위의 책, 高宗 20년(1883) 癸未 4·5월조, 225쪽 참조.

다고 말할 수 있다.

넷째, 領選使 일행의 파견 결과 歐美諸國에 대한 자주개국이 실현되었다. 김윤식이 領選使로 북경에 도착한 때부터 李鴻章은 일본을 견제하기 위해서 미국 등 서양 각국의 수호통상을 권고하였고, 이미 관세설정과 일본 견제를 위해서 서양 각국과의 수호통상의 확대의 필요성을 절감하던 조선왕조정부는 1882년 양력 5월 22일에 朝美修好條規, 1882년 8월 23일에는 朝中水陸貿易章程, 1884년 양력 7월 7일에는 朝露修好條規와 朝伊修好條規를 각각 체결하기에 이르렀다.

(3) 일본국정시찰단[紳士遊覽團]의 파견

1880년대 조선왕조는 청국에 領選使 파견을 준비하면서 다른 한편으로는 일본국정 시찰을 위한 이른바 '신사유람단' 파견을 준비하였다.
그리하여 1881년 음력 1~2월에 걸쳐 일본국정시찰단이 구성되었다. 이것은 일본의 권고나 주도에 의한 것이 아니라 전적으로 조선왕조측이 독자적으로 서둘러 준비하여 일본측에 협조를 요청한 것이며, 이것을 주선한 것은 開化僧 李東仁이었다.[17] 그는 일본 東本願寺 釜山分院의 일본승려 奧村圓心과 통교하여 이를 준비했으므로 시찰단이 구성될 때까지 주조선 일본공사 花房義質도 모르고 있었다. 조선측이 일본국정시찰을 특히 서둘게 된 이유로는 다음과 같은 점이 주목된다.

첫째, 일본의 개화상태를 정확히 알고자 하였다. 1876년 강화도조약이 체결된 후 수신사로 같은 해 김기수 일행이 일본을 다녀와 일본 개화의 진행을 보고하였다. 1880년 음력 6월에는 김홍집이 제2차 수신사

---

17) 李光麟, 〈開化僧 李東仁〉, 《開化黨研究》(一潮閣, 1973) ; 李用熙, 〈東仁僧의 行蹟(上) ─ 金玉均派 開化黨의 形成에 沿하여〉, 《서울대학교 문리과대학 국제문제연구소논문집》 창간호, 1973. 6 참조.

로 일본에 갔다가 黃遵憲의《朝鮮策略》를 가져와 큰 물의가 일어났던 때이므로, 당시 고종을 비롯하여 모든 개화에 관심 있는 朝野가 일본의 개화 상태와 일본의 국정에 대해 궁금해하고 있었다. 그들은 특히 征韓論 이후, 일본의 개화는 조선을 침략하기 위한 것과 결부됨을 경계하고 있었으므로 일본국정의 시찰은 절실히 필요한 것이었다.

둘째, 청국에는 영선사 일행을 파견하여 청국에 들어와 있는 신문화를 도입 소화하려는 참이었으므로 혹 이것이 청국에 종속되는 경향의 발생을 방지하기 위한 중립균형정책의 하나로 일본에도 동시에 일본에도 국정시찰단을 파견하여 일본에 들어와 있는 신문화를 받아들여 소화하고 국제세력 균형 속에서 독자성을 유지하면서 근대화를 추진하기 위하여 일본국정시찰단이 서둘러 준비되었다.

셋째, 당시 어린 국왕인 고종과 개화파들은 나라를 급속히 근대화하기 위한 大更張改革을 희구하고 있었으므로 그들은 국정의 전반적 개혁에 필요한 정밀한 자료의 수집이 필요했다. 이에 이미 근대화 개혁에 들어간 일본의 경험을 각 부문에서 정밀히 시찰 조사하여 시찰보고서를 작성케 함으로써 조선의 근대화 개혁을 위한 참고자료로 삼고자 일본국정시찰단의 파견이 서둘러 준비되었다.

당시 국내에서는 김홍집이 가져온 황준헌의《조선책략》을 둘러싸고 위정척사론이 비등하여 1880년에는 유명한 萬人疏의 소청이 설치되고, 1881년 2월에는 李晩孫을 疏頭로 한 '영남만인소'가 정납되었으며, 전국 각지에서 개화정책을 비판하는 유생들의 운동이 전개되고 있었다. 또한 대외적으로는 열강의 압력과 함께 청국과 일본이 다투어 조선에 자기의 영향력을 정착시키려 하였다. 이러한 내외 정세에 비추어 일본국정시찰단의 파견은 극비에 붙여졌다. 조선조정은 시찰단원을 대내적으로 東萊暗行御史로 발령하여 국내의 민정을 시찰하면서 동시에 위정척사파의 반대를 피하여 동래에 집합하도록 계획하였으며, 대외적으로 私人으로서 朝士의 유람단으로 성명하여 열국에 대한 자극을 피하도록 계획하였다. 시찰단원은 개별적으로 국왕의 시찰사항에 대한 지시를 받고 각기 별도로 출발하여 동래에서 모이도록 하였다.[18]

일본국정시찰단은 1881년 1월 11일 조준영·엄세영·강문형·어윤중 등을 동래암행어사로 임명하고 뒤이어 1월 12일에는 민종묵을, 2월 3일에는 이헌영을 역시 동래암행어사로 임명함으로써 인선을 완료하여 각각 출발하였다. 일본공사 花房義質에게는 李東仁이 2월 3일에야 시찰단 파견에 대한 암시를 하여 비로소 시찰단이 파견되었음을 추측하였다. 시찰단의 구성을 보면, 전원을 12개 반으로 편성하여 책임자는 朝士 12명으로 구성하고, 조사 1명에게는 대체로 隨員 2명, 通事 1명, 下人 1명을 배치하여 1개 반을 5명으로 구성하였으며, 총인원은 62명에 달하였다. 이 12개 반원의 직위와 명단을 보면 다음과 같다.[19]

일본국정시찰단[신사유람단]의 구성

朝士	隨員			通事	下人
趙準永	李鳳植	徐相直		文順錫	崔允伊
朴定陽	王濟膺	李商在		金洛浚	李秀(壽)吉
嚴世永	嚴錫周	崔成大		徐文斗	朴春鳳(華)
姜文馨	姜晉馨	邊宅浩		金順伊	劉福伊
趙秉稷	安宗洙	兪箕煥		金基(箕)文	林錫奎
閔種默	閔載厚	朴會植		金福奎	李正吉
李憲永	李弼永	閔建鎬		林基(箕)弘	金五文
沈相學	兪鎭泰	李種彬		金永得	尹相龍
洪英植	高永喜	成洛基	金洛雲	白福周	鄭用(龍)石
魚允中	兪吉濬	柳定秀	尹致昊 金亮漢	黃天或	金永根
李元會	宋憲斌	沈宜永		李壽萬	金鴻達
金鏞元	孫鵬九			金大弘	李順吉

---

18)《高宗實錄》, 高宗 18년(1881) 12월 14일조 참조.

19) 鄭玉子, 〈紳士遊覽團考〉, 《歷史學報》 27집, 1965. 4 참조. 이 항은 이 논문에 크게 의존하였다.

이들은 또한 다음과 같이 시찰대상을 분담하였다.

朴定陽(參判) - 內務省·農商省
閔種默(承旨) - 外務省
魚允中(校理) - 大藏省
趙準永(參判) - 文部省
嚴世永(承旨) - 司法省
姜文馨(承旨) - 工部省
洪英植(參議) - 陸軍
李憲永(承旨) - 稅關
趙秉稷(承旨) - 稅關
李元會(府使) - 軍事

일본국정시찰단원들이 서울을 출발한 후, 일행의 參劃官에 이원회, 參謀官에 이동인을 임명하여 출발시키도록 통리기무아문이 훈령을 보내고 있는데, 이동인은 바로 이 무렵에 軍艦을 구입하기 위한 교섭을 하다가 행방불명이 되어 참가하지 못하였다.[20]

일행은 음력 1월 11일~2월초에 걸쳐 개별적으로 서울을 출발하여 음력 3월 하순경에 동래부에 도착하였다. 음력 4월 10일 일본상선 安寧丸을 타고 부산을 출발하여 長崎(음력 4월 11일), 大阪(음력 4월 17일), 京都(음력 4월 20일), 神戶(음력 4월 26일), 橫濱(음력 4월 28일)을 거쳐 음력 4월 28일에 東京에 도착하였다. 뒤에 남아 청국을 돌아온 어윤중·김용원 2개 반을 제외하고 10개 반은 7월 28일 神戶를 출발하여 윤7월 2일 부산에 도착할 때까지 3개월 간 다음과 같은 문물을 시찰 조사하였다.[21]

---

20) 李東仁의 행방불명의 내용에 대해서는 李光麟, 〈開化僧 李東仁〉 참조.
21) 鄭玉子, 앞의 글 참조.

[施設]   砲兵工廠·鎭臺·造船所·造紙所·造幣局·印刷局·紡績工場·製絲
所養蠶所·鑛山·陶器所·硝子製造所·皮革場·大火藥製造所·育
種場 등.

[文物]   圖書館·書林·博物館·博覽會·盲啞院·病院·新聞·紙幣·郵便·電
信·電氣·燈臺·天文所·各種學校(大學校, 師範學校, 外國語學校,
女紅場, 女學校, 士官學校, 戶山學校, 海軍兵學校, 工部大學校, 農
學校, 機關學校 등).

[制度]   官制(三院·十省·三府三十七縣)·軍制(陸軍·海軍)·稅制(田制改革·
租稅法·貢法·關稅·商稅)·稅關·通商之法·尺法(度量衡)·刑法·警
察制度·監獄 등.

이 가운데에서도 특히 각 省의 관제·세관·통상 등에 대해서는 완벽
하리만큼 매우 정밀한 시찰복명서를 고종에게 제출하였다.

일본국정시찰단은 각 조사 사항에 대하여 자세한 시찰조사보고서를
작성하면서 각 문제점들에 대해 자기들의 입장을 적었다. 각 반마다
약간씩 차이가 있지만 가장 자세한 조사를 한 어윤중 반을 중심으로
하여 그들의 평가를 보면 대체로 다음과 같은 공통점이 보인다.

첫째, 그들은 당시 각국의 다툼은 역사상 가장 가열하여 약육강식의
시대를 이루어서 춘추전국을 小戰國이라고 하면 당시는 大戰國에 비
길 수 있는 智力爭雄의 시대라고 보고하였다.[22]

둘째, 일본은 돈독하고 후덕한 데가 없고 표리부동하여 쉽게 친해지
거나, 쉽게 멀어지므로 금일 호의를 표시하지만 후일을 안심할 수 없
고, 조선측이 富强의 길을 얻어 행하면 감히 타의를 품지 못하지만 조
선이 약하고 일본이 강하면 안심하지 못한다고 보고하였다.[23]

---

22) 魚允中, 《從政年表》, 國史編纂委員會 刊, 高宗 18년 12월 14일조, 121~123쪽
참조.
23) 위와 같음.

셋째, 따라서 조선의 과제는 하루속히 富强의 길을 얻어 自强을 실현하는 것이라고 보고하였다. 그들은 富强의 길이 근대적 개혁이라고 생각하였으며, 만일 이 방법에 의하여 부강을 이루지 못하면 이웃나라의 수모를 받을 위험이 매우 큼을 지적하였다.[24]

넷째, 일본의 국정은 외형상으로는 서양제도와 기술의 장점을 취하고 내용상으로는 국민이 일심협력하여 부국강병을 상당히 이루고 있다고 하였다. 그러나 日本 國情의 내용을 보면 서양제도의 단점도 들어와 풍속이 문란해지고 商販만 숭상하여 정신적 내실이 궁한 상태에 있으며 부강에 집중하여 힘쓴 나머지 재정이 곤궁하여 國債의 부담이 지나치게 크다고 지적하였다.[25]

다섯째, 일본의 국정은 開港黨과 鎖港黨이 대립하다가 지금은 개항과 개화를 주장하는 무리가 기용되어 집권하면서 방향이 변하였다. 쇄항 수구를 주장하는 사람들이 정계에서 물러나 야인으로 큰 세력을 갖고 있으며, 開港黨도 급진과 점진의 양론이 있다고 보고하였다.[26]

일본국정시찰단의 파견은 3개월의 짧은 기간이었지만 상당히 큰 성과를 거두었으며, 그 뒤의 개화정책에 큰 영향을 미쳤다. 그 중요한 몇 가지를 살펴보면 다음과 같다.

우선, 근대적 제도개혁에 참조가 될 수 있는 방대한 자료를 수집하였다. 시찰단의 각 부문 시찰보고서와 見聞事件錄은 정밀히 검토되어 조선의 제도개혁에 참고자료로 사용되기 시작하였다.

다음은 시찰단에 참가했던 朝士와 隨員들이 모두 각 부문의 근대적 전문가로 더욱 발전하여 정부기구 안에서 중요한 지위와 직책을 점하기 시작하였다. 일본국정시찰단이 귀국한 후 1881년 11월(음력)에 통리

---

24) 魚允中, 《隨聞錄》, 서울대학교 古文書 참조.
25) 위와 같음.
26) 朴定陽, 〈日本聞見條件〉 참조.

기무아문이 개편될 때, 육군과 군사를 각각 시찰 조사한 홍영식과 이
원회는 軍務司 堂上에, 내무성을 시찰 조사한 강문형은 監工司 堂上에,
외무성과 세관을 각각 시찰 조사한 민종묵과 이헌영은 通商司 堂上에,
사법성을 시찰 조사한 엄세영은 律例司 堂上에 각각 전문관료로서 진
출하였다.

끝으로 일본국정시찰단의 파견 결과로 개화세력이 크게 강화되었다.
청국에 파견되었던 영선사 일행과 일본국정시찰단 일행은 일부의 척
족을 제외하고는 거의 모두 開化自强을 주장하게 되었으며 그 영향을
받은 사람들도 開化自强派에 가담하여 단기간에 개화파의 세력이 크
게 증강되었다.

(4) 신식육군[別技軍]의 창설(1881)

개화파는 개항 후 국방을 강화하고 근대화하기 위하여 우선 1880년
修信使 일행으로 일본을 다녀온 개화파 別選軍官 尹雄烈이 중심이 되
어 5군영으로부터 지원자 80명을 선발해서 1881년 음력 4월에 한국 최
초의 신식육군인 別技軍을 창설하였다.

별기군의 당상에는 閔泳翊, 정령관에 韓聖根, 좌부령관에 윤웅렬, 우
부령관에 金魯完, 참령관에 禹範善이 임명되었으나, 실질적 주도자는
윤웅렬이었다. 처음에는 중국에서 훈련교관을 초빙할 계획이었으나,
중국에서 초빙하기까지는 시일이 오래 걸리고 또한 일본측의 추천도
있었으므로, 서울에 있는 일본공사관에서 근무하는 공병소위 호리모토
(掘本禮造)를 교관으로 초빙하여 서양 신식 군사훈련을 시작하였다.[27]

----

27) 《日本外交文書》 제14권, 문서번호 153, 〈朝鮮國二於ケル創銃隊創設ノ件〉, 365~
369쪽 참조.

4. 초기 개화정책과 개화운동 131

또한 軍制를 종래의 5營(訓練·御營·守禦·禁衛·摠戎)제도를 2營(武衛·壯禦營)제도로 개편하였다.

별기군은 소부대로서 舊軍隊를 완전히 대치할 만큼의 대부대는 아니었지만, 교련·무장·제복·계급·전투실기 등이 모두 근대화를 이룬 조선 최초의 신식군대였다.

별기군은 신식 장총으로 무장한 신식군대로서 처음에는 큰 성과를 내기 시작했으나, 1년 만에 '임오군란'이 일어나서 구식군대의 습격을 받아 교관 호리모토는 피살되고, 1882년 6월에 폐지되었다.

그러나 別技軍이라는 명칭의 군대는 없어졌지만 그후 다른 명칭의 신식군대가 다수 창설되어 별기군을 계승하였다.

(5) 機務處의 설치(1882)

개화파들은 정책을 입안하는 새로운 근대적 기구로서 1882년 7월 25일 정부 안에 機務處를 신설하였다. 기무처는 정치·경제·사회·군사·법률 등 모든 군국기무에 대하여 정책을 입안해서 의정부를 통하여 국왕의 재가를 받은 다음 집행하도록 하는 합의제 정책의결기관이었다. 설립과 동시에 기무처의 당상에는 趙寧夏·金炳始·金弘集·金允植·洪英植·魚允中 등 7명이 임명되었다.[28] 이 가운데에서 조영하·김병식을 제외한 나머지 5명이 모두 개화파였으므로, 기무처는 개화정책을 추진하는 중요한 기구 가운데 하나가 되었다.

기무처는 1884년 갑신정변의 실패로 폐지되었지만, 그후 1894년에 갑오경장을 추진한 軍國機務處로 계승 발전되었다.

---

28)《高宗實錄》, 高宗 19년(1882) 7월 25일조 참조.

(6) 減省廳의 설치(1882)

개화파들은 불필요하면서 방만해진 행정기구들을 개편 정리하고 재정비용을 줄이기 위하여 한시 기구로서 1882년 10월 20일 減省廳을 설치하였다.[29] 감생청은 현대어로 번역하면 행정개혁위원회와 유사한 것이었다. 감생청의 총책임자에는 개화파인 어윤중이 임명되었고, 그 실무관리 8명 가운데에는 유홍기가 副司勇(종9품)으로 임명되어 활동하였다.[30]

감생청은 1883년 5월 10일까지 6개월밖에 존속하지 못했지만, 불필요하게 비대해져서 일하지 않고 노는 관료들로 가득한 관청들, 왕족들과 공신 후예들을 위한 불필요한 관청들, 왕실의 낭비생활을 위하여 설치된 불필요한 궁정 내 관청들을 폐지하거나 축소하고, 관리를 문벌에 구애됨이 없이 인재를 뽑아 등용하도록 건의하는 등 상당히 적극적인 개혁활동을 하였다.[31]

(7) 대외적 均勢政策의 실시(1882)

개화파는 1876년 일본과의 '조·일수호조규'가 불평등조약일 뿐만 아니라 일본 한 나라와만 개국통상을 하는 것은 우리나라를 위해 불리함을 알고, 국제적 세력균형(balance of power) 형성을 겨냥한 균세정책을 실시하기 위하여 다른 서양국가들과 개국통상을 추진하였다.

---

29) 李鉉淙, 〈高宗 때 減省廳 설치에 대하여〉, 《金載元博士回甲紀念論叢》, 1969 참조.
30) 《備邊司謄錄》, 高宗 19년 10월 20일 참조.
31) 《高宗實錄》, 高宗 19년(1882) 2월 29일조 참조.

균세정책으로는 일찍이 개화당의 이동인 1880년에 일본에서 조·미
수호통상조약의 체결을 추진하고 준비한 일이 있었다.[32] 이어서 관세설
정과 일본 견제를 위하여 서양 각국과의 수호통상조약의 체결이 필요
하다는 것을 절감하고 있던 개화파는 영선사의 김윤식과 일본국정시
찰단으로 일본에 갔다가 천진에 들린 어윤중에게 청국의 李鴻章이 일
본 견제를 위해 조·미수호통상조약을 권고하자 이를 기꺼이 받아들여
1882년 4월 4일(양력 5월 22일) '조·미수호통상조약'을 체결하였다. 1883
년 5월에 초대 미국공사 푸트(Lucius H. Foot)가 서울에 오자, 조선조정
은 '報聘使'라는 이름으로 친선사절단을 미국에 파견하였는데, 정사에
는 민영익, 부사에는 홍영식, 종사관에는 서광범, 수원에는 변수와 유
길준이 임명되었다. 이 중에서 민영익을 제외하고는 모두 개화파들이
었다.[33]

이어서 1883년 10월 27일(양력 11월 26일)에는 '조선·영국수호조규'와
'조선·독일수호조규', 1884년 5월 15일(양력 7월 7일)에는 '조선·러시아
수호조규'를 체결하였다.

(8) 海關의 설치(1882~1883)

조선측은 일본의 무력시위의 위협 밑에서 강요당하여 체결한 '조·일
수호조규'와 그후의 '수호조규부록' 및 '무역규칙10칙'에서 일본에게 기
만당하여 불평등조약을 체결하고 무관세 무역을 인정하였다. 따라서
조선은 대외무역을 일본이 사실상 독점하고 있음에도 불구하고 일본
으로부터의 수입상품에 대하여 관세를 징수하지 못하였다. 부산 개항

---

32) 李光麟, 〈開化僧 李東仁〉, 앞의 책 참조.
33) 金源模, 《近代韓美交涉史》(弘盛社, 1979) ; 柳永益, 〈朝美條約(1882)과 初期韓
美關係의 展開〉;《東洋學》13, 1982 참조.

직후 이 실책을 깨달은 조선왕조정부는 관세의 설정을 당면 개화정책
의 중요한 과제의 하나로 정하여 해관 설치를 위하여 노력하였다.[34]

개항 2년 후인 1878년 경상도 암행어사 李萬植의 제의와 정부의 승
인으로 동래부사 尹致和는 1878년 9월부터 부산 豆毛鎭에 收稅所를 설
치하고 수입상품에 대하여 15~20%의 수입세를 부과하였으며, 수출품
에 대해서도 牛皮 등에 대해서는 수출세를 부과하였다. 조선측은 일본
과의 충돌을 피하기 위하여 조선상인에게 부과하는 수세만을 실시하
였으나, 일본측은 이를 '조약위반'이라고 트집잡아 일본공사 花房義質
은 무력시위와 협박을 하며 세금징수 정지를 요구하였다. 李鴻章까지
對러시아 문제로 일본과의 충돌 회피를 권하여 왔으므로 조선조정은
부득이 11월 26일 두모진 수세를 일단 정지하였다.[35]

그러나 관세의 설정은 조선측이 반드시 실행하여야 할 긴급한 과제
이었으므로 조선조정은 1880년 5월 金弘集을 수신사로 일본에 파견하
면서 ① 관세의 설정 ② 인천개항의 연기 또는 변경 ③ 식량 수출의 완
화 등의 안건을 교섭케 하였다. 이때에 김홍집은 수출입상품에 '100분
의 5'(5%)를 과세하는 관세세목 초안을 일본측에 제시하였으나 일본측
은 이를 회피만 하고 받아들이지 않았다. 김홍집은 외교적 노력을 거
듭하다가 주일청국공사 何如璋과 참찬관 黃遵憲의 협조를 청한 결과
김홍집은 그들로부터 일본이 근일 서양 각국과 조약을 개정하여 관세
율을 인상하려는 안은 '100분의 30'(30%)까지 이르고 있다는 정보를 입
수하였다. 김홍집은 일본이 불응하는 상태에서 저율의 관세율을 교섭

34) 關稅設定과 海關設置에 대한 연구논문으로서는, 高柄翊, 〈穆麟德의 顧聘과 그
배경〉, 《震檀學報》 25·26·27합병호, 〈朝鮮海關과 淸國海關의 관계〉, 《東亞文
化》 4집(이상 《東亞交涉史의 연구》 所收) ; 李鉉淙, 〈監理署研究〉, 《亞細亞研
究》 11권 3호, 1968. 9 ; 金敬泰, 〈開港直後의 關稅權 回復問題 — '釜山海關' 收
稅事件을 중심으로〉, 《韓國史研究》 8집, 1972. 9 ; 夫貞愛, 〈朝鮮海關의 창설경
위〉, 《韓國史論》 1집, 1973. 5 등이 있다. 이 항은 위의 논문들에 의존하였다.
35) 夫貞愛, 〈朝鮮海關의 창설경위〉 ; 金敬泰, 〈開港直後의 關稅權回復問題〉 참조.

하는 것보다 후일 고율의 개정된 조약에 의한 관세율을 정하는 것이 현명하다고 생각하여 관세율 협정의 교섭을 후일로 미루고, 황준헌과 의 의견교환 결과 조선의 외교정책이 대전환을 해야 한다는 데 의견의 일치를 보아 황준헌의 《조선책략》을 가지고 돌아왔다.

김홍집은 이 수신사행에서 일본측의 무성의와 회피로 관세설정의 목표는 달성하지 못하였으나, '100분의 5'가 낮은 세율이기 때문에 이 를 인상하여야 하며, 관세설정은 국권의 일부에 속하는 것이므로 자주 적으로 처리하여야 하고, 일본이 끝까지 동의하지 않을 때에는 제3국 과 수호통상조약을 체결하여, 그때 관세를 설정하여 일본과 각국에 보 편적으로 적용하여야 한다는 귀중한 경험과 정책안을 구상하고 돌아 왔다.

이에 조선조정은 1881년에 들어서자 관세설정을 위한 더욱 강력한 외교정책을 전개하기 시작하였다. 우선 청국에 대하여 1881년 1월에 역관 출신인 賫咨官 이용숙을 파견하여 李鴻章에게 무비학습과 함께 세제·세율·관세설치 등에 대한 동의와 자문을 요청하였다.

이에 대하여 李鴻章은 조선이 일본과 통상한 지 5년이 지나도록 관 세를 징수하지 못한 부당한 사실에 대해 동감을 표시하고, 조선측이 장차 서양 각국과 통상하여 세관을 설치할 때에 외국인을 고용하여야 할 터인데 일본이 일본인을 천거하여서 고용하게 할 것이므로 서양인 중에서 세관사무에 밝고 한문에 통하는 자를 초빙하여 세관을 관리토 록하다가 하루속히 조선청년을 학습시켜서 점차로 서양인을 대체케 하여 조선해관은 조선인 관리들이 장악 관리하도록 해야 한다고 강조 했다. 결국 조선조정은 중국측의 지원을 약속받는 데 성공하였다.[36]

또한 조선조정은 일본에 1881년 3월 김홍집을 다시 수신사로 임명하 여 관세설정의 외교를 전개하도록 하였다. 일본측은 1881년 1월 인천

---

36) 高柄翊, 〈穆麟德의 顧聘과 그 배경〉 참조.

개항을 거듭 요구하여 왔으므로 조선측은 20개월 후에 인천을 개항하기로 연기하여 의정하고 관세의 설정을 요구하여 김홍집을 다시 일본에 파견하기로 한 것이었다. 그러나 당시 위정척사론이 비등하여 《조선책략》을 가져온 김홍집과 인천개항의 의정을 공격하였으므로 김홍집은 할 수 없이 사임하고 대신 윤7월에 趙秉鎬를 수신사로 임명하여 11월에 일본에 파견하였다. 조병호 등은 일본측에 각국의 수세권은 자주에서 유래되는 것임을 강조하고 각국이 보호관세를 설정하여 관세율이 30%로부터 60~70%에 이르고 있음을 지적하면서 통상장정 및 해관세칙 개정안을 제시하였다. 이 한국측 초안은 수입품목을 6종으로 분류하여, ‘船裝之具’는 5%, ‘各色酒類’는 35%, ‘時辰種及洋製珍貴之品’은 25%로 하고 그 외의 모든 물품은 10%를 적용하도록 하고, 米麥은 무세, 金銀은 면세하도록 하여, 10%를 기준으로 한 것이다.[37] 이에 대하여 일본측은 면세대상을 넓히고 10% 세율 품목에 해당하는 다수 품목을 5% 세율품목으로 개정하는 협상을 벌이다가[38] 조병호가 수신사일 뿐 전권대사가 아니라고 트집을 잡아 협상을 파기하고 수출입세를 5%로 평준화할 것을 주장하였다. 조병호는 일본측의 협상 불응으로 다시 관세설정 교섭을 중단한 채 귀국하게 되었다.

　일본측이 끝까지 관세설정에 응하지 않자, 김홍집·김윤식 등의 초기 개화파들은 이제는 구미제국과 자주개국을 하여 수호통상조약을 맺을 때, 해관세칙을 넣음으로써 이를 해결하는 방법을 택하기로 결정하고 李鴻章의 알선으로 미국과 수호통상을 추진하였다. 조선측은 김윤식·어윤중·김홍집 등의 노력과 일본 견제에 역점을 둔 李鴻章의 지원으로 1882년 양력 5월 22일(음력 4월 4일) 체결된 ‘조·미수호조규’의 제5관에 조선조정이 주장하는 관세자주권과 10% 기준의 관세율을 명기하는 데

---

37) 〈朝日稅議〉(규장각 고문서), 辛巳新擬海稅則 참조.
38) 〈通商新約〉(규장각 고문서), 大朝鮮國海關稅則 참조.

성공하였다. 이에 따르면 수입관세는 '유관민생일용품'이 10%, '사치품'
(양주, 여송연, 시계 등)은 30%로 정하고, 수출세를 5%로 정하였으며,
선세는 매톤에 5전으로 정하였다. 이제는 문제의 일본에게 미국과 동
률의 관세율을 요청할 수 있게 되었다.

  일본은 이를 두려워하여 온갖 방해를 하였으나 조선조정은 이를 물
리치고 관세율을 조선조정의 주장대로 결정하였다. 이로써 일단 초기
개화정책이 성공한 셈이 되었다. '조·미수호통상조규'에 따라 1년 후에
는 공사가 서울에 주재하게 되고 정식 통상관계가 수립되어 해관 설치
가 급박하게 되었으므로, 조선조정은 李鴻章의 추천에 의하여 독일인
묄렌도르프(穆麟德, Paul Georg von Moellendorff)를 실무자로 고빙하게
되었다.

  조선조정은 1882년 음력 6월 14일 金輔鉉·金弘集을 통하여 일본정
부에 미국과 동률의 관세율을 적용할 것을 주장하고 이의 동의를 촉구
하였다.[39] 일본은 이제는 더 이상 이 문제를 회피할 수 없게 되었다. 그
러나 음력 6월 9일의 임오군란이 발발하고 그후의 국내정세가 조선측
에 불리하게 되자 사태는 급변하였다. 청국의 간섭정책으로 자주성은
약화되었으며 개화파들은 좌천당하기 시작하고 대외문제에 청국의 간
섭이 강화되었다. 이러한 조건하에서 '統理交涉通商事務衙門'의 協辦
에까지 임명된 묄렌도르프는 총 세무사의 직책을 겸하여 해관 창설에
간여하고 일본과 관세의 설정 문제를 타결짓게 되었다. 묄렌도르프는
김윤식·김홍집·어윤중 등 관세 문제에 정력을 쏟았던 한국 개화파들
의 자문을 받지 않고 독단으로 일본에게 주로 유리한 통상장정과 해관
세칙 초안을 작성하였다.

  1883년 양력 7월 25일 일본과 체결된 묄렌도르프가 초안한 통상장정
은 일본 선박의 한국연안 취항을 인정했으며, 미곡수출을 원칙적으로

---

39) 〈通商新約附箋條辦〉(규장각 고문서) 참조.

허용하고 禁輸를 원할 때에는 1개월 전에 사전 통고하도록 하여 후일
에 방곡령사건의 씨앗을 만들었으며, 일본관청과 관련된 상품 및 선박
에 면세특전을 허용하였다. 또 그가 초안한 해관세칙은 5%, 8%, 10%,
15%, 20%, 25%, 30%의 7종으로 분류하고 대부분의 일본제 수입품에
대해서는 최저율인 5%를 적용케 하였으며, 수입품의 대종인 면직물에
대해서는 8%의 저율을 적용하도록 하였다. 또한 乾藍鉛·生平·鉛筆·
茶·鹽·木材 등이 8%, 油·紗·麥酒·馬具 등이 8%, 精製糖·毛皮 등이
15%, 金銀器·담배·馬具가 20%, 洋酒·寫眞 등이 25%, 眞珠·烟火類는
30%로 정하였다. 그 외에 金·地金·銀·貨幣·地圖 등은 면세로 하였다.
수출세는 화폐, 금·지금·사금·은 등은 면세로 하고 그 외의 모든 품목
은 5%로 정하였다.

이것은 일본제 상품의 대부분에 5%의 저율수입세를 규정한 것이기
때문에, 일본측이 주장하는 5% 기준의 관세율에 비하여 조금도 나을
것이 없는 저율관세이었다. 뿐만 아니라 금·은의 수출을 면세로 한 커
다란 허점을 가진 것이었다.

묄렌도르프의 무책임한 양보에 의하여 일본이 저관세율을 획득하자
영국이 가만있지 않았다. 당시 조선에 들어오던 면직물의 대부분은 영
국제품으로서 영국은 간접무역의 이익을 향유하고 있었으므로 1882년
에 맺은 조·영수호조규의 개정을 요구하였다. 1883년에 10월 27일 영
국은 독일과 합동하여 수호조약 개정을 위한 전권대사를 서울에 파견
하였다. 영국은 면직물 수입관세에 대해서도 일본제품과 마찬가지로
5% 기준의 관세율 적용을 주장하였다. 한국측은 처음에 이를 강렬히
반대하였으나, 11월 24일 대체로 영국측 주장에 의거한 타결이 이루어
져서 조영조약과 조독조약이 개정 조인되었다.

이 조영조약에서 결정된 관세율이 그후 각국에 적용된 관세율로 확
정되었다. 이 조약에 의하면 수입관세는 從價 5%, 7%, 10%, 20%의 4
종류로 나누어 상한을 30%에서 20%로 대폭 내리고, 직물 중에서 면사

와 모사에 대해서는 5%, 직물에 대해서는 7.5%의 세율을 적용하도록
하였다. 그 외에는 朝·日海關稅則에 준하였다. 이리하여 한·일관세칙
을 발효시킨 지 얼마 되지 않아서 조·영조약과 조·독조약에 의하여 해
관세율을 재인하게 되었으며, 일본과 미국도 最惠國條款에 의하여
그 혜택을 받고 저율관세가 설정되어 각국에 적용되기에 이른 것이었다.

해관은 설치되어 1883년 11월부터 수세사무를 개설하였다. 그 기구
를 보면 부산·원산·인천에 감리서를 설치하고 조선정부는 감리를 임
명하였으며, 총세무사 묄렌도르프 밑에 중국인을 비롯한 외국인 세무
사를 두는 이원체제가 수립되었다. 그러나 이 시기는 청국이 적극간섭
정책을 할 때이며, 실권이 총세무사에게 집중되어 있었기 때문에, 해관
의 실제 사무는 한국인 감리에 의해서 운영된 것이 아니고 외국인 세
무사들에 의하여 운영되었다. 이러한 구조를 시정하지 못해서 해관은
내내 외국인의 장악 하에 놓이게 되었다.[40]

관세의 설정과 해관의 설치 과정은 초기 개화정책이 얼마나 어려운
조건 속에서 진전되었는가를 잘 보여주었다. 정부가 자주성을 가졌을
때에는 고율관세가 초기 개화파들에 의하여 추진되다가, 청국의 적극
간섭정책으로 자주성이 약화되자 열강의 압력과 외국인 총세무사의
무책임한 정책결정으로 저율관세와 귀금속의 면세가 이루어져서 자주
부강의 기초를 충분히 효율적으로 갖추지 못하게 된 것이었다.

(9) 근대학교의 설립

개항 후 선각자들은 열강의 도전에 대처하여 나라의 독립과 발전을
지키기 위해서는 신지식을 가진 강건한 민족과 인재를 교육 양성시켜

---

40) 李鉉淙,〈監理署研究〉 참조.

야 한다고 보고 교육이 가장 급선무임을 강조하였다. 이 근대교육을 담당하는 기관이 학교이므로 그들은 근대학교의 설립을 매우 중요한 과제로 생각하였다. 즉 그들은 근대학교의 설립이 자주적 근대화를 달성하는 동력기관이라는 것을 이미 알고 그 설립을 추진하였다.

이에 1873년에는 개항장인 동래에 무예교육을 위한 새 제도가 창설되고 1883년 음력 8월 28일에는 개항장인 원산에서 민간인들이 개화파 관리들의 지원을 얻어 조선 최초의 근대학교인 '원산학사'(또는 '원산학교')를 설립하고 동년 음력 10월 20일에 정부의 승인까지 얻었다.[41]

이 학교는 문예반과 무예반으로 나누어 편성되었다. 문예반은 향중의 연소하고 준수총민한 자제를 입학시키고, 타읍인이라도 수업료를 내면 입학을 허가하도록 하였으며, 정원은 없었으나 최초에는 약 50명이 입학했던 것으로 보인다. 무예반은 동래의 예에 따라 정원을 200명으로 하고, 별군관을 학생으로 입학시켰으며 무사로서 입학을 희망하는 자는 모두 허가하도록 하였다.[42]

교육과목은 특수과목으로서 문예반은 경의를, 무예반은 병서와 사격술을 가르치고, 문무 공통과목으로서는 시무의 긴요한 과목으로서 산수·물리로부터 각종의 기계기술·농업·양잠·광채 등을 가르치도록 하였다.[43] 교재로서는 처음에 ① 瀛志 ② 聯邦志 ③ 奇器圖說 ④ 日本外國語學 ⑤ 法理文 ⑥ 大學豫備門 ⑦ 瀛環志略 ⑧ 萬國公法 ⑨ 心史 ⑩ 農政新編 등이 사용되었다. 처음에는 학습기간을 1년을 단위로 하였으나 뒤에 소학교 기준으로 연장되었다.

'원산학사' 최초의 교수진은 교수 1명과 조교[掌議] 2명으로 출발하였으며, 이들의 사무를 담당하는 행정직원으로서 理事(향유사) 2명과

---

41) 慎鏞廈, 〈우리나라 最初의 近代學校 設立에 대하여〉, 《韓國史研究》 10집, 1974 참조.

42) 《春城府志》 '興學'조 참조.

43) 《德源府啓錄》 1책, 高宗 20년 8월 28일조 참조.

경리사무원(장재유사) 2명을 두었다.

학생들의 시험은 문예반은 매달 朔試(매달 초1일에 보이는 시험)를 보여서 최우수자 1명을 뽑아 매년 가을에 도감영에 보고하여 工都會에 부쳐서 解額케 하였다. 무예반은 병서를 錬達한 후 사격을 배워 매달 삭시를 보여서 연말에 최우수자 2명을 가려내어 병조에 보고해서 출신은 折衝을 特加하고 한량은 殿試에 直赴함을 특허하였다.

이 '원산학사'는 1883년부터 최우수자를 선발하기 시작하여 우리나라 근대학교의 효시를 이루었다.

'원산학사'를 설립한 사람들은 원산의 지방민들로써 南啓夙 이하 118명의 시민들이 도합 5,325냥의 개별 출재를 하였으며, 원산 중리 7동과 상리 7동의 주민들이 240냥을 자진 갹출하고 매년 200냥의 경비 보조를 하였으며, 원산상업회의소가 50냥을 보조하였다. 이를 지원한 관리로서는 덕원부사 鄭顯奭이 100냥, 서북경략사 魚允中이 100냥, 승지 鄭憲時가 100냥 등 합계 300냥을 기증하였으며, 이들 3인은 '원산학교'의 설립에 모든 지원을 아끼지 않았다. 그리하여 한국인의 출자액은 모두 6,015냥이 되었다. 외국인으로서 원산해관의 관리로 고용되었던 중국인·영국인·미국인·덴마크인 각 1명이 도합 760냥을 찬조하였다.[44]

설립기금 출재의 비율을 보면 한국인이 88.8%, 외국인이 11.2%의 비중을 차지하고 있어, 초기의 외국 선교사들이 선교자금으로 전담하여 건립한 학교들과 대조를 이루고 있다. 또한 이 '원산학사' 설립에 찬조한 외국인들은 모두 원산해관의 직원이어서 우리나라 봉급에서 나온 것이라고 말할 수 있다. 한국인 출재자 가운데 민간과 관료의 비중을 보면 민간이 95%, 관료가 5%를 차지하고 있어 '원산학사'는 원산의 민간인들이 설립한 학교라는 사실을 잘 나타내고 있다.[45]

---

44) 《春城府志》'興學'조.
45) 愼鏞廈,〈우리나라 最初의 近代學校 設立에 대하여〉참조.

'원산학사'는 우리나라 최초의 근대학교로서 한국근대사에 매우 큰 의의를 가진 것이었다.

첫째, 우리나라 최초의 근대학교를 다른 나라의 경우와 같이 서구인이 와서 서구학교를 이식하여 설립해 준 것이 아니라 한국인들이 자기들의 손으로 설립하였다는 새로운 사실에 큰 역사적 의의가 있다.

둘째, 정부 개화정책에 선행하여 개항장의 백성들이 각기 자기의 재력에 따라 출력을 모아서 민간인들이 자발적으로 설립하였다는 사실에 큰 역사적 의의가 있다.

셋째, 외국세력과 직접 부딪히는 지방 개항장에서 시무에 대처하기 위하여 설립되었다는 사실이 주목된다. 무예반의 병설도 외국 세력의 침투를 방어하기 위한 무비증강의 요청에 대응하여 자연히 학교 안에 통합된 것으로 보인다.

넷째, '원산학사'가 외국의 학교를 모방하여 설립된 것이 아니라, 서당을 개량서당으로 발전시키고 다시 이것을 근대학교로 발전시켜 설립함으로써 자기의 전통을 계승하면서 근대학교를 수립하였음이 주목된다. 교재에도 18, 19세기 실학자들이 애독하였던 서책이 신서들과 병용됨으로써 실학적 전통이 계승됨을 볼 수 있다.

다섯째, 이 최초의 근대학교의 설립에 초기 개화파들이 적극 지원했으며, 지방민들의 요청에 선각적 관료가 적극 호응하여 민·관이 일치 합력함으로써 최초의 근대학교 설립에 성공했다는 사실이 주목된다.

'원산학사'와 같이 일반학교는 아니지만 영어학교로서 통역관 양성을 위하여 같은 해인 1883년에 설립된 것으로 統理機務衙門 소속의 同文學이 있다.

'동문학'은 1883년에 김윤식이 통리기무아문의 부속기관으로 설립하여 그의 종형 金晩植을 掌教에 임명해서 정식으로 통리기무아문의 직제의 하나가 되었다.[46]

이 동문학은 연소총민한 어학생들을 약 40명 뽑아 오전반과 오후반으로 나누어 영어와 일어 그리고 서양식 산수 등을 교수하였으며, 학생 가운데에서 우등자는 통리기무아문에서 식사비 등을 공급하고 기숙의 편리도 제공하였고, 지필묵도 아문에서 공급하였으므로 유학자는 이를 스스로 조달할 필요가 없었으며, 책과 서양식 학용품도 통리기무아문에서 공급하여 좋은 조건에서 학생들을 면학시켰다.[47]

이 동문학은 처음에는 중국인 吳仲賢과 唐紹威를 교사로 채용하다가 1883년 음력 7월에 영국인 핼리팩스(T. E. Hallifax, 奚來百士)를 교사로 고빙하여 본격적으로 영어를 가르치게 되었다.[48]

동문학은 영어학교(역학당)로서 역관양성기관이었고 통리기무아문에 부설된 기구이어서 독립된 근대학교로 보기는 난점이 있으나 많은 인재를 배출하였고, 학교의 기능을 수행함으로써 큰 공헌을 남겼다. '원산학사'와 함께 '동문학'은 그후 '육영공원'의 설립에 큰 영향을 주었다. 그러나 '원산학사'와는 달리 '육영공원'이 설립되자 '동문학'은 폐지되었다.

(10) 근대신문의 발간

초기 개화파들은 1880년대에 들어서자 근대적 신문발간의 필요성을 느끼고 신문발행을 추진하여 오다가 1883년 양력 10월 30일(음력 10월 1일) 조선 최초의 근대신문인 《漢城旬報》를 발간하게 되었다.[49]

처음 신문발간에 열의를 가졌던 사람은 朴泳孝로서 1880년부터 신

---

46) 金允植,《陰晴史》, 高宗 19년(1883) 壬午 11월 21일조 ;《統理交涉通商事務衙門章程》(규장각도서) 참조.
47) 《漢城旬報》 15호, 開國 甲申 493년 2월 22일자.
48) 위와 같음.
49) 李光麟,〈漢城旬報 漢城週報에 대한 고찰〉,《歷史學報》 38집. 이 항은 주로 이 논문에 의존하였다.

144 제1부 초기 개화사상과 개화정책

문발행을 주장하여 오다가 그가 한성판윤이 되자 1883년 음력 1월 7일 국왕에게 제의하여 마침내 신문을 한성부에서 맡아 발간하라는 허가를 얻었다. 박영효는 본격적으로 발간준비를 서둘러 그 책임을 당시 통리기무아문의 주사로 임명된 유길준에게 맡기었다. 유길준은 〈한성부신문국장정〉과 〈창간사〉와 창간호에 실릴 원고까지 작성하였으나,[50] 박영효가 한성판윤으로서 과감한 시정개혁을 하다가 수구파의 미움을 받아 광주유수로 좌천됨으로써 이 신문발간의 계획은 좌절되고 말았다.

박영효의 신문발간 계획을 인계받은 관리는 김윤식이었다. 그는 통리기무아문의 동문학의 기능을 규정한 章程내에 "동문학에서는 서책을 갖추어 생도를 가르치되 서적도 간행하고 아울러 新聞報館을 개설한다"[51]는 조항에 따라 신문을 통리기무아문에서 발간하고자 하였다. 그리하여 김윤식은 동문학 장교인 김만식으로 하여금 신문발행의 책임을 겸임케 하였다. 김만식은 신문발간의 담당부서로서 博文局을 신설하고 편집주사로서 金寅植을 선발하였으며, 편집부원으로 張博·吳容黙·金基駿 등을 선발하고, 일본인 井上角五郎을 번역부원으로 고용하여 편집진용을 갖추었다.

즉 동문학 장교 김만식 등의 추진으로 양력 8월 17일(음력 7월 15일) 박문국이 설치되고, 양력 9월 7일(음력 8월 7일) 편집실무원이 임명되었으며, 이 무렵에 인쇄기계와 신문용지로 쓸 개량종이도 구입되어, 양력 10월 30일(음력 10월 1일) 역사적인 《한성순보》 창간호가 나오게 되었다. 박문국이 세워진 지 2개월 뒤였고, 박영효 등이 신문간행계획을 중단한 지 반년 뒤의 일이었다.

---

50) 兪吉濬이 창간호에 써 놓은 원고는 〈漢城府新聞局章程〉, 〈創刊辭〉, 〈會社規則〉, 〈國債種類〉, 〈競爭論〉 등이 있었는바, 《兪吉濬全書》 4권, (一潮閣, 1971)에 수록되었다.
51) 《統理交涉通商事務衙門章程》(규장각도서) 참조.

신문의 체재는 가로 25㎝, 세로 9㎝ 크기에 8면에 이르러 오늘의 잡지 비슷한 것이었다. 내용은 모두 한문으로 표기하고 창간호에서는 창간사에 해당하는 '旬報序', 정부소식의 '內國記事', 외국소식의 '各國近事', 교양을 위한 특별해설로 지구에 대한 여러 가지 설명을 수록하였다. 대체로 '내국기사'와 '각국근사'와 교양을 위한 '해설기사'로 신문을 편집하였다. 《한성순보》의 발간은 당시 조선의 근대화에 많은 영향을 끼쳤다.

첫째, 국민과 관리들에게 당시의 내외정세를 소상히 알려주고 국민을 계몽시키며 교양을 높이는 데 큰 역할을 하였다. 《한성순보》는 특히 선진 자본주의 여러 나라의 정치·경제·교육·군사 등의 정세변화와 각국의 역사를 상세히 소개했으며, 조선이 부강한 선진국가가 될 수 있는 방법을 직접적으로 해설하고 주장하여 국민을 크게 계몽하였다.

둘째, 《한성순보》가 발간됨으로써 종래 나라의 위기와 정사에 별 관심이 없던 일부 국민들까지 모두 국가의 미래에 관심을 갖게 하여 국민의 동질의식을 높이는 데 크게 기여하였다. 이 신문의 독자들은 나라의 위기를 깨닫고 국가의 앞날을 걱정하는 애국심을 높이게 되었다.

셋째, 《한성순보》가 발행됨으로써 개화파의 세력이 크게 증대되었다. 이 신문은 초기 개화파가 발간하여 주도한 신문으로서 그들은 신문기사에서 개화의 필요성을 선전 계몽하였으므로 독자의 증가에 비례하여 개화세력도 크게 성장하였다.

《한성순보》는 이름 그대로 旬刊으로 10일에 한 호씩 빠짐없이 간행되어서, 1884년 양력 12월 4일(음력 10월 17일) 갑신정변으로 박문국이 파괴되어 신문간행이 중단될 때까지 40호 이상 발간되었다. 《한성순보》는 발간한 지 14개월 만에 폐간되지 않을 수 없게 되었으나, 갑신정변 후에 순보가 없어 큰 불편을 느끼게 되었으므로 다시 김윤식이 그 복간을 서둘러 인쇄기를 다시 구입하고 편집부원도 11명으로 확대하면서 순보가 폐간된 지 13개월 만인 1886년 1월 25일 《한성주보》 창간

호를 속간하였다. 이것은 《한성순보》를 계승하고 그와 비슷한 체제를
갖춘 것이었으나 이번에는 발간횟수를 주 1회로 하였으며 신문기사를
국한문 혼용으로 작성 게재하였다. 이 《한성주보》는 1888년 양력 7월
7일까지 100호 이상을 내고 운영난으로 정간되었다.[52]

(11) 근대적 산업시설의 대두

개항 후 개화정책의 내부적 추진력이 되어 오던 초기 개화파들은 부
국강병의 기초의 중요한 것 가운데 하나가 근대적 산업시설을 세우는
데 있다고 생각하고 산업개발을 추진하였다.[53]

첫째, 그들은 근대적 상공업을 대대적으로 발전시킬 것을 주장하였
다. 그들은 부국강병의 기초의 하나가 상공업의 발전에 있다고 생각하고,
철공업·기계공업·병기공업·조선공업·방직공업·농기구공업·식품공업
등의 개발을 강조하였다. 여기서 그들이 말한 공업이란, 모두 증기기관
을 동력으로 사용하는 공장제 공업을 의미하는 것이었다.[54]

또한 그들은 상업을 상회사의 형태로 근대적으로 발전시키고 정부
는 민간상사들을 지원하여 외국항구에도 진출하도록 장려하여야 한다
고 주장하였다.[55]

둘째, 초기 개화파들은 광업의 개발을 매우 강조하여 금·은·동·철·
석탄광의 대대적 개발을 주장하였다. 그들은 광산개발을 인력이 아니

---

52) 李光麟, 〈漢城旬報 漢城週報에 대한 고찰〉 참조.
53) 愼鏞廈, 〈近代的 産業精神의 胎動〉, 《韓國人의 思想構造》(한국아카데미총서
   3집, 1975년 6월) 참조. 이하의 내용은 이 논문에 주로 의존하였다.
54) 《承政院日記》, 高宗 19년(1882) 壬午 8월 23일조 '幼學池錫永 上疏' 및 9월 6일
   자 '前主事柳完秀 上疏' ; 金允植, 《陰晴史》, 高宗 18년(1881) 辛巳 12월, 35쪽 참조.
55) 兪吉濬, 〈會社規則〉, 《兪吉濬全書》 4권(政治經濟篇), 89쪽 이하 수록 ; 朴泳
   孝, 〈開化에 대한 上疏〉, 《新東亞》 1966년 1월호, '近代韓國名論說集' 참조.

라 기계를 사용하여 개발해서 생산비를 절감하여야 하며, 광업개발이 공업발전의 기초가 된다고 생각하였다.[56]

셋째, 초기 개화파들은 근대적 교통·운수·통신수단의 개발을 강조하고, 철도·기선·전신 등의 개설을 구상하였다. 특히 그들은 도로의 중요성을 강조하고 治道局의 설치를 구상하였다. 그들은 내륙에는 철도를 놓고 도로를 개수하며, 연해에는 기선이 운항하고 외국과 무역하며, 전신으로 신속한 통신을 하는 새로운 체재를 구상하였다. 그들은 철도·기선해운·도로·수로 등의 개설이 광공업과 농업과 상업을 발전시키는데 지극히 큰 기여를 한다는 사실을 잘 알고 있었다.[57]

넷째, 초기 개화파들은 농업을 근대적으로 발전시킬 것을 매우 강조하였다. 특히 그들은 농잠의 개발, 토지 개량, 영농법 개선, 농기구 개량, 목축 도입 등을 강조하였다. 그들은 또한 어업을 진흥하여 무궁의 利를 취할 것을 주장하였다. 그들은 산림과 천택의 치수를 주장하고 수리사업의 중요성을 강조하였으며, 백두산·압록강·두만강 유역의 삼림자원의 개발을 주장하였다.[58]

초기 개화파들이 이상과 같이 공장제 기계생산방식을 도입하여 산업을 개발하고 석탄을 동력의 원료로 사용하며, 증기기관을 동력엔진으로 하여 방직공업·철강공업·기계공업·조선공업·농기구공업·식품공업 등을 일으킬 것을 계획하고, 금·은·철·동·석탄광을 기계를 사용하여 개발하며 기선을 도입하고 철도를 부설하며, 도로를 개수 확장하고 전신을 가설하며 가로에 가스등을 설치하려는 계획을 세우며 농업경

---

56) 金玉均,〈治道規則〉(규장각도서);《漢城旬報》26호, 開國 493년, 甲申 윤5월 11일조〈治道略論〉;《承政院日記》, 高宗 19년(1882) 壬午 11월 19일조 '前正言 金源濟 上疏' 및 앞의 '書幹學梁鎭華 上疏' 참조.

57)《漢城旬報》3호, 開國 492년 癸未 10월 21일자,〈會社說〉및《漢城旬報》26호, 開國 493년 甲申 윤5월 11일자, 金玉均,〈治道略論〉참조.

58) 朴泳孝,〈開化에 대한 上疏〉참조.

영의 근대적 개혁을 구상하는 이 정책은 산업혁명론의 초기형태라고
볼 수 있다. 초기 개화파들은 이때에 이미 우리의 전통을 계승하고 서
구산업혁명의 성과를 도입하여 조선의 자주적 힘으로 근대적 산업체
제 건설을 시작하려고 구상하였다. 그들은 철과 석탄의 시대, 철도·기
선·전신의 시대를 명확히 알고 이것을 조선에 실현시키는 것이 개화정
책의 중요한 과제라고 주장하였다.[59]

　초기 개화파들은 이 산업혁명의 시작을 '회사'제도를 사용하여 수행
하려는 정책을 취하였다. 《한성순보》의 〈會社說〉은 업종별로 전문화
된 회사를 설립케 하여 민간자본을 '회사'에 동원시키고 그 업종의 사
례로서 철도회사·선박(기선)회사·제조업회사·토지개량회사를 들면서
이러한 회사조직을 통하여 그 담당 산업인 철도·해운·제조업·농업 등
을 발전시켜야 한다고 강조하였다. 이때 〈회사설〉이 말하는 회사는 주
식회사와 합자회사였다. 〈회사설〉은 회사조직의 다섯 가지 원칙을 설
명하면서 주식[股標]의 모집, 역원의 선출, 회사의 운영과 공개, 주식의
매매와 증권의 가격변동, 주식회사와 합자회사의 형태전환방법 등을
해설하고 민간회사의 설립과 조직을 적극 권장하였다.
　유길준은 1882년에 쓴 〈회사규칙〉에서 '회사'가 산업개발을 위한 가
장 능률적인 제도임을 강조하면서 민간자본의 축적과 동원에 의한 '회
사'의 설립을 권장하고 회사를 조직하여 운영하는 25개조의 원리를 매
우 상세하게 설명하였다. 그것은 본사의 경영조직과 인사관리와 회계
관리, 그리고 지사의 조직과 관리의 모형을 제시하고 있으며, 국기와
함께 社旗 제정의 예까지 제시하여 새 상공업국가 건설의 강력한 의지
를 나타내었다.[60]

---

59) 愼鏞廈, 〈近代的 産業精神의 胎動〉 참조.
60) 兪吉濬, 〈會社規則〉, 《兪吉濬全書》 4권(政治經濟篇), 89쪽 이하 수록 참조.

초기 개화파들은 민간의 '회사'가 설립되면 정부가 이를 강력히 보호하고 육성하여야 한다고 주장하였다. 〈회사설〉은 국가에 진실로 유익하다고 인정하는 회사에 대하여 이를 보호 육성하는 가장 좋은 방법은 정부와 회사가 '相約(상호계약)'하여 회사가 손실을 보는 경우 정부가 재정자금으로써 이를 보상하는 방법이라고 주장하였다. 즉, 첫째는 만일 회사가 큰 손해를 보는 경우에는 그 불입자본(본전)에 결손이 있는 경우에 정부가 반드시 이 결손을 보상하는 것이 그 하나의 방법이요, 그 둘째는 회사의 이윤이 그 불입자본의 이자에 미달하는 경우에 정부가 재정자금으로 그 이자분을 보상하여 사원으로 하여금 언제나 불입자본의 이자를 초과하는 이윤을 얻도록 하는 것이 다른 하나의 방법이었다.[61] 그들이 구상한 정부와 회사의 상호계약제도에 의한 회사의 육성책은 당시 중국의 개혁론자들이 구상한 〈官督商辦〉제도보다 명백하게 한 걸음 더 발전된 자유로운 육성책이었다. 그들은 이외에도 관청의 가렴이나 상업특권 등을 폐지하고 상공업의 자유로운 발전을 법률적 제도적 조치로써 지원하여야 한다고 주장하였다. 이러한 사상이 부분적으로 채택되어 통리기무아문은 민간회사의 설립을 적극 장려하고, 민간인이 회사를 설립하여 신고하는 경우에는 이를 즉각 추인하며 전국에 훈령을 내리어 잡세징수나 그 외 자유로운 영업행위를 저해하는 모든 제약을 못하도록 보호하였다.[62]

이에 따라 1880년대에 들어서자 서울과 전국 각 지방에서 각종의 근대적 회사들이 속속 생겨나기 시작하였다. 개항 후부터 갑신정변 직전까지 설립된 근대적 회사 형태를 갖춘 상공업 기업체를 들면 다음 쪽의 표와 같다.

---

61) 《漢城旬報》 3호, 開國 492년 癸未 10월 21일자, 〈會社說〉 참조.
62) 《統理機務衙門日記》 1책, 癸未 8월 28일조 및 8월 29일조 참조.

工 業 企 業 體

명 칭	업 종	창립·또는 자료에 처음 보이는 일자(모두 음력임)
機器廠[65]	병기공장	1883년 3월
捲烟局[64]	권연제조공장	1883년
順和局[65]	권연제조공장	1883년
釀春局[66]	양조공장	1883년
長春社[67]	양조공장	1883년
豆餠局[68]	두부공장	
金化烟務局[69]	권연공장	1883년 8월 18일 창립
鑄一所[70]	철공업	1883년 9월 6일
博文局[71]	인쇄공장출판	1883년 9월 10일
廣仁社[72]	인쇄공장출판	
三湖玻璃局[73]	파리공장	1883년 3월 25일

商 會 社

大同商會[74]	각종물산	1883년 8월 15일
長通商會[75]	각종물산	1883년
慶尙道金泉社商會[76]	각종물산	1884년 2월 20일 창립
居奇社[77]	각종물산	1884년 4월 7일 창립
安東乃成里商會[78]	각종물산	1884년 4월 25일 창립
南部義信號招商社[79]	각종물산	1884년 4월 25일 창립
義信會社(義信社)[80]	각종물산	1884년 5월 14일
太平商會社[81]	각종물산	1884년 윤5월 25일 창립
慶尙道布木商會社[82]	면직물상업	1884년 6월 15일 창립
博林社[83]	각종물산	1884년 6월 22일 창립
永信商會[84]	각종물산	1884년 8월 30일 창립
蠶桑公司[85]	견직물상업	1884년 9월 1일 창립
順信商會[86]	각종물산	1884년 9월 6일
順信昌商會社[87]	각종물산	1884년 9월 26일

汽 船 海 運 會 社

汽船會社[88]	(기선해운업)	1884년 10월 14일 창립

이러한 상공업회사들은 모두 근대적 기업체만을 고른 것이다. 이외에 전통적 상업자본으로서 개항 후 크게 성장한 서울 시전상인, 전국 각 지방의 객주, 보부상 등이 형태를 바꾸면서, 일부는 근대적 변화에 저항하여 몰락했지만 그 대부분은 1884년까지에도 급속히 성장하여 客主商會社 또는 商務社로서 근대적 모습으로 변모하여 가고 있었다.[89]

63) 金允植, 《陰晴史》 下, 高宗 20년(1883) 癸未 4월조 참조.

64) 위의 책, 高宗 20년(1883) 癸未 6월조 참조.

65) 《日本官報》, 明治 17년 3월 21일자 참조.

66) 金允植, 《陰晴史》 下, 高宗 20년(1883) 癸未 6월조 참조.

67) 위와 같음.

68) 위와 같음.

69) 《統理機務衙門日記》 1책, 癸未 8월 18일조 참조.

70) 위의 책, 癸未 9월 초6일조 참조.

71) 위의 책, 癸未 9월 초10일조 및 癸未 10월 초9일조 참조.

72) 《漢城旬報》 15호, 開國 493년 甲申 2월 21일조 참조.

73) 《統理機務衙門日記》 2책, 甲申 3월 25일조 참조.

74) 위의 책 1책, 癸未 8월 15일조, 8월 24일조, 8월 29일조, 9월 초5일조, 9월 초6일조, 9월 초8일조 및 9월 16일조 참조.

75) 金允植, 《陰晴史》 下, 高宗 20년(1883) 癸未 6월조 참조.

76) 《統理機務衙門日記》 2책, 甲申 2월 20일조 및 3책 甲申 10월 14일조 참조.

77) 위의 책, 甲申 4월 초7일조 참조.

78) 위의 책, 甲申 4월 25일조 참조.

79) 위의 책, 甲申 4월 25일조 참조.

80) 위의 책, 甲申 5월 14일조, 16일조 및 3책 甲申 6월 29일조, 7월 9일조 참조.

81) 위의 책 3책, 甲申 5월 25일조 참조.

82) 위의 책, 甲申 6월 15일조 참조.

83) 위의 책, 甲申 6월 22일조 참조.

84) 위의 책, 甲申 8월 30일조 참조.

85) 위의 책, 甲申 9월 초1일조 참조.

86) 위의 책, 甲申 9월 초26일조 참조.

87) 위의 책, 甲申 9월 26일조 참조.

88) 위의 책, 甲申 10월 14일조 참조.

89) 韓㳓劤, 《韓國開港期의 商業硏究》(一潮閣, 1970). '제1부 제3장 開港後商業構造의變遷'에서는 상업자본의 근대적 형태로의 발전을 ① 市廛商人의 商會社設立 ② 褓負商의 惠商公局·商務社로의 발전 ③ 客主·旅閣의 客主商會社의 설립

농업부문에서도 개화정책은 실현되기 시작하여 1884년에는 蠶桑公司가 설치되고 근대적인 양잠법을 적극적으로 장려하기 시작하였다.[90] 또한 외국의 농법과 양잠법을 소개하고 보급할 목적으로 각종의 새로운 농서가 편찬되기 시작하여 1881년에 安宗洙의 《農政新編》, 1884년에 李祐珪의 《蠶桑撮要》등이 나왔다.[91]

특히 1884년의 '農務牧畜試驗場'의 설립은 이 시기의 획기적인 사업이었다고 말할 수 있다. '농무목축시험장'은 조선 최초의 견미사절단인 보빙사가 귀국한 뒤 그 사절단의 수행원이었던 崔景錫이 관리관이 되어 설치한 농업시험장이었다. 보빙사 일행 중 洪英植·徐光範·邊燧(樹) 등은 정치개혁에 관심을 가져 마침내 갑신정변의 주동적 역할을 하였으나, 최경석은 정치에는 관여하지 않고 농업연구에 온 정력을 쏟았다. 미국으로부터 각종 농작물의 품종 및 가축을 도입하여 품종개량과 아울러 낙농업을 일으키고 경작기계를 구입하여 조선에서 근대적 농법을 발전시키고자 하였다.[92]

견미사절단 일행은 방미 도중 홍영식이 중심이 되어 농업시험장 설치의 희망을 표시하고 협조를 약속받은 다음 귀국하자 국왕에게 농업시험장의 설치를 요청했으며, 왕은 동대문 밖에 있는 籍田을 하사하여 여기에 시험장을 설치하였다. 1884년 봄에는 미국에 주문한 18개 짐짝의 농기구가 도착하였는데, 여기에는 벼 베는 기계(割禾器), 벼 터는 기계(打禾器), 심는 기계(栽植器), 인분 뿌리는 기계(灑田糞器), 서양저울(洋秤), 보습과 쇠스랑(秤犁) 등의 농기구가 있었고 뒤이어 낫(鎌), 타작기구, 두엄 살포기(播糞器), 저울[天秤], 쟁기[未耟], 쇠스랑(鐵耙), 파종기

---

④ 二船商會社의 설립 등으로 구분하여 정밀히 연구하고 있다. 121~238쪽 참조.
90) 《統理機務衙門日記》3책, 甲申 9월 초10일조 참조.
91) 李光麟, 〈安宗洙와 農政新編〉, 《歷史學報》37집, 1968. 6 참조.
92) 李光麟, 〈農務牧畜試驗場의 설치에 대하여〉, 《金載元博士回甲記念論文集》, 1969. 3. 이하 이 항목은 이 논문에 의존하였다.

계류가 들어왔다.

이 농업시험장에는 각종 농산물과 야채와 과수를 재배하고 재래종과 최경석이 미국에서 가져온 신품종을 중심으로 시험재배를 하여 큰 성공을 거두었다. 서울대학교 규장각도서 가운데 '試驗場各種目錄'이라는 시험장에 관한 귀중한 문헌이 남아 있는데, 여기에 기록되어 시험 재배한 작물의 종류는 참으로 방대하고 대규모이어서 오늘날의 농사시험장에 비교해도 손색이 없는 매우 훌륭한 것이었다. 최경석은 농업시험장 설치 첫해에 이미 대성공을 거두어 여기서 수확한 개량신품종을 재배법과 사용법을 설명하는 해설서를 첨부하여 305개에 달하는 지방군현에 송부해서 재배하도록 권장하였다.

최경석은 여기에서 그치지 않고 목축의 도입과 가축의 개량을 시도하였다. 그는 미국으로부터 젖소·황소·말·돼지·양 등의 가축을 도입하였으며, 농업시험장에서 가축의 품종개량과 사육방법의 개선과 아울러, 버터와 치즈 등 낙농제품의 생산까지도 계획하였다. 이 농업시험장은 1885년까지 대성공을 거두다가 1886년에 최경석이 사망함으로써 큰 시련에 부딪히게 되었다.[93]

또한 기선해운 부문에서도 1884년에 '기선회사'가 설립되어 큰 발전이 이루어졌다. 기선회사는 통리기무아문 轉運局에서 미국 상인과 합의계약하여 중개해서 3쌍의 기선(海龍號, 蒼龍號, 顯益號)을 구입하여 설립하였으며, 연해의 화물운송과 조곡운송 군대와 그 밖의 관용화물 운송에 종사하였다.[94]

---

93) 위의 책 참조. 그의 연구에 의하면 崔景錫이 갑자기 사망한 후 이 農務牧畜試驗場은 주인 없는 상태가 되어, 1886년 8월에 신설기관이 內務府農務司에 속하게 되었으나 당시 청국측의 내정간섭과 개화정변에 대한 탄압으로 큰 시련을 겪고, 1887년 9월에 영국인 재프리(K. Jaffray)를 고용하였으나 10개월 후에 그도 사망하는 불운이 겹쳐 방치상태에 놓이게 되어 큰 역할을 못하게 되었다고 한다.
94) 韓祐劤, 《개항 후 商業構造의 變遷》(서울대학교 문리과대학 한국문화연구소

이외에 초기 개화정책으로 특기하여야 할 것은 어윤중·김옥균 등에 의한 수많은 유학생의 해외파견, 박영효가 한성판윤으로 있었을 때의 治道局의 설립과 종로부터 동대문까지 근대 도로확장사업, 순경부를 설치한 근대적 경찰제도의 수립, 홍영식의 전동 郵政局의 설립과 근대적 우편제도의 창설, 초기 개화파들이 추진한 복식제도의 간소화 등이 중요한 것들이었다.

1880년대에 들어오면서 이상 개괄한 바와 같이 조선의 초기 개화정책과 개화운동은 급속도로 진행되어 국내의 위정척사파로부터의 반발과 국외열강의 압력이 있었음에도 불구하고 줄기차게 진전되었다. 그러나 1882년 임오군란 이후는 청국이 본격적으로 적극간섭정책을 실시하여 袁世凱 등은 개화정책이 청국의 영향을 벗어나려는 정책이라고 보고 이를 탄압하였다. 1884년 갑신정변 이전 초기 개화파의 개화정책과 개화운동은 1882년 임오군란 이후부터는 청국측의 방해와 탄압에 대항해 가면서 추진된 것이었다.

(《한국사》 제16권, 국사편찬위원회, 1975)

韓國文化硏究叢書 3집) 1970 참조 ;《韓國開港期의 商業硏究》, 1970, 226~227쪽 참조.

5. 우리나라 최초의 근대학교 설립

(1) 머리말

우리나라는 일본의 무력 위협 하에 준비도 없이 체결된 강화도조약에 의하여 새로운 정세에 부딪히게 되었다. 日本軍國主義者들은 조선 왕조의 국가방위력이 취약한 틈을 타서 1875년 雲揚號事件을 도발하고, 함포로 위협을 가하며 1876년 2월 '朝日修好條規'와 7월 '朝日修好條規附錄' 및 '貿易規則10則' 등을 체결하여 기만적인 불평등조약을 성립시켰다. 이 조약의 내용은 개항장에 日本人 居留地 설치, 일본상인들의 자유로운 경제침투, 無關稅 무역, 일본화폐의 通用, 영사재판권을 인정하는 등의 일본에게는 유리하나 우리나라에게는 지극히 불리하고 기만적인 불평등한 조약이었다. 이러한 조약에 의거하여 1876년 10월에는 부산항, 1880년 4월에는 원산항, 1883년 1월에는 인천항을 개항하였다. 이 시기의 세 개항장은 일본의 침입에 대항하여 우리의 민족권익을 수호하는 데 중요한 대결장이었다. 1882년 '朝美修好條規'·'朝英修好條規'·'朝獨修好條規'·'朝中商民水陸貿易章程' 등을 연이어 체결함으로써 개항장에 대한 외국 상인들의 도전은 더욱 증가되었다.

이제 일본을 비롯한 열강의 도전에 대응하여 나라의 독립을 지키기 위해서는 하루속히 근대적 부국강병을 실현하고 자주적 근대화를 수행하여야 했다. 이를 위하여 가장 절실하게 필요한 대응책 가운데 하나가 열강의 도전에 맞설 수 있는 신지식을 갖춘 인재를 양성하는 것이었다. 세계정세의 흐름과 변화하는 국제관계 및 열강들의 침략정책을 파악할 줄 알고, 신과학기술·병기·병술 및 새로운 사회제도와 사상을 두루 아는 인재들을 양성하여야 했다.

따라서 당시 나라의 독립을 지키고 자주적 근대화를 수행하기 위해서 최우선으로 필요한 과제 가운데 하나가 우리나라의 민족문화유산을 계승하면서 신지식을 가르치는 새로운 근대교육을 시작하는 일이었다. 이러한 신지식의 교육을 담당하는 기관이 바로 근대학교이었으므로, 우리나라 19세기 후반의 근대학교의 역할과 비중은 그 어느 시대보다도 크고 중요한 것이었다.

즉 당시의 근대학교는 나라의 독립과 발전, 자주와 진보, 자주적 근대화를 추진할 수 있는 동력기관과 같은 것이다. 따라서 하나의 학교를 설립한다는 것은 우리나라의 자주적 근대화를 추진하는 하나의 동력기관을 만드는 것과 같은 것이었다. 뒷날 민족적 위기가 심화되고 심지어 국권을 박탈당하는 절박한 시기에도 開化派·東道西器派·愛國啓蒙派들이 자주자강의 제1차 급무를 근대학교 설립에 두고 방방곡곡에 학교를 설립하려고 온 정력을 쏟은 것은 결코 우연한 소산이 아니라, 그 동안의 민족투쟁과정을 통하여 얻은 경험에 의거한 결론인 것이었다.

종래 알려진 통설에 의하면 우리나라 최초의 근대학교를 설립하는 귀중한 작업은 미국인 선교사 아펜젤러(H. G. Appenzenller)가 수행한 것으로 되어 있다. 그가 1886년 6월에 세운 '培材學堂'이 우리나라 최초의 근대학교로 되어 있다. 물론 '배재학당'은 우리나라의 근대적 발전을 위하여 큰 공헌을 하였으며, 특히 독립협회시대의 공헌은 역사에

기록할 만한 것이었다. 그러나 이 시기의 史料들을 검토해 보면 우리
나라 최초의 근대학교를 세운 이 귀중한 작업을 수행한 사람들은 한국
인이었다. 아펜젤러의 '培材學堂'보다 3년 앞선 1883년에 개항장 가운
데 하나인 원산에 地方民들이 새로운 정세변화에 대응하기 위하여 자
발적으로 세운 '元山學舍'가 우리나라 최초의 근대학교이다. 이 사실에
대하여 간단히 설명하려고 한다.

(2) '元山學舍'의 설립경위

'원산학사'는 1883년 음력 8월 28일 이전에 개항장 원산의 지방민들
이 외국의 도전과 새로운 정세변화에 대응하기 위하여 德源府 元山社
에 설립하였다.[1] 1883년 8월 28일에 德源府使가 정부에 '원산학사'의
설립 허가를 신청하면서 이미 학교를 설립하였다고 狀啓를 올리고 있
는 것으로 보아, '원산학사'는 1883년 봄부터 여름에 걸쳐 세워진 것으
로 보이며, 늦어도 이 해 8월 28일 이전에 학교 설립을 완료해 놓고 정
부에 보고한 것임을 알 수 있다.

덕원이라는 곳은 기록에 의거하면 이미 18세기에 '德源元山場'이라
고 하여 大鄕市가 열리고 중요한 산업의 교통 중심지로 성장하고 있었
다.[2] 특히 덕원부의 원산사는 永興灣을 낀 항구로 함경도·평안도·강원
도 일대의 物産은 이곳 육로와 해로를 통하여 모이고 흩어지면서 서울
과 연결되어 있는 이 지방의 산업과 교통의 중심지였다.

1880년 4월에 개항된 원산의 赤田川 건너편에는 그 해 바로 일본인
거류지가 만들어졌다. 또한 일본영사관이 설치되고 일본상인들이 대거

---

1) 《德源府啓錄》(德源府 編) 1책, 癸未(1883년) 8월 28일조 참조.
2) 《萬機要覽》財用篇 5, 各塵鄕市條 참조.

상륙하여 일본영사관과 경찰의 보호 아래 그들은 상업활동을 시작하였다. 그러나 원산항에서 일본상인의 경제침탈은 그렇게 용이하지는 않았다. 이미 독자적인 상업중심지로 성장하고 있던 덕원부의 상인들과 백성들은 일본상인들의 침탈을 허용치 않아 사실상 그들의 상업활동을 크게 봉쇄하다시피 하였기 때문이다. 일본상인들이 '德源元山場'의 향시에 진출할 때마다 덕원부의 상인들과 일본상인들 간에는 잦은 충돌이 일어났다. 1882년 임오군란 때, 서울에서 군란이 일어났다는 소식을 들은 덕원읍민들은 일어나서 일본인들을 내쫓고 거류지를 점령하려 하였다. 이에 일본인들은 領事 이하 모든 상인과 거류민들이 영흥만에 배를 띄워 놓고 그 안에 도피하는 형편이었다.[3] 덕원읍민들은 일본상인들의 원산개항장 침탈을 직접 체험하고는 이에 대한 대응책을 세워야 할 것을 절감했다. 이에 그들은 덕원부의 뜻있는 향중부형들과 원산사의 백성들 및 개혁파관료들이 합류하여 근대학교와 상업회의소 그리고 卜稅所를 설치하는 등 일본인들의 도전에 각종 대책을 세우면서 대응하였다.[4]

이 가운데 근대학교의 설립은 새로운 세대에게 신지식을 교육하여 인재를 양성함으로써 외국의 도전에 근본적으로 대응하려 한 것으로 덕원읍민들이 가장 중요시한 작업이었다. 덕원읍민들은 개항이 되자 자발적으로 종래의 서당을 개량하여 자제들을 교육하고 있다가 1883년 1월에 새로 부임한 덕원부사 鄭顯奭에게 자기들이 학교 설립기금을 모을 터이니 새로운 근대학교를 설립하여 향중의 年少하고 俊秀聰敏한 자제를 뽑아 신지식을 교육시켜 줄 것을 요청하였다.[5]

---

3) 《元山發展史》, 44~46쪽 및 《元山府史年表》, 17~19쪽 참조.
4) 《春城府志》(鄭顯奭 編) '興學'조, '商會所節目'조, '卜稅所節目'조, '卜稅追節目'조 및 各條 참조.
5) 원산 출신 金相翊翁(1972년 현재 78세 : 서울 영등포구 구로2동 15통 9반 781번지의 14호 거주)의 회고록에 의하면, 원산이 개항하자 德源의 유지들이 이진 사댁 사랑채를 빌려 큰 규모의 개량서당을 만들어 자제들을 교육하다가 癸未年

정현석은 1883년 1월 덕원부사로 부임할 때에 개항장에서의 적절한 대응책을 東萊의 예를 참고로 하여 先斬後啓하여도 무방하도록 왕으로부터 허락받고 있었다.[6] 온건개화파였던 정현석은 덕원읍민들의 학교설립 요청을 매우 흔쾌히 받아들인 것 같다.[7] 정현석은 당시 西北經略使이던 魚允中과 원산항의 통상을 담당하던 統理機務衙門의 主事인 서울의 承旨 鄭憲時의 지원을 받으면서 덕원읍민들의 요청에 응하여 민관이 합심해서 1883년에 우리나라 최초의 새로운 근대학교를 설립하기에 이르렀다. 이 학교는 처음에는 '元山學舍' 또는 그냥 '學舍'로 불리다가 뒤에 '元山學校'로 명명되었다.[8]

설립초기 '원산학사'는 班 편성을 文藝班과 武藝班으로 나누었다. 문예반은 정원이 없었으나 설립 당초에는 약 50명으로 구성되어 있었던 것 같다.[9] 무예반은 정원을 200명으로 하고 出身과 閑良을 뽑아 교육 훈련시킨 다음, 別軍官을 양성하도록 하였다.[10]

'원산학사'에 문예반뿐 아니라, 무예반을 함께 두게 된 것은 동래의 예를 따른 것이었다. 동래는 1876년 10월 개항을 하게 되자 일본의 침

에 鄭顯奭이 부사로 부임하여 신식을 장려하자 읍민들이 개량서당을 고쳐서 신식학교를 설립하여 줄 것을 청원하여 元山學校를 세우게 되었다고 한다. 원산출생의 여러 古老들을 면접하였으나 거의 모두 '元山學舍'의 설립경위를 모르고 있었으며 단지 元山普通學校가 매우 역사가 오랜 학교라는 사실만 알고 있었다. 그러나 김상익옹은 소년기에 선친에게서 들은 사실로 '원산학사'의 설립경위를 상당히 소상하게 알고 있었다.

6) 《承政院日記》, 高宗 20년(1883) 癸未 정월 18일조 참조.
7) 《春城府志》, '德源府誌序' 참조.
8) 《德源港牒報》(外部 編) 6책, 光武 8년 3월 8일조 '報告書 第6號'에는 이 학교가 '元山學校'로 불려지고 있는바, 설립 당초에는 '元山學舍'로 부르다가 그후 '元山學校'로 부르게 된 것으로 보인다.
9) '元山學舍' 契員 가운데 10냥 미만의 出義者는 학부형으로 보이는바, 그들이 66名이나 되므로, '원산학사'의 문예반 학생은 설립 초에 최소한 50명 이상인 것으로 추정된다.
10) 《德源府啓錄》, 癸未(1883년) 8월 28일조 참조.

탈에 대한 대응책으로 武備自强의 필요를 절실히 느껴 출신과 한량을
200명씩 뽑아 훈련을 시켜서 별군관으로 임명하고, 매달 시험을 보이
고 연말에는 도시를 보이어 1·2·3등을 선발해서 상을 내리는 등 武備
에 일조가 되도록 하였다. 奎章閣圖書《慶尙道選武軍官戊寅條都試優
等之次又之次人役姓名開錄成冊》은 1878년의 이 시험결과를 수록하고
있는 자료로 보인다.[11] 이러한 무비자강의 대응책은 당시 일본의 무력
위협이 수시로 자행되었기 때문에 매우 절실한 것이었으며 시의에 적
절한 대책이었다.[12] '원산학사'는 이 동래의 경험을 발전시켜 문예반과
함께 무예반을 병설한 것이었다.

'원산학사'의 입학자격은 ① 鄕中의 年少하고 준수총민한 자제로 하
고 ② 학교설립에 기금을 내지 못한 非契員의 자제도 차별 없이 입학
을 허가하도록 하였으며 ③ 타읍인이라도 糧米를 가져오는 자는 거절
하지 않도록 하고 ④ 무사로서 무예반에 들어와 배우고자 하는 자는
입학을 허가하여 兵書를 가르치도록 하였다.[13]

즉, 문예반에는 덕원읍민의 연소하고 준수총민한 자제는 학교설립의
기금을 내고 안 내고를 가리지 않고 모두 입학할 수 있도록 한 것이며,
타읍인에 한해서만 입학금을 받고 입학허가를 하도록 한 것이므로, 사
실상 입학자격은 완전히 개방되어 있던 셈이었다. 특히 무예반은 어느 곳
에서 오든 간에 입학금을 받지 않고 입학시켜 병서와 무예를 가르쳤다.

'원산학사'의 창립 당시의 교과과목은, 특수과목으로 문예반은 經義
를, 무예반은 兵書를 가르치도록 하였으며, 문무의 공통과목으로는 時

---

11)《慶尙道選武軍官戊寅條都試優等之次人又之次人役姓名開錄成冊》참조. 여기서는
    1878년 10월에 실시된 都試에서의 1등 1인, 2등 1인, 3등 3인의 성명과 성적을
    기록하고 있다.
12) 1875~1876년의 東萊에서의 일본군함의 무력시위와 1878년 豆毛鎭 收稅時의
    일본군함의 무력시위가 그 좋은 예이다. 이러한 일본측의 무력시위가 武備自强
    의 필요성을 더욱 절감시킨 것으로 보인다.
13)《春城府志》'興學'조 '學舍節目' 참조.

務의 긴요한 과목으로서 산수·格物(물리)로부터 각종의 機器와 농업·
양잠·광채 등에 이르기까지 실상학문을 가르치도록 하였다.[14]

이러한 교과과목의 교재로 처음 사용하고 비치한 도서는 ①《瀛
志》6권 ②《聯邦志》2권 ③《奇器圖說》2권 ④《日本外國語學》1권
⑤《法理文》1권 ⑥《大學豫備門》1권 ⑦《瀛寰志略》10권 ⑧《萬國
公法》6권 ⑨《心史》1권 ⑩《農政新編》2권 등이었다.[15]

위의 교재들을 보면 '원산학사'에서 가르친 교과과목은 비단 경서·
병서·산수·물리·기계·농업·양잠·광채뿐만 아니라 일본어 등 외국어와
법률·만국공법(국제공법)·지리 등 광범위한 근대 학문이었음을 알 수
있다.

'원산학사' 설립 초의 교수진은 처음에는 敎授 1명, 掌議 2명, 掌財有
司 2명을 두었다.[16] 교수는 경서에 밝고 시무를 아는 학식 높은 분을 초
빙하여 師長으로 삼고, 장의 1명은 계원 가운데 학식 높은 사람을 뽑
고, 1명은 일반유생에서 천거하여 뽑도록 하였다. 학습기간은 그후의
다른 학교들과 마찬가지로 처음에는 1년을 단위로 한 것 같다.

'원산학사'의 시험방법은 문예반은 매월 朔試를 보여서 최우수자 1
명을 뽑아 가을에 公都會에 보내어 합격자로서 解額에 넣도록 하였다.
무예반은 병서를 숙달한 후 射擊을 익혀서 매월 朔試를 보여서 연말에
최우수자 2명을 가려내어 병조에 보고해서 출신은 折衝을 특별히 가해
주고 한량은 殿試에 바로 응시할 수 있도록 특별히 허락하였다.《春城
府志》에는 원산학교의 문예반 학도 가운데 삭시의 최우수자로서 공도
회에 붙어서 해액에 넣은 학도로 1883년(癸未)에 崔秉夏, 1884년(甲申)
에 金永奎, 1885년(乙酉)에 趙大均이 기록되어 있다.[17]

---

14)《春城府啓錄》1책, 癸未(1883년) 1월 28일조 참조
15)《春城府志》'興學'조 참조.
16)《春城府志》'興學'조 '學舍節目' 참조. 이것은 문예반의 교수진이며, 무예반은
   별도로 巡營과 南相弼 등 咸鏡南兵營의 장교들이 교수를 담당하였다고 한다.

학생에 대한 벌칙으로는 무릇 입학생이 ① 태만하여 시작은 있고 끝을 맺지 못하거나 ② 술집에 출입하거나 ③ 부랑하여 신뢰할 수 없거나 ④ 교사의 가르침을 따르지 않는 자는 경중에 따라 제적하거나 혹은 벌하도록 하였다.

'원산학사'의 校舍는 처음에는 독립건물을 짓지 못하고 있다가 1885년 남산동에 新校舍를 완공하여 독립교사를 갖게 되었다.[18]

도서 관리에 대해서는 ① 학교의 도서는 계원이 아니면 비록 1권이라도 빌려가지 못하도록 하였으며 ② 도서는 掌議가 전적으로 관리하여 만약 분실하는 경우에는 변상하도록 하였다.

'원산학사'의 도서비용이나 학교의 공용경비 등의 경비는 契中에서 함께 의논하여 조달하도록 하였다. 또한 학교의 사무관리는 이사회 같은 것을 두어 ① 의장 가운데 2명을 都有司로 뽑아서 학교사무를 모두 주관케 하고 ② 계원 가운데 2명을 掌財有司로 차출하여 財用을 출납케 하며 ③ 掌議와 有司 각 2명 가운데, 각 1명은 일반유생에서 천거하여 뽑도록 하였다. 대체로 이상과 같은 내용으로 덕원부사 정현석은 '원산학사'를 설립한 다음, 1883년 8월 28일에 다음과 같은 狀啓를 정부와 道監營에 올리었다.

府使 臣 鄭顯奭은 狀啓하나이다. 臣이 다스리는 邑은 沿海要衝에 있고 겸하여 開港之地가 되어 소중함이 列邑에 比할 바가 아닙니다. 그 對揚하는 道의 있음이 綱繆의 策에 合하는 바가 있으며 그 요체는 人材를 選用함에 있고 人材選用의 요체는 敎하고 養함에 있습니다. 그러므로 臣이 근일에 元山社에 一塾을 設立하여 鄕中子弟로서 年少聰敏者를 뽑아 敎하고 養하고자 하온 즉 一鄕의 父老가 또한 조정의 治化의 새로움에 감동하여 慨然히 鳩財를 出義하여 師를 置하고 徒를 敎하기를 咸請합니다. 그러므

---

17) 《春城府志》'興學'조 '朔試優等' 참조.
18) 《春城府志》'興學'조 '學舍節目' 참조.

로 經에 밝고 時務를 이해하는 선비를 맞이하여 그 師長을 삼고 문사에게
는 먼저 經義를 가르치고, 武士에게는 먼저 兵書를 가르친 뒤에 함께 時
務의 긴요한 것으로 算數 格致로부터 각양의 機器와 農蠶, 礦採 등에 이
르기까지 함께 가르치어 그들로 하여금 講하고 習하게 합니다. 문예를 배
우는 자는 매달 시험을 課하여 그 뛰어난 자 一人을 뽑아서 매년 가을 本
道監營에 報하여 公都會의 解額에 넣어주면 그들을 장려하는 방도가 될
듯합니다. 무예로 말씀할 것 같으면 後膛 鎗礮를 辦備하기 전에 마땅히
射技를 肄習하여야 합니다. 그러므로 東萊의 예를 따라서 出身과 閑良 二
百人을 選出하여 別軍官을 併置해서 朔試를 課하여 賞을 내리고자 합니
다. 만약 別般 示意之擧가 없으면 激勵成就가 없습니다. 巡營에 소속한 本
府 소재 親騎衛 四十四名은 疊役을 시킴이 不可하니 특히 令을 내리어 道
內 各邑에 移定하고 별군관 二百人은 朔試를 치르게 하여 年終에 우등 二
人을 兵曹에 報하여 출신은 折衝을 特加하고 한량은 殿試에 直赴를 特許
한 즉 사람마다 精藝하여 이것이 武備의 一助가 될 것입니다. 이에 감히
事實을 들어서 登聞하오니 廟堂으로 하여금 稟旨하여 分付하게 하소서.
緣由하여 馳啓합니다.[19]

이 狀啓는 1883년 9월 초3일 통리기무아문에 도착되었고,[20] 10월 11

19)《德源府啓錄》1책, 癸未(1883년) 8월 28일조. "臣所治 在海沿要衝 兼爲開港之
地 所重尤非列邑可比 其在對揚之道 合有綢繆之策 而其要在於選用人材 選用之
要在於敎養 故臣於近日 設一塾於元山社 選鄕中子弟年少聰敏者 欲爲敎養是白
乎 則一鄕父老 亦感朝家治化之新 慨然出義鳩財 咸請置師敎徒 故延明經解務之
儒 爲之師長 文士 則先敎經義 武士 則先敎兵書 後竝敎以時務之緊要者 自算數
格致 至於各樣機器 與農蠶礦採等事 使之講習 文藝 則逐朔課試 拔其尤者一人
每年秋 報于本道監營 付於公都會解額 則似爲獎勤之道是白㫆乎 武藝 則後膛鎗
礮 辦備之前 宜先肄習射技 故倣東萊例 選出身閑良 二百人 刱置別軍官 課朔試
賞是白乎 乃若無別般示意之擧 則無以激勸所就是白如乎 巡營所屬本府所在 親
騎衛四十四名 不可使疊役 特令於道內各邑是白遣 別軍官二百人 朔試計劃 年終
以優等二人 報于兵曹 出身特加折衝 閑良特許直赴殿試是白乎 則人人精藝 是
爲武備之一助 是白乎等 以玆敢據實登聞是白去乎 令廟堂稟旨分付爲白只爲 緣
由馳啓爲白臥乎事 癸未八月二十八日."
20)《統理機務衙門日記》1책, 癸未(1883년) 9월 초3일조. 여기서는 다음과 같이
요약하고 있다. "德源府使謄報 設塾置師 選年少聰敏者 敎經義時務 逐朔課試 拔

일자의 《한성순보》에도 보도되었다.[21] 또한 이듬해 2월에는 함경도관
찰사의 장계도 보도되고 있다.[22]

政府는 이 장계를 받고 1883년 10월 20일 啓辭하여 원산은 "沿海의
重地로 港務가 또한 번다하여 목하 最先急한 것은 오직 인재를 선용하
는 데 있고 진실로 인재를 선용하려 한즉 敎하고 養함이 없을 수 없으
며, 진실로 敎하고 養하려 한즉 또한 賞을 내리고 獎勸함이 없을 수 없
으니 親騎衛를 移屬하는 일과 더불어 장계에서 청한 바대로 施行함이
어떠한가"를 묻고 王命으로 이를 允許하였다.[23] 이에 '원산학사'는 정부

其尤一人 每年秋 請付于本道監營 公都會解額 而倣東萊例 刱置別軍官二百人 朔
試計劃 年終 以優等二人 報于兵曹 出身加折衝 階閑良許赴殿試事."

21) 《漢城旬報》2호, 癸未(1883년) 10월 11일자 〈內國紀事〉에서는 다음과 같이 요
약하여 보도하고 있다. "咸鏡道德源府使兼監理 狀啓. 同日(九月四日 — 筆者) 德
源府使兼監理 鄭顯奭 馳啓 臣所治 卽沿海要衝 亦通商埠頭 論其關防所重 尤非
列邑可比 則凡務綢繆之道 亶在於選用人材也 然不先敎養 必無其人 故近設一塾
於元山社 另選年少聰敏者 欲施敎養之方 致言于鄉中父老 一鄉父老亦感朝治化
之新 慨然出義鳩財 咸請置師廟蒙 故訪明經識時之人 延爲宗匠 文士 則先敎經義
倂論時務 自算數格致 至於農桑礦採機器等事 莫不講習 武士 則先敎兵書 兼習槍
砲 然如無別般示意之擧 則難以前進 故如文藝 則逐朔課試 拔尤一人 充諸公選解
額 以爲獎勸之道 武藝 則朔試計劃 以優等二人 報于兵曹 出身特加折衝 階閑良
特許直赴殿試 以爲激勸之方事 馳啓."

22) 《漢城旬報》14호, 甲申(1884년) 2월 12일자 〈國內官報〉에는 1884년 2월 3일에
올린 함경도관찰사의 장계가 다음과 같이 요약되어 수록되고 있다. "咸鏡道觀
察使狀啓. 同日(二月初三日 — 筆者) 觀察使林翰洙啓 卽見德源府使鄭顯奭狀啓
則本府處在海沿要衝 兼爲開港之地 綢繆之方 在於選用人材 選用之要 在於敎養
故設塾於元山社 文士 則先敎經義 武士 則先敎兵書 後竝敎以算數格致各樣機器
農鹽礦採等事 而文藝 則逐朔課試 拔其尤者一人 每年秋 報于監營 付於解額 武
藝 則倣東萊例選出身二百人 刱置別軍官 課朔試賞 而本府所在親騎衛四十四名
不可使疊役 特命移定於各邑別軍官 朔試計劃 年終以優等二人 報于兵曹 出身特
爲加資 閑良特許殿試事 請令廟堂稟旨行會矣 北沿重地 港務且繁 目下最先急者
惟在於選才用人 而苟選用之 則不可無敎養 敎養之 則不可無獎勸幷與親衛移屬
事 依狀請施行 謹依關辭開錄姓名 具由謹啓."

23) 《春城府志》'興學'조 참조. "議政府啓辭 卽見德源府使鄭 則本府處在海沿要衝
兼爲開港之地 其所綢繆之道 在於選用人才 選用之要 在於敎養 故設一塾於元山
社 文士 則先敎經義 武士 則先敎兵書 後竝敎以算數格致各樣機器農鹽礦採等事

에서도 인정한 우리나라 최초의 근대학교가 되었다.

덕원부사 정현석은 이에 '원산학사'의 규칙인 다음과 같은 '學舍節目' 을 제정하였다.

政府가 節目을 만들어 成給할 일. 돌이켜 보건대 우리 덕원은 산천이 수려하고 인재가 鍾出하나 만약 教導하지 않으면 성취가 없을 것이다. 또한 지금 宇內가 多事하고 智力을 서로 崇尙하여 모두 富强의 업을 이루고 있다. 우리 聖上께서는 治平之策을 깊이 염려하시어 興學의 政을 다시 일으키시니 이는 진실로 다시 없는 盛擧이다. 어찌 감히 休命을 널리 宣揚하지 아니하리요. 이에 元山社에 一塾을 세우고 자제 가운데서 英俊한 자를 뽑아 입학시키니 풍속의 아름다움이 진실로 嘉歡할 만하다. 이러한 뜻을 조정에 登聞하여 應行할 條例를 後에 조목조목 나열하여 節目을 成給하니 오래 받들고 바꾸지 아니하여 才藝를 성취함을 期하여 조정에 쓰임이 마땅하다.

後
一. 鄕中의 俊秀하고 聰敏한 子弟는 모두 입학을 許하며, 他邑人으로서 粮米를 가져오는 자는 拒絶하지 말 것이며, 武士로서 배우러 오는 자는 兵書를 가르칠 것.
一. 儒生은 매달 시험을 課하여 그 뛰어난 자 1人을 뽑아 매년 가을에 監營에 보고하고 公都會의 解額에 付하게 한다. 武士는 병서에 練達한 후 사격을 익히어 朔試를 보여서 優等 二人을 계획하여 兵曹에 보고하고 출신은 折衝을 가하며 閑良은 모두 殿試에 直赴게 할 것.
一. 齋中의 모든 서책은 계원이 아니면 비록 1권이라도 가지고 나가지

而文藝 則逐朔課試 拔其尤者一人 每年秋 報于巡營 付於公都會解額 武藝 則倣東萊例 選出身閑良二百人 刱置別軍官 課朔試賞 而本府所在親騎衛四十四名 不可使疊役 特命移定於各邑 別軍官朔試計劃 年終 以優等二人 報于兵曹 出身特加折衝 階閑良特許直赴殿試事 請令廟堂稟旨分付矣沿海重地 港務且繁 目下最先急者 惟在乎選用人材 而苟選用之 則不可無教養 苟教養之 則亦不可無賞獎 與親騎衛移屬事 依狀請施行何如 答曰允 癸未 十月 二十日."

못하게 할 것(서책은 掌議가 專管하고 傳掌할 것. 만약 혹시 분실하는 경우에는 즉각 변상케 할 것).

一. 무릇 입학한 생도가 태만하거나 有始無終하거나 酒肆에 출입하거나 浮浪不賴하거나 교사의 가르침에 따르지 않는 자는 경중에 따라 제적하거나 혹 벌할 것.

一. 書冊의 所費와 塾中의 公用은 契中으로부터 公議하여 區處할 것.

一. 議長 中 二員을 差出하고 都有司는 塾事를 처음부터 끝까지 주관할 것. 契員 가운데 二員을 差出하고 掌財有司는 財用을 출납할 것.

一. 掌議 二員 中 一員은 世儒로써 薦出케 하고 有司 二員 中 一員은 世儒로써 薦出케 할 것.[24]

'원산학사'는 문예반의 학생들에게 삭시를 부과하여 그 최우수자를 매년 가을에 초시합격자로 인정하여 공도회의 해액에 넣는 것이 정부에 의하여 공인되자, '學舍朔試規'를 제정하여 시험을 보는 원칙을

24)《春城府志》'興學'조 '學舍節目'. "府使爲節目成給事 顧我德源 山川秀麗 人才
鍾出 若不敎導 無以成就 且今宇內多事 智力相尙 咸致富强之業 而猗我聖上 深
軫治平之策 復擧興學之政 此誠曠絶之盛擧 曷敢不對揚休命乎 乃於元山社 建一
塾舍 選子弟英俊者 延師敎養 則一鄕父老 慨然興感 隨力出財 設塾延師 選生徒
入學 風俗之美 誠爲嘉歡 卽以此意 登聞于朝 後應行條例 處列于後 成給節目爲
去乎 永遵毋替 期於成就才藝 需用朝宜當者."

後
一. 鄕中俊秀聰敏子弟 幷許入學 雖非契員 亦許之 他邑人裹米者 勿拒 武士來學者
敎以兵書
一. 儒生 逐朔課試 拔其尤者一人 每年秋 報于監營 付于公都會解額 武士 則鍊達兵
書 後習射 赴朔試計劃優等二人 報于兵曹 出身加折衝 階閑良直赴殿試
一. 齋中書策 非契員中之人 雖一卷 無得出(書策 掌議專官傳掌 若或闕失 卽爲徵納)
一. 凡入學之生 怠慢 而有始無終 或出入於酒肆 浮浪不賴 不從師敎者 從輕重 或黜
或罰
一. 書策所費 與塾中公用 自契中 公議區處
一. 議長中 二員差出 都有司 終始主管塾事 契員中 二員差出 掌財有司 出納財用
一. 掌議二員中一員 以世儒薦出 有司 二員中一員 以世儒薦出

정하였다. 이 '學舍朔試規'에서는 학사를 세움은 시대의 요청에 부응하는 것이고 인재를 양성함을 목적으로 하는 것이므로 매달 2개의 주제로 시험을 보이되, 종래와 같이 詩賦로써 시험을 보이는 것이 아니라 반드시 經義와 時務로써 시험을 보이도록 다음과 같이 규정하였다.

경義와 時務로써 課朔을 시험하여 우수한 자를 뽑아서 解額에 넣는 일은 이미 登聞하여 允許를 얻은 바이다. 매달 초마다 兩題를 내어서 試考하고 계획함을 영구히 정식으로 삼았으니 다시는 詩賦로써 출제하여 試取하지 않도록 할 것이다. 대개 이 학사를 세움은 전적으로 인재를 양성함을 위함이니 반드시 經義와 時務를 익히어 그 大用을 다하는 것이니 이것은 一鄕의 부형이 그 자손을 위한 百世之計가 되는 것이다. 塾舍의 창건과 師幣와 學費는 그 부형들이 마땅히 힘을 극진히 하여 出助할 것이다.[25]

무예반의 시험인 경우에는 '원산학사'를 설립한 이래 2년 동안의 朔試 결과 最優等者가 모두 읍내에서만 나왔다. 外村의 무사는 거리가 멀어 결석하는 일도 있어 불리하였다. 그래서 그후 1885년 5월 24일에 다음과 같이 '別軍官都試節目'을 만들어, 朔試는 施賞만 하고, 매년 최우등자 두 명을 뽑아 출신은 折衝을 特加하고 한량은 殿試에 바로 응시하게 하는 都試의 경우에는 外村武士와 읍내 무사의 공평을 기하기 위하여 매년 당일에 시험을 쳐서 뽑도록 하였다.

---

25) 《春城府志》'學舍朔試規'조. "試以經義時務 課朔計劃拔尤 付解額事 既爲登聞 蒙允矣 每於月朔 出兩題試考計劃 永爲定式 更勿以詩賦 出題試取是齊 盖此學舍之設 專爲養成人才 必以經義時務 敎之者 要其先明經學 以立其大本 次習時事 以盡其大用也 此爲一鄕父兄 各爲其子孫百世之計 塾舍創建 與師幣學費 爲其父兄者 當爲極力出助是齊."

府使가 節目을 만들어 成給할 일. 五社의 武士들을 卽接한 呈狀內에 매
년 朔試를 계획하고 年終에 優等 二人을 兵曹에 보고하여 출신은 折衝을
加하고 閑良은 殿試에 直赴하게 하고자 하는 뜻을 啓聞하여 允許를 얻은
바이니 節目을 만들어 施行함은 실로 邑이 생긴 이래 처음 있는 盛擧이
오, 또한 이것은 인재를 권장하여 성취케 하는 惠政이다. 이에 邑底의 무
사는 所業이 農業이 아니면 商業이어서 射擊을 익힘이 全一하지 못하고,
朔試에도 또한 혹 不參하여 向隅의 歎을 免할 수 없으니 실로 억울한 것
이다. 원컨대 특히 各營의 都試의 예에 의거하여 柳葉箭 片箭 騎芻 등 三
技를 당일 시험하여 그 우등자를 발탁하여 邑과 村의 무사로 하여금 惠澤
之地를 고루 입게 할 것이다. 이와 같이 하여 輿論을 참고로 들어서 事情
을 세밀히 연구하면 公平之道에 允合한다. 금년부터 시작하여 東萊의 都
試例에 의거해서 三技를 당일로 試取하여 그 우등자를 발탁하여 營에 보
고할 뜻을 節目으로 成給한다. 朔試는 단지 施賞만 하고 計劃하지 않는
것이 마땅하다.[26]

'원산학사'는 1883년 설립된 이래, 문예반과 무예반이 당시의 시대적
요청에 부응하여 그 지방의 새로운 인재를 양성하기 위한 신교육을 시
작하였다.

---

26) 《春城府志》'別軍官都試節目'조. "府使爲節目成給事 卽接五社武士等呈狀內 每
年 朔試計劃 年終 優等二人 報于兵曹 出身加折衝 開良直赴殿試之意 啓聞蒙允
成節目施行 實爲設邑後刱有之盛擧 亦是激勸成就之 惠政是白乎 乃邑底武士 則
課日習射 故兩年優等 皆出於邑底是白遣 外村武士 則所業非農則商也 習射未得
全一 朔試亦或不參 則未免向隅之歎 實爲抑屈 伏願特以各營都試例 以柳葉箭片
箭騎芻三技 當日試取擇其優等 使邑村武士 均被惠澤之地是如是置 參聽輿論 細
究事情 允合公平之道 故自今年爲始 依東萊都試例 以三技當日試取 擇其優等 報
營之意 成給節目是遣 朔試 則只爲施賞 不爲計劃 宜當者(三技各四巡)."

(3) '元山學舍'의 설립자들

우리나라 최초의 근대학교인 '원산학사'의 설립자들은 덕원읍민들과 정현석을 비롯한 개화파 관료였다. '원산학사' 설립의 發議를 하고 기금의 대부분을 부담한 사람들은 덕원의 향중부형들과 원산사의 백성들이었으며, 개화파 관료들이 이에 호응하고 지원하였다.

'원산학사' 설립에 기금을 낸 사람들을 보면 총 설립기금 6,765냥 가운데, 백성으로서는 향중부형 118명이 개별적으로 합계 5,215냥을 出義하였고,[27] 원산사의 中里 七洞과 上里 七洞의 동민들이 각각 120냥씩을 출의하였으며, 매년 100냥씩을 학교의 경비로 부담하기로 하였다.

또한 1883년에 설립된 우리나라 최초의 상업회의소인 元山商會所가 50냥을 출의하였다. 관료로서는 덕원부사 정현석, 서북경략사 어윤중, 승지 정헌시 등이 각각 100냥씩을 출의하였다. 이 밖에 元山海關에 고용되어 있는 외국인들이 760냥을 寄附하였다. '원산학사' 설립기금의 출의자들을 정리하여 보면 다음과 같다.[28]

원산학사 설립기금의 출의자(1) - 관료

이 름	출의액	이 름	출의액
德源府使 鄭顯奭	100兩	承旨 鄭憲時	100兩
北經略使 魚允中	100兩		

---

27) '元山學舍' 설립기금의 출의액은 《春城府志》에 의하면 총액 6,765냥으로서 출의내역과 10냥의 차이가 있다. 여기에서는 내역기재에 어떠한 사정이나 누락이 있었을 것으로 보고, 총계액에 의거하였다.

28) 《春城府志》 '興學'조 참조. 이 출재자 명단에는 학교설립 직후의 元山監理署 직원들의 출의액도 포함되어 있다.

원산학사 설립기금의 출의자(2) - 민간인

이　름	출의액	이　름	출의액
前 監 察 南啓夙	500兩	朴枝榮	10兩
前 參 奉 韓永琦	440	權有文	10
幼　　學 李輔運	300	崔明濬	10
前 參 奉 金永敏	290	李鍾淵	10
幼　　學 金錫祐	260	尹英龜	10
朴尙鉉	260	南相弼	10
金若秀	240	朱基弘	10
前 中 軍 安義亨	220	南肯祐	10
前守門將 李昌玧	220	出身 金秉默	10
前五衛將 金東彦	130	洪在淑	10
前 監 役 宋鍾奎	110	幼學 金秉珉	10
前五衛將 黃建豊	110	金履奎	10
幼　　學 金永燮	100	李尙彦	10
李英發	100	咸永澤	10
前 司 果 李敬權	90	朴寅桂	10
幼　　學 李仕興	90	趙貞煥	10
出　　身 南辰元	80	金昌祚	10
前五衛將 張鳳錄	70	李鳳益	10
幼　　學 金鴻九	70	李應一	10
幼　　學 趙吉文	70	尹一煥	10
縣　　監 南九熙	50	趙基涉	10
幼　　學 金惠宣	50	張德俊	10
幼　　學 朴興祿	50	崔在衡	10
幼　　學 李昌燁	50	石允弘	10
幼　　學 南仁楫	50	洪在元	10
幼　　學 安世慶	40	金昌善	10
前 僉 知 張益化	35	李春景	10
幼　　學 金在元	35	陳鴻擧	10
幼　　學 金亨俊	35	金在瑩	10
幼　　學 金仁宗	30	李春澤	10
尹益善	30	張相信	10

	張德仁	30	朴能五	10
	金元喆	30	李致謙	10
	朴昌俊	30	申泰均	10
	李喆玉	30	尹錫祐	10
	金時浩	30	鄭孝元	10
	張文弘	25	金顯濮	10
前守門將	金秉倫	20	崔夢鴈	10
幼　　學	李昌浩	20	金尙彦	10
	金淵秀	20	趙得元	10
	南舜熙	20	鄭興桂	10
	李竝奎	20	吳冕泳	5
	崔濟允	20	金演鍱	5
	高大一	20	李楠順	5
	李子實	20	姜敏璜	5
	趙鎭赫	20	尹龍岩	5
	安仁壽	20	崔良玉	5
	金亨仲	20	金履觀	5
	金躍凋	15	吳敬振	5
前　掌　令	金昌倫	15	金致謙	5
出　　身	南永熙	10	李正學	5
幼　　學	趙廷淳	10	許道	5
	文昌俊	10	崔敬一	5
	沈大奎	10	金正模	5
	李濟昌	10	姜汝辰	5
	金允庚	10	馬雲深	5
	李宗杓	10	金福鉉	5
	李炳琳	10	中里七洞	120
	金尙濂	10	上里七洞	120
	尹湯臣	10	商會所	50
幼　　學	鄭處賢	10	中里上里每歲各100兩例納	200

원산학사 설립기금의 출의자(3) - 외국인

이 름	출의액	이 름	출의액
中國人理事官 劉家驄 英國人稅務司 魏來德	500兩 200	美國人 羅心本 丹國人 柯 化	30兩 30

'원산학사' 설립기금의 출의액을 나라별로 보면, 한국인이 6,005냥으로서 총 설립기금이 88.8%이고, 중국인이 500냥으로서 7.4%, 영국인이 200냥으로서 3.0%, 미국인이 30냥으로서 0.4%, 덴마크인이 30냥으로서 0.4%이다. 외국인의 출의액은 760냥으로서 총 설립기금의 11.2%에 해당하고 있으나, 이 외국인들은 모두 元山海關에 雇聘당한 해관직원들로서 우리나라에 지급한 奉給에서 출의한 것이므로 모두 우리나라의 자금임을 알 수 있다. 이것은 외국선교사들이 자기 나라에서 가져와 학교설립에 出財한 선교자금과는 전혀 다른 의미의 출재이다.

한국인의 출의액을 다시 관료와 민간인으로 나누어 보면, 민간인의 출의액이 5,705냥으로서 95.0%이며, 관료의 출의액이 300냥으로서 5.0%이다. 이것은 '원산학사' 설립의 발의자와 청원자가 원산의 백성일 뿐 아니라, 설립기금의 측면에서 보아도 원산의 백성들이 '원산학사'를 세웠음을 나타내는 것이다. 특히 주목할 것은 개별 출의자 외에 원산사의 중리 7동과 상리 7동 동민들이 각각 120냥의 성금을 모아냈을 뿐 아니라 매년 각각 100냥씩을 학교 경비로 例納하기로 하였으며, 원산상회소가 설립과 함께 별도로 50냥을 출의하였다는 사실이다. 원산상회소의 회원의 다수가 또한 개별 출재자로서 '원산학사'의 설립에 출의하였다.[29]

'원산학사' 설립에 출의한 민간인의 출의를 신분별로 보면 출재액으로 볼 때에는 양반층이 64.4%이고 평민층이 35.6%이어서 양반층의 출

---

29) 《春城府志》 '商會所節目'조 참조.

의액의 비중이 높으며, 출재 인원수로 볼 때는 개별 출재자만 보아도 평민층이 71.2%이고 양반층이 28.8%이어서 평민층의 출의자의 비중이 높다.[30] 여기에 원산 중리 7동과 상리 7동의 동민들과 원산상회소 회원들을 포함하면 '원산학사'의 설립자 인원수에는 평민층이 압도적으로 많음을 알 수 있다.

'원산학사'의 설립에 출의한 설립자들은 설립기금과 조직을 계로 간주하고 계원이 되었던 것 같다. 계원들은 의장과 都有司와 掌財有司를 선출하여 기금을 관리시켰다.

'원산학사'가 1883년 설립된 이후 어떻게 발전하였는지는 자세히 알 수 없다. 대체적인 발전과정을 보면 甲午更張 무렵에 '원산학사'는 원래 가지고 있던 소학교와 중학교의 기능이 분화되어 원산학교는 문예반만 갖춘 원산소학교로 되고, 원산감리서에 '譯學堂'을 세워 중학교의 기능을 하면서 소학교 졸업생에게 외국어와 고등교육을 시킨 것으로 보인다.[31] 원산소학교는 남산동의 같은 자리에 교사를 증축하고 크게 발전하다가 일제 치하에서는 처음에 원산보통학교로 되었다가 나중에 원산제일국민학교가 되어 1945년까지 지속되었다고 한다.[32]

'원산학사'는 그후의 배재학당·이화학당·육영공원처럼 처음에는 소·

---

30) 여기서 출의자의 양반과 평민의 구분은 출의자 명단에 양반신분을 표시하고 있는 출의자를 일단 모두 양반으로 간주하였다.

31) 《元山港關草》(議政府 編) 4책, 乙未(1895년) 2월 27일조 및 3월 21일조에는 監理署 소속 譯學堂의 舊校舍가 비어 있으므로 警務署에서 사용할 것을 신청하고 있다.

32) '元山學舍'의 설립 이후의 발전에 대해서는 《德源港報牒》, 《德源港案》, 《元山港關草》와 元山出身 古老들의 證言에 의거하였다. 《春城府志》에 수록된 덕원읍 지도(1885년 제작)에 표시되어 있는 南山洞의 '원산학사'와, 甲午更張 때 작성된 것으로 보이는 《元山地圖》(서울대학교 중앙도서관 소장 고도서 No. 4709. 3. 52)에 표시되어 있는 '원산학사'를 열람시키고 설명하였던바 원산 출신 古老들은 모두 그것을 元山普通學校라고 지적하였다. '원산학사'의 設立經緯를 밝히는 데 크게 협조해 주신 원산출신 여러분들에게 깊은 감사를 드린다.

중학교 과정을 통합하여 교육하였으나, 이것이 분화될 때 소학교 쪽으로 되고 중학교 과정은 분리되어 독립한 것으로 보인다. '원산학사'가 원산소학교로 된 것은 그것이 지방에 세워진 것이므로 지방민 자제의 다수의 교육을 위하여 당연한 과정이었다고 보인다.

(4) 맺음말

지금까지 밝힌 바와 같이 우리나라 최초의 근대학교는 1883년에 설립된 '원산학사'이었다. 그것은 외국인이 서구식 학교를 외국인의 기금으로 移植하여 세운 학교가 아니라, 우리나라 사람들이 외국의 도전에 대응하고 시대의 변천에 대응하기 위하여 자발적으로 기금을 모아 세운 학교였다. 1883년의 '원산학사'의 설립은 다음의 몇 가지 사실에서 중요한 역사적 의의를 갖는다고 할 수 있다.

첫째, 우리나라 최초의 근대학교를 종래의 통설과는 달리 우리나라 사람들이 자기들 손으로 설립하였다는 사실이다. 대부분의 나라들은 서구의 영향이 들어올 때 최초의 근대학교를 타율적으로 서구인들이 세워주었다. 그러나 우리나라는 최초의 근대학교를 자주적으로 우리나라 사람들이 설립하였다.

둘째, 백성들이 자발적으로 衆力을 모으고 각기 자기의 재력에 따라 기금을 모아, 우리나라 최초의 근대학교를 민중들이 설립하였다는 사실이다. 대부분의 나라에서는 자기들의 힘으로 최초의 근대학교를 세우는 경우에도 정부나 선각자가 주도하여 설립하는 것이 보통이었으나, 우리나라는 민중들이 중력을 모아 자발적으로 이를 설립하였다.

셋째, 외국세력과 부딪히는 지방의 개항장에서 새로운 정세변화에 대응하기 위하여 최초의 근대학교가 설립되었다는 사실이 큰 역사적 의의를 갖고 있다. 그것은 외세의 도전으로부터 나라를 지키고 발전시키기 위하여 새로운 인재를 양성하고 신지식을 교육하려는 애국적 동기에서 세워진 것이었다. 무예반의 병설도 외국의 무력 위협을 방어하기 위한 무비자강의 요청에 부응하여 근대학교 안에 포함된 것이었다.

넷째, '원산학사'는 외국의 학교를 모방하여 설립된 것이 아니라 서당을 개량서당으로 발전시켰다가 이것을 다시 근대학교로 발전시켜 설립함으로써 우리나라의 전통을 계승하면서 근대학교를 설립하였다는 사실에 큰 역사적 의의가 있다. 교재에도 18·19세기의 실학자들이 애독하였던 서책이 신서들과 병용됨으로써 실학적 전통이 계승됨을 볼 수 있다.

다섯째, 개항장 백성들의 요청에 의해 개화파 관료들이 호응하여 민중과 초기 개화파들이 합력함으로써 우리나라 최초의 근대학교 설립에 성공하였다는 사실이 주목된다. 우리나라 초기 개화파는 백성들로부터 遊離되는 일이 많았으나, '원산학사'의 설립에서는 민중과 초기 개화파가 일치하여 합심함으로써 최초의 근대학교를 훌륭하게 설립하였다. 1883년 우리나라 최초의 근대학교인 '원산학사'의 설립은, 우리나라 근대사에서 매우 중요한 역사적 의의를 갖는 것이다.

(《韓國史硏究》 제10집, 1974)

제 2 부

갑신정변의 연구

6. 갑신정변의 주체세력과 개화당의 北靑·廣州 養兵

(1) 머리말 — 문제의 제기

종래 1884년의 갑신정변에 대한 설명과 해석에서 가장 큰 오류 가운데 하나는 金玉均을 대표로 하는 개화당이 주한 일본공사관 병력 150명(또는 200명)을 차용하여 무력으로 정변을 일으켰다고 지적하고, 개화당 자신이 준비한 조선군 병력에 대해서는 모르고 있거나 잘 설명하지 못하고 있는 점이다.

이것은 비단 국내의 연구서나 교과서에서만 그러한 것이 아니다. 외국인에게 한국역사를 알리기 위한 영문(또는 외국문) 교과서나 연구서들에서도 마찬가지이다.

우리들이 모두 알고 있는 바와 같이, 김옥균을 지도자로 한 개화당은 새로운 開化革新정책을 실시해서 근대국가·시민사회·자본주의 경제를 수립하기 위하여 1884년에 갑신정변을 일으켰다가 3일 만에 실패하였다. 그러나 개화당의 갑신정변은 수천년 묵어온 낡은 前近代國家를 근본적으로 개혁해서 서양문명과 과학기술을 적극적으로 도입하여 소화하면서 새로운 近代國家와 近代社會를 건설하려고 한 최초의 본

격적 대운동이었기 때문에, 그 정변의 방법에 대해 비판적인 학자들에
게까지도, 한국근대사에서 매우 중요한 연구주제로 되어 왔다.[1]

이와 같이 중요한 운동과 주제에 대하여 조선 개화당이 순전히 주한
일본공사관의 호위병 일본군 150명(또는 200명)의 무력에 기초하여 정
변을 일으켰다는 설명은 조선 개화당의 역량과 활동을 극히 貶下하여
우스꽝스럽게 만들 뿐 아니라 한국민족의 근대사 자체도 우스꽝스럽
게 폄하는 결과를 가져오는 것이라고 볼 수 있다.

최근에 세계적으로 널리 읽히고 있는 영문 한국사의 가운데 갑신정
변의 설명 부분을 예를 들면 다음과 같다.

> 그러나, 한편 일본측의 개화당에 대한 태도는 변하였으며, 일본공사 竹添
> 進一郞은 정변의 경우에 호위병력이 도움을 주도록 하겠다고 약속하였다.
> 이제 개화당의 계획은 완성되었다. 그러나 파견군의 일부 철수 후, 서울에는
> 적어도 1,500명의 중국군이 주둔하고 있는데 사업의 운명을 200명도 안 되
> 는 일본군 병력의 지지에 의존한 것은 심각한 오산이었다.[2]

이러한 설명들은 조선 개화당이 마치 주한 일본공사관 호위용 일본
군 병력 200명에 의존하여 정변을 일으켜서 1,500명의 청군에 대항하
려 한 어리석은 계산을 한 것처럼 해석하고 있다. 그러나 이러한 통설

---

1) ① 李光麟, 〈甲申政變에 대한 考察〉, 《開化黨硏究》(一潮閣, 1973).
   ② 愼鏞廈, 〈甲申政變의 改革思想〉, 《韓國學報》 36집, 1984 참조.
2) Carter J. Eckert, K. Lee, Y. I. Lew, M. Robinson, E. W. Wagner, *Korea :
   Old and New, A History*, 1990, p.210. "In the meantime, however, Japan's
   attitude toward the Progressives had changes, and the Japanese minister,
   Takezoe Shin'ichiro, promised that in the event of a coup the Japanese
   legation guards in Seoul would render assistance. The Progressives's plans
   were now complete. It was a serious miscalculation, however, to allow the
   fate of the enterprise to hinge on the support of less than 200 Japanese
   troops when, even after the withdrawal of some contingents, there were at
   least 1,500 Chinese soldiers stationed in Seoul."

은 당시의 역사적 사실과는 일치하지 않는다. 개화당은 정변을 위한 무력준비로 경기도 廣州에서 500명의 군대를 양성했을 뿐 아니라, 함경도 北靑에서도 500명의 신식군대를 양성하였다. 개화당의 廣州軍隊에 대해서 이것이 지적되었을 뿐 설명되어 있지 않으며, 개화당의 北靑軍隊에 대해서는 종래 전혀 알려져 있지 않았던 일이기 때문에, 여기에서는 개화당의 광주군대에 대해 약간 설명하고, 개화당의 북청군대의 양성을 설명함과 동시에, 갑신정변에 조선군이 얼마나 참가하였는가의 문제를 밝히려고 한다.

(2) 개화당의 갑신정변 목적

김옥균을 중심으로 한 개화당이 1884년 음력 10월 18일(양력 12월 4일) '갑신정변'을 일으킨 목적은 조선을 屬邦化하기 위해 적극간섭정책을 자행하는 청국세력을 몰아내고 完全自主獨立國家를 건설하여 대대적인 자주근대화 정책을 위로부터 실시하기 위한 것이었다.

청국은 1882년 음력 6월(양력 7월) 조선에 '임오군란'이 일어나 민비정권이 붕괴되고 대원군 정권이 수립되자, 청군 3,000명을 파견하여 서울에 주둔시킴과 동시에 대원군을 청국으로 납치하고 민비정권을 복구시킨 후 청군을 철수시키지 않고 서울에 주둔시킨 채 조선을 실질적으로 屬邦化하기 위한 적극간섭정책을 강행하였다. 또한 청국측은 조선 개화당의 개화정책이 청국으로부터의 독립추구라고 판단하고 개화당과 그의 개화정책·자주근대화 정책을 방해하고 탄압하였다. 개화당의 지도자 김옥균은 갑신정변 이전에 스스로 다음과 같이 지적하였다.

자래로 淸國이 스스로 (조선을) 屬國으로 생각해 온 것은 참으로 부끄러운 일이며, 나라(조선)가 振作의 희망이 없는 것은 역시 여기에 원인이 없지 않다. 여기서 첫째로 해야 할 일은 羈絆을 撤退하고 특히 獨全自主之國을 수립하는 일이다. 獨立을 바라면 정치와 외교를 불가불 自修自强해야 한다.[3]

김옥균은 여기서 청국이 조선을 속국으로 생각하여 羈絆[굴레]을 씌우고 있기 때문에 조선이 진작의 희망이 없게 되는 것이며, 조선이 해야 할 첫째 과제는 청국의 굴레를 철폐하여 물리치고 '완전 독립국가'를 수립하고, 이를 위해서는 정치·외교를 불가불 自修自强해야 한다는 것이다.

갑신정변 이전인 1884년 초에 김옥균 등 개화당이 日本陸軍戶山學校에 유학시킨 申重模는 그후 심문과정에서 김옥균의 말과 가르침에 대해 1885년에 다음과 같이 공술하였다.

> 당시 渡日한 20여 명 가운데에서 나를 비롯한 14명은 士官學校에서 1년 반 공부했으나, 그후 金玉均이 일본에 와서 1주일에 1회씩 모이게 되어 누누이 相會하였다. 따라서 金玉均으로부터 들은 말에 의하면, "西洋各國은 모두 獨立國家이다. 어떠한 국가든지 獨立한 연후에야 비로소 他國과 和親할 수 있는 것이다, 朝鮮은 오직 淸國의 屬國이 되어 있는바, 참으로 부끄러운 일이다. 조선도 언젠가는 獨立國家가 되어서 西洋諸國과 同列에 서야 할 것이다"라고 말하였다.[4]

김옥균은 1883년 당시의 조선은 청국의 속국상태에 있다고 보고 조선도 독립국가가 되어 서양 여러 나라들과 同列에 서는 나라가 되어야 한다고 교육한 것이다.

역시 1883년 초에 일본육군호산학교에 사관생도로서 유학한 徐載弼은 당시 김옥균의 말과 가르침에 대해 다음과 같이 회고하였다.

---

3) 金玉均, 〈朝鮮改革意見書〉, 《金玉均全集》, 亞細亞文化社版, 110~111쪽 참조.
4) 《推案及鞫案》 30책, 〈大逆不道罪人喜貞等鞫案〉 중의 申重模供述, 83쪽 참조.

　　매 일요일이면 우리는 반드시 그(김옥균)를 築地 寓居로 尋訪하였다. 그럴 때마다 그는 우리를 親弟와 같이 대접하고 숨김 없고 남김 없이 肺肝 속의 말을 우리에게 들려 주었다. 그는 祖國刷新에 대한 우리의 중차대한 임무를 말하는 동시에 나라에 돌아가 우리가 빛나는 대공훈을 세울 것을 믿어마지 아니하였다. 그리고 그는 늘 우리에게 말하기를 일본이 東方의 英國 노릇을 하려 하니 우리는 우리나라를 亞細亞의 佛蘭西로 만들어야 한다고 하였다. 이것이 그의 꿈이었고 또 유일한 야심이었다. 우리는 金씨의 말을 신뢰하고 우리의 전도에 무엇이 닥쳐오든지 우리의 책임을 이행하고야 말겠다는 굳은 결심을 하였던 것이다.[5]

　　즉 김옥균은 일본이 東方의 英國 노릇을 하려 하니, 우리나라를 '亞細亞의 佛蘭西' 같은 나라로 만들어 '祖國刷新'을 단행해야 조선의 자주독립과 발전을 이룰 수 있다고 교육한 것이다.

　　또한 서재필은 김옥균의 사상과 갑신정변의 동기에 대해 그후 다음과 같이 설명하였다.

　　그때 金玉均의 생각은 무엇보다도 淸나라의 勢力을 꺾어 버리는 동시에 그에 추종하는 貴族들의 세력을 빼앗은 후에 우리나라의 完全自主獨立政治를 수립하자는 것이 그의 이상이었고 現實의 최고 목적이었다.[6]

　　조선에 대한 속방화정책을 실행하고 있는 청국세력과 그에 추종하는 閔氏貴族세력을 추방해 버리고 完全自主獨立政治를 실시하는 것이 김옥균의 최고 목적이었다고 서재필은 회고하고 있는 것이다.

　　김옥균을 중심으로 한 개화당이 1884년에 갑신정변을 일으킨 목적은 우선 정권을 장악하여 조선 속방화정책을 강행하고 있는 청국세력을 추방해 버리고 '아시아의 불란서'와 같이 자주 부강한 완전 독립국

---

5) 徐載弼, 〈回顧甲申政變 — 閔泰瑗〉,《甲申政變과 金玉均》, 84~85쪽 참조.
6) 金道泰,《徐載弼博士自敍傳》(首善社, 1949), 86~87쪽 참조.

가를 건설 발전시키기 위해 '위로부터의 자주근대화' 대개혁을 추진하기 위한 것이었다고 말할 수 있다.

(3) 개화당의 廣州養兵

무엇보다도 먼저 주목할 것은 1883년 음력 3월(양력 4월)의 개화당의 동태이다. 이 시기는 개화당이 政變을 꿈꾸어 준비를 시작한 때라고 추정되어 왔다. 당시 개화당은 高宗의 두터운 신임을 얻고 있던 시기였다. 그때 눈에 띄는 특이한 발령이 있었다. 즉 1883년 음력 3월 16일(양력 4월 22일) 개화당의 영수 김옥균이 東南諸島開招使兼管捕鯨事에 임명되고,[7] 이튿날 음력 3월 17일(양력 4월 23일)에는 다른 인사들 사이에서 박영효가 廣州留守, 윤웅렬이 咸鏡南道兵馬節度使로 임명되었다는 사실이다.[8]

김옥균은 이 발령을 받은 지 얼마 후에 제3차로 日本에 건너가 외국과 울릉도 삼림 등을 담보로 차관교섭을 했으며, 또 서재필을 비롯한 14명의 사관생도를 日本陸軍戶山學校에 입학시키고 돌아왔다. 그는 차관교섭에는 실패하고 돌아왔으나 화약을 다량 구입해 가지고 돌아와 그가 이 무렵부터 政變 준비를 시작했음을 추정케 해 주었다.

박영효는 廣州留守로 임명되자마자 바로 군대양성을 시작하였다. 당시 八道四都체제 가운데 廣州는 四都 가운데 하나로 광주유수는 서울방위를 위하여 군대를 양성할 수 있는 직책이었다. 咸鏡南兵營은 북청에 있었는데, 咸鏡南道兵馬節度使도 물론 양병을 할 수 있는 직책이었다.

---

7)《高宗實錄》, 高宗 20년(1883) 3월 16일조 참조.
8)《高宗實錄》, 高宗 20년(1883) 3월 17일조 참조.

종래 김옥균의 東南諸島開拓事兼管捕鯨使 임명과 박영효의 廣州留
守 임명을 수구파의 압력으로 인한 좌천이라고만 해석해 왔는데, 이것
은 달리 재검토해 볼 필요가 있다고 본다. 도리어 개화당들이 그들의
모종의 정치활동을 위한 준비로 그들이 高宗을 움직여 얻은 직책이었
다고 볼 수도 있는 것이다.

먼저 광주유수의 박영효부터 보면, 그는 이 직책에 부임하자 바로
500명의 장정을 모집하여 서양식 군대를 의미하는 신식군대의 훈련을
시작하였다. 이 광주군대의 훈련대장으로서는 申福模가 임명되었다.
그리하여 수개월 간의 강훈련 끝에 박영효의 휘하에는 500명의 강력
한 서양식 군대가 활동하게 되었다. 이것이 개화당의 군대였음은 물
론이다.

그러나 수구파의 눈에는 개화당 요인인 박영효의 휘하에 500명의 강
력한 신식군대가 있다는 것은 매우 위험한 것으로 비친 듯하다. 수구
파의 영향을 받은 高宗은 1883년 음력 10월 초1일(양력 10월 31일) 광주
군대(南漢敎鍊兵隊)를 御營廳으로 이속시켜 연습케 하라고 명령하였
다.[9] 어영청은 당시의 王宮守備隊였다. 이에 박영효가 뽑아서 훈련시킨
광주군대는 서울의 어영청에 배속되게 되었다.[10]

이어서 1883년 음력 10월 7일(양력 11월 6일)에는 박영효가 광주유수
에서 해임되었을 뿐만 아니라, 음력 10월 23일(양력 11월 22일)에는 광
주군대로 만들어진 新設敎鍊所를 '親軍前營'이라고 호칭하도록 하고
御營大將 韓圭稷을 親軍前營使(처음 호칭 監督)를 겸임케 했다.[11] 韓圭
稷은 閔妃 守舊派 요인의 하나로서, 이것은 광주군대의 지휘권을 守舊
派가 빼앗아 가버린 것이다. 그러나 김옥균, 박영효 등이 친군영 전영

9) 《高宗實錄》, 高宗 20년(1883) 10월 초1일조 참조.
10) 《漢城旬報》3호, 1883년 음력 10월 1일자 〈廣留狀啓〉 참조.
11) 《高宗實錄》, 高宗 20년(1883) 10월 23일조 참조.

의 장교들을 개화당의 비밀결사인 忠義契에 가입시켜 지휘하고 있었
으며, 병사들도 개화당이 뽑아 훈련시켜 놓았기 때문에 친군영 전영은
개화당의 군대였다.

高宗은 1883년 음력 11월 29일(양력 12월 28일) 春塘臺에서 친군영
전영 군대(광주군대)의 훈련을 친히 관람하였다.[12] 《漢城旬報》는 이를
다음과 같이 기록하였다.

> 29일 上께서 春塘臺(창경궁 안에 있었음 — 인용자)에 거동하여 親軍의 練
> 式을 관람하였으므로 삼가 기록한다. 이날 親軍前營 감독 韓圭稷이, 廣州에
> 서 操鍊한 日本式 技藝의 新式軍隊인 前營兵隊 500명을 거느리고 왔는데,
> 上께서 친히 참석하여 사열하였다. 500명 군사가 각각 등에 황색 가죽배낭
> 을 메고, 손에는 後膛式 銃을 들고 隊長의 지휘에 하나인 것같이 따랐다. 그
> 운동하여 진퇴하는 제식훈련과 공격하여 찌르는 병술훈련이 學成되고 숙련
> 되어 조금도 차질이 없어 日本 군사의 技藝에 비교해도 조금도 떨어지지 않
> 았다. 이로써 보건대 强兵은 다른 방법이 없고 오직 敎鍊에 있는 것이다. 또
> 훈련을 시작한 지 몇 달이 되지 않아 이미 技藝가 이처럼 告成되었으니 隊
> 長의 敎鍊이 더욱 가상하다 하겠다.[13]

이 親軍營前營軍隊(광주군대)가 개화당에 의해 양성되어 갑신정변의
기본무력의 하나가 된 것이었다.

(4) 개화당의 北靑養兵

개화당의 주요인사인 尹雄烈이 1883년 음력 3월 17일(양력 4월 23일)
咸鏡南道兵馬節度使로 임명된 데에는 김옥균이 관련되어 있었다.[14] 또

---

12) 《高宗實錄》, 高宗 20년(1883) 11월 29일조 참조.
13) 《漢城旬報》 7호, 1883년 음력 12월 1일자 〈諭旨恭錄〉 참조.

한 《尹致昊日記》에는 함경남도 병마절도사 윤웅렬의 함경 南兵營(北靑 소재)에서의 養兵은 김옥균이 나라를 위해 크게 걱정하여 추진하는 사업이라 하였고,[15] 또한 윤웅렬의 북청양병은 '開化와 진보를 위한 큰 機關'[16]이라고 하였다. 윤웅렬의 함경남도 병마절도사 임명과 그의 北靑 양병은 개화당의 계획에 의한 양병이었음이 명백한 것이다.

윤웅렬은 1883년 음력 4월 17일(양력 5월 23일) 국왕을 찾아 뵙고 서울을 출발하여, 임지인 북청 함경남 병영에 도착해서 음력 5월 24일(양력 6월 28일)부터 250명의 精勇한 장정을 모집하여 서양식(일본식) 군사훈련을 실시하기 시작하였다.[17] 윤웅렬은 이어서 동년 양력 12월에는 다시 250명의 장정을 또 뽑아 서양식의 신식 군사훈련을 실시하였다. 기록에 의하면 이 두 번째의 모병을 200명이라고 기록한 경우도 있으나, 《南兵營啓錄》에 수록된 西北經略使 어윤중의 狀啓에 의하면 이때의 모병도 250명이었다.[18]

윤웅렬의 이 500명의 양병은 군사훈련에 관한 한 성공적이었다. 윤웅렬은 이를 표현하여 스스로 "技藝를 연습함이 날로 나아가고 隊伍를 이룬 모양이 모두 볼 만한 것이 있다"[19]고 스스로 평가한 정도였다.

함경도 북청에서 개화당의 군대 500명이 창설되어 강력한 군대로 성장하기 시작하자, 이것은 민비 수구파에게 위험한 군대로 간주되어 본격적 견제가 시작되었다. 우선 함경관찰사 林翰洙가 장계를 올려 함경남 병사 윤웅렬이 人和를 전적으로 잃었고, 軍需를 조달한다는 이름으로 가렴주구가 심하며, 鄕憲碑의 비문을 일부 깎아버렸다는 이유를 들

---

14) 《南兵營啓錄》, 1883년 음력 3월 초2일조 참조.
15) 《尹致昊日記》, 1883년 10월 5일자 참조.
16) 《尹致昊日記》, 1883년 4월 21일자 참조.
17) 《南兵營啓錄》, 1883년 음력 12월 29일조 참조.
18) 《南兵營啓錄》, 1883년 음력 11월 25일조 참조.
19) 《南兵營啓錄》, 1883년 음력 12월 29일조 참조.

어 그의 파면을 상신하였다.[20] 이를 받아서 수구파가 지배하는 의정부
에서도 윤웅렬의 파면과 체포 정죄를 건의하였다.[21] 《윤치호일기》에
의하면, 함경관찰사의 윤웅렬 파면 상신은 수구파 영수 閔台鎬의 배후
보호와 교사에 의하여 추진된 것이라고 하였다.[22]

이에 윤웅렬을 보호하여 양병을 계속하려는 개화당과 윤웅렬을 파
면시키려는 수구파 사이에 치열한 암투가 전개되었다. 개화당에서는
박영효가 북청에 내려가 북청양병의 실태를 직접 관찰하고 돌아왔다.[23]

수구파들은 향헌비의 비문 일부를 깎은 데 불만을 가진 地方儒生들
을 동원하여 윤웅렬을 공격케 하였다. 이를 받아서 持平 韓必殷이 상
소를 올려 윤웅렬을 격렬하게 규탄하면서 그의 파면과 처벌을 요청하
였다. 그 죄목은 향헌비를 깎은 것과 모병하여 신군대를 훈련시켜서
경비를 낭비하고 폐단을 낳았다는 것이었다.[24] 한필은의 윤웅렬 파면
요청 상소는 수구파 거물 尹泰駿이 시킨 것이었다고 한다.[25]

개화당은 수구파의 이 공격에 협의하여 대응하였다. 우선 윤웅렬의
아들 尹致昊가 국왕의 측근에 출입하면서 아버지를 옹호하였다. 윤치
호는 한필은의 상소를 반박하여 비판하고 윤웅렬의 정당함을 옹호하
는 반격 상소를 올리었다.[26] 또한 개화당은 박영효가 다시 南兵營에 내
려가 현지에서도 대책을 수립하게 하였다.[27]

국왕은 수구파들의 윤웅렬 파면 요청을 允許하지 않았다.[28] 그러나

---

20)《高宗實錄》, 高宗 21년(1884) 5월 14일조 참조.
21)《高宗實錄》, 高宗 21년(1884) 5월 21일조 참조.
22)《尹致昊日記》, 1884년 5월 11일자 참조.
23)《尹致昊日記》, 1883년 5월 19일자 참조.
24)《高宗實錄》, 高宗 21년(1884) 5월 28일조 참조.
25)《尹致昊日記》, 1884년 5월 24일자 참조.
26)《高宗實錄》, 高宗 21년(1884) 윤5월 초5일조 참조.
27)《尹致昊日記》, 1884년 윤5월 15일자 참조.
28)《尹致昊日記》, 1884년 윤5월 초2일자 참조.

수구파들의 공격과 윤웅렬 파면 요청은 집요하게 전개되었다. 중앙에
서는 副司果 金命基의 윤웅렬 파면 요청 상소가 있었고,[29] 지방유생들
의 상소로서는 北靑幼學 崔昇岳,[30] 北靑幼學 李基鍾,[31] 함경도 유생 金
昇濬[32] 등의 상소가 제출되었다. 지방에서의 이러한 상소운동은 물론
서울에서의 수구파의 지시를 받고 긴밀하게 연락을 하면서 전개된 것
이었다.

그러나 윤웅렬의 아들 윤치호가 국왕과 왕비의 두터운 신임을 얻고
김옥균을 비롯한 개화당 요인들과 거의 매일 협의해 가면서 국왕에게
수구파들의 파면 요구의 부당성과 윤웅렬의 정당성을 국왕의 측근에
게 매우 잘 설명하였기 때문에 충분히 방어가 되었다. 국왕은 수구파
의 집요한 윤웅렬 파면 요구를 일축하여 거절하였다.

이 점에서는 개화당이 성공하였고, 수구파는 광범위하게 지방유생들
까지 동원하고서도 실패하였으며, 개화당의 북청양병은 우여곡절 속에
서도 진전되었다.

이즈음 청국과 프랑스 사이에 安南문제를 둘러싸고 淸·佛戰爭의 조
짐이 보이자 청국은 서울에 주둔시킨 3,000명의 병력 중에서, 1883년 5
월 23일경 1,500명을 철수하여 안남전선으로 이동시키고 서울에는 청
군이 1,500명만 남게 되었다.[33] 이 사태에 김옥균 등 개화당 요인들은
가슴이 설레었던 것으로 보인다. 이어서 1884년 8월에는 청불전쟁이
발발하여 프랑스 동양함대가 청의 福建함대를 격파하였다. 김옥균 등
은 "우리나라의 獨立할 기미가 어찌 이때에 있다 하지 않겠는가"[34] 하

---

29)《高宗實錄》, 高宗 21년(1884) 윤5월 초10일조 참조.
30) 위와 같음.
31) 위와 같음.
32)《高宗實錄》, 高宗 21년(1884) 6월 초6일조 참조.
33)《尹致昊日記》, 1884년 4월 23일자 참조.
34)《尹致昊日記》, 1884년 8월 4일자 참조.

고 적어도 1884년 음력 8월(양력 9월)에는 정변을 일으키기로 결정한
것으로 보인다.[35]

(5) 北靑軍隊의 上京과 일부 留京

개화당은 北靑軍隊의 양성에 일단 성공하자, 정변 준비의 일환으로
이를 상경시킬 공작을 하였다.

개화당은 1884년 음력 6월 8일(양력 7월 29일) 일본에 유학시킨 서재
필 이하 14명의 사관생도를 귀국시켰다. 이어서 개화당은 음력 6월 19
일(양력 8월 9일) 윤치호가 김옥균의 집을 방문하여 모종의 밀의를 한
후, 바로 궁궐로 들어가 국왕에게 "가친(尹雄烈)이 技藝가 精硏한 兵隊
100명을 뽑아 상경 입감시킨 뒤 환송시키거나 여러 營에 分置코자 하
는데 청허함이 어떠하겠는가"[36] 하고 제안하여 "뽑게 하라"고 허락을
얻었다. 또 이 자리에서 사관학교를 설립하여 귀국한 사관생도를 수용
하는 일도 건의하였다. 국왕이 북청군대의 선발과 上京을 윤허하였으
므로 윤치호는 이를 함경남 병영의 윤웅렬에게 편지로 알리었다.[37]

윤치호가 1884년 음력 7월 23일(양력 9월 12일) 저녁에 입궐하였을
때에는, 윤치호가 윤웅렬의 정당함과 수구파의 윤웅렬 공격의 부당함
을 설명한 끝에 국왕으로부터 "장차 너의 아버지를 시켜 北兵을 거느
리고 上京케 할 계획이라"[38]는 말을 듣게 되었다. 윤치호는 이튿날 북
청의 부친 윤웅렬에게 편지를 보내고, 김옥균을 방문하여 이날 밤에는
김옥균의 집에서 잤다.[39] 이 북청군대의 상경 약속에 김옥균과 윤치호

35) 《甲申日錄》, 1884년 양력 11월 1일조 및 11월 25일조 참조.
36) 《尹致昊日記》, 1884년 6월 19일자 참조.
37) 《尹致昊日記》, 1884년 6월 21일자 참조.
38) 《尹致昊日記》, 1884년 7월 23일자 참조.

는 상당히 흥분했던 것으로 보인다.

국왕은 사흘 뒤인 음력 7월 27일(양력 9월 16일) 윤웅렬을 摠戎中軍에 임명하여[40] 親軍營前營 正領官의 직책을 주고, 함경남도에서 새로 조련한 북청군대를 上番시키도록 인솔하여 상경할 것을 명령하였다.[41]

드디어 북청군대 상경의 명령이 떨어진 것이다. 국왕을 알현하려고 입궐했다가 이 명령을 받은 윤치호는 그 길로 김옥균의 집으로 달려가서 하룻밤을 김옥균의 집에서 잤다.[42]

윤웅렬은 마침내 470명의 북청군대를 인솔하고 1884년 음력 9월 5일(양력 10월 23일) 서울에 도착하여 우선 친군영 전영에다 주둔시켰다.[43]

개화당은 드디어 북청군대를 양성하여 서울로 불러 올리는 데까지 성공한 것이었다. 김옥균은 북청군대가 상경하는 데 성공했으니 윤웅렬의 병정 일로 국왕께 품하는 일은 신중해야 하므로 윤치호가 상관하지 말고 선배들에게 맡기도록 주의를 주었다.[44]

국왕은 음력 9월 10일(양력 10월 28일)에는 북청군대의 군사훈련을 친히 관람하고 그 씩씩함에 칭찬과 경탄을 마지않았고 윤웅렬의 노고를 치하하였다.[45] 여기까지는 개화당이 크게 성공한 것이었다.

그러나 이에 수구파들은 위기감을 느끼고 활동을 시작하였다. 수구파들은 우선 국왕의 신임이 두터운 환관 柳載賢을 포섭하였다. 유재현은 종래 개화당의 중요한 간부 가운데 한 사람으로서 김옥균·윤치호와 긴밀한 연락을 갖고 있던 인사였다.[46] 그러한 유재현이 그 사이에 변절

---

39) 《尹致昊日記》, 1884년 7월 24일자 참조.
40) 《承政院日記》, 高宗 21년(1884) 27일조 참조.
41) 위와 같음 ; 《漢城旬報》 34호, 1884년 8월 초1일자 〈諭旨錄恭〉 참조.
42) 《尹致昊日記》, 1884년 7월 27일자 참조.
43) 《尹致昊日記》, 1884년 9월 5일자 참조.
44) 《尹致昊日記》, 1884년 9월 10일자 참조.
45) 위와 같음.
46) 《尹致昊日記》, 1884년 7월 28일자 참조.

192 **제2부** 갑신정변의 연구

하여 한규직에게 조종당해서 왕에게 "北方의 軍心은 측량하기 어렵고
또 들으니 尹某(雄烈)는 총 메고 탄알을 메고 있다 하는데 윤치호가 내
응한다면 일이 매우 염려되니 北兵의 操鍊을 보지 않음만 같지 못하
다"[47]고 참소하였다. 《윤치호일기》에서는 이것이 韓圭稷(친군영 前營
使), 李祖淵(친군영 左營使), 尹泰駿(친군영 後營使), 閔泳翊(친군영 右營
使)의 4營使가 마음과 간을 합해 한가지로 하여 개화당과 윤웅렬의
진로를 저지하려 한 것이라고 기록하였다. 환관 유재현이 개화당을
배신하여 수구파에 가담해서 오히려 개화당에 적대행동을 감행한 것
이었다.

국왕은 처음에는 유재현과 수구파의 참소를 무시하였다. 국왕은 북
청군대 가운데 성적이 우수한 70명을 선발하여 모두 武科를 내리고 상
을 주었다.[48]

그러나 수구파의 참소와 유재현의 설득은 마침내 효과를 내었다. 국
왕은 음력 9월 15일(양력 11월 2일) 명령하기를 "前南兵營 병정이 모두
가 오래 주둔하는 것은 심히 민망한 일이므로 그들을 輪回하여 上番시
키라"[49]고 전교를 내린 것이었다. 이것은 상경한 470명의 북청군대 가
운데 일부만 서울에 남게 하고 일부는 북청으로 돌려 보내어 교대로
上番케 하라는 명령이었다.

이 명령은 개화당에게 매우 큰 타격을 주었다.

여기에 또한 주목해야 할 것은 윤웅렬이 470명의 절반만 북청으로
돌려보내지 않고, 음력 9월 17일(양력 11월 4일) 무려 400여 명을 돌려
보낸 것이었다.[50] 250명만 북청으로 돌려보내도 될 것을 윤웅렬은 400
명을 돌려보내고, 서울에는 70명만 남게 되었다. 국왕으로부터 武科 합

47) 《尹致昊日記》, 1884년 9월 11일자 참조.
48) 《尹致昊日記》, 1884년 9월 14일자 참조.
49) 《高宗實錄》, 高宗 21년(1884) 9월 15일조 참조.
50) 《尹致昊日記》, 1884년 9월 17일자 참조.

격자와 동일한 자격을 인정받고 상을 받은 북청군대의 성적이 우수한
병정이 70명이었는데, 아마 이들만 서울에 남게 한 것으로 보인다.

국왕의 교대로 상번케 하라는 명령에 250명씩 교대해도 될 것을 400
명이나 북청으로 돌려보내고 서울에 70명만 남긴 것은 문제였다. 이것
은 윤웅렬이 천신만고 끝에 상경한 북청군대에 대하여 국왕의 교대하
여 상번케 하라는 명령을 받고 국왕이 개화당의 정변계획을 알지 못하
고 있으며 정변이 실패할 것이라고 내다보고 保身을 위하여 발을 빼기
시작했음을 시사하는 것이었다.

실제로 윤웅렬이 400명의 북청군대를 북청으로 돌려보내기 전날 윤
치호는 윤웅렬을 방문하여 개화당의 急進이 옳지 않음을 이야기하여
정변이 시기상조임을 들어 반대하는 입장에 합의하였었다.[51] 뿐만 아니
라 정변 1주일 전에 윤웅렬은 親軍營前營 正領官을 스스로 물러나니
수구파 前營使 한규직이 이를 접수하였다.[52] 이것은 윤웅렬이 개화당의
정변 기도로부터 완전히 발을 빼어 버렸음을 나타내는 것이었다.

윤웅렬의 이러한 결정과 행동은 김옥균 등의 개화당의 입장에서는
배신행위나 다름이 없었다. 개화당은 동지라고 믿었던 환관 유재현에
게 배신당하여 그의 활약으로 국왕에게도 북청군대가 위험시되어서
교대 상번케 하라는 명령이 나오게 되었다. 개화당은 실제로 갑신정
변을 일으킨 직후에 환관 유재현을 배신자로 간주하여 처단하였다.

개화당은 윤웅렬에 대해서도 배신자로 간주했음이 틀림없다. 뒤의
말이지만 갑신정변이 실패로 끝난 직후 국왕은 윤치호에게 말하기를
"金·朴 등이 너의 아비를 해치려 하였으나 그리하지 못한 것은 네가
미국공사관에 있기 때문이라"[53]고 말하였다. 즉 개화당은 500명의 북청

51)《尹致昊日記》, 1884년 9월 16일자 참조.
52)《尹致昊日記》, 1884년 10월 10일자 참조.
53)《尹致昊日記》, 1884년 10월 21일자 참조.

군대를 양성하여 상경시키는 데까지 성공해 놓고서도 동지라고 믿었던 유재현과 윤웅렬의 이탈로 마지막 순간에 400여 명의 북청군대를 잃고 겨우 70여 명의 병력만을 장악할 수 있게 된 것이었다. 이번에는 국왕을 둘러싸고 전개된 신임경쟁에서 수구파가 승리하고 개화당이 패배한 것이었다.

서울에 남게 된 북청군대 70명이 어디에 배속되었는지 기록상으로는 명료하지 않다. 정변 조금 전인 1884년 음력 7월 22일(양력 9월 11일)에 친군영 후영을 창설하라는 국왕의 명령이 처음 나왔고, 정변 도중에 후영 병정이 정변을 수호하기 위한 外衛를 담당했으며,[54] 북청군대의 보호와 상경에 깊숙이 관여하여 북청 남병영을 드나들었던 박영효가 정변 도중에 전영사 겸 후영사가 되어 이를 지휘한 것을 보면,[55] 이 70명의 북청군대는 친군영 후영에 배속된 것으로 보인다. 박영효는 그후 회고담에서 개화당이 준비한 무력이 친군영 전영과 후영의 1,000명이라고 하였다.[56]

당시 1營의 병력은 500명이었다. 개화당은 친군영 전영 병력(광주군대) 500명과 친군영 후영 병력 500명(북청군대 70명 포함)을 자기의 정변 무력으로 준비한 것이었다.

(6) 갑신정변의 무력구성

북청군대가 서울에 도착하여 국왕의 친람을 받고 수구파의 조종 하에 환관 柳載賢이 북청군대를 다시 북청으로 돌려보내자고 국왕에게

---

54) 《尹致昊日記》, 1884년 10월 17일자 참조.
55) 《甲申日錄》, 1884년 음력 10월 17일(양력 12월 4일)조 참조.
56) 朴泳孝, 〈韓末政客의 回顧談〉, 《東亞日報》 1930년 1월 5일자 참조.

참소한 직후인 1884년 음력 9월 12일(양력 10월 30일) 주조선 일본공사
竹添進一郞이 일본에 장기 휴가를 갔다가 서울에 귀임하였다. 竹添은
이전에는 김옥균 등의 개화당에 매우 적대적이었으며 민비 수구파에
호의적이었다. 그는 김옥균이 국왕의 신임장을 갖고 일본 동경에서 각
국 외국인과 차관교섭을 할 때에도 신임장이 가짜라고 모략하여 김옥
균의 차관 획득을 실패로 돌아가게 하였으며, 개화당의 개화운동에 여
러 가지 방해를 했었다. 그런데 이번 귀임 후에는 죽첨은 적극적으로
김옥균 등 개화당 요인들에게 접근해 오면서 만일 개화당에게 정변 등
어떤 大事계획이 있으면 일본공사관 호위용으로 서울에 주둔하고 있
는 일본군 150명을 차병해 줄 수 있다고 일본측에서 먼저 제의해 왔다.
김옥균 등 개화당은 주한 일본공사의 이 제안을 수락하여 150명의 주
한 일본공사관 호위병인 일본군 150명을 빌리게 된 것이었다.

개화당은 이미 광주군대로 구성된 親軍營 前營 군대 500명과 북청군
대 70명이 포함된 親軍營 後營 군대 500명 외에, 서재필이 지휘하는 사
관생도 14명과 忠義契 계원(開化派 壯士) 40명 등 약 1,050명의 조선군
무력을 준비하였다. 여기에 예기치 않게 주조선 일본공사관 호위용 일
본군 150명을 차용할 수 있게 되었으니, 개화당의 武力은 약 1,200명에
달하게 된 것이었다.

개화당이 일본군 150명의 차병 제안을 수락한 이유는 당시 정변의
무력이 부족한 상태에서 개화당의 조선군이 수구파의 무력을 분쇄하
는 데는 충분하지만 청군 1,500명과 그 배후에 있는 청세력을 대항하기
에는 부족하므로, 以夷制夷의 정책으로 일본군을 청군을 견제하는 데
사용하기 위한 것이 일차적인 동기였다고 해석된다.

개화당의 약 1,200명의 무력은 청군 1,500명보다는 약간 적은 것이었
으나, 개화당은 이것으로 청군에 대결하면서 정변을 수행할 수 있다고
판단한 것이었다.

널리 아는 바와 같이, 김옥균이 지도하는 개화당은 이 약 1,200명의

무력에 기초하여 1884년 음력 10월 17일(양력 12월 4일) 정변을 일으키어 신정부를 수립해서 정권을 장악하고 革新政綱을 발표하여 改革政治를 시작하였다. 이른바 갑신정변이라고 하는 것이다.

갑신정변 때의 국왕에 대한 호위와 청군에 대한 對抗 무력의 배치를 보면, 3중의 호위를 하되, 外衛를 1,000명의 친군영 전영 및 후영의 조선군이 담당하고, 中衛를 150명의 일본군이 담당하였으며, 內衛를 50여명의 사관생도와 개화파장사(忠義契員)가 담당하였다.[57]

그러나 12월 6일 오후 2시에 청군이 궁궐을 침범하여 정변에 참가한 조선군과 일본군을 공격하였다. 치열한 전투 끝에 개화당의 정변군이 패배하여 갑신정변의 신정부는 3일 만에 붕괴되어 버리고 말았다.

여기서 주목할 것은 개화당의 무력 구성비율이다. 조선군의 무력이 1,050명이고, 일본군의 무력은 150명이다. 이 비율은 조선군 87.5% 對 일본군 12.5%의 비율인 것이다.

(7) 맺음말 － 갑신정변의 自主性

지금까지의 고찰에서 명확히 알 수 있는 것은 1884년의 개화당의 갑신정변은 종래의 통설과 같이 200명도 안 되는 일본군 무력에 의탁하여 일으킨 정변이 결코 아니었다는 사실이다. 개화당은 정변을 일으키기 이미 1년 6개월 전부터 경기도 廣州와 함경도 北靑에서 각각 500명씩의 개화당의 군대를 양성하였다. 또한 개화당이 갑신정변에 투입한 조선군의 병력은 親軍營 前營 군대(廣州군대) 500명, 親軍營 後營 군대(북청군대 70명 포함) 500명, 士官生徒 14명, 忠義契員 40명 등 1,050명이었다. 이에 비하여 일본군은 개화당이 정변을 일으키기로 결정한 후

---

57)《甲申日錄》, 1884년 음력 10월 18일(양력 12월 5일)조 참조.

에 駐韓日本公使館 護衛兵 일본군 150명을 빌려주었을 뿐이었다. 따라서 갑신정변은 자주적으로 일으켰을 뿐만 아니라 그 의존 무력도 기본적으로 조선군에 의존했던 것이며, 일본군의 차병은 극히 보조적인 것에 불과하였다.

개화당이 광주에서 500명의 신식군대를 양성했을 뿐만 아니라 북청에서도 500명을 양병하여 그들의 정변에 투입하려고 노력한 사실은 개화당이 결코 일본군에 의존하려 했던 것이 아니며, 처음부터 자기 무력에 의존하여 자주적으로 정변을 준비했음을 잘 증명해 주는 것이라고 할 수 있다.

따라서 개화당의 갑신정변이 200명도 안 되는 일본군 무력에 의존하여 일으킨 것이라는 종래의 통설은, 새로이 발견된 사실에 의하여 사실과 일치하지 않음이 명백하므로 반드시 수정되어야 할 것이다.

김옥균을 중심으로 한 조선 개화당은 원래 자력으로서만 정변을 일으키려고 경기도 광주에서 500명, 함경도 북청에서 500명의 군대를 양성하고, 일본에 사관생도 14명을 유학시켰으며, 충의계 비밀결사를 조직하여 43명의 결사대원을 양성하는 등 모두 약 1,050명의 정변 무력을 준비했었다. 또한 1884년 8월 정변 단행을 최종 결정할 때에도 일본의 도움이나 의견교환은커녕, 일본측의 개화당에 대한 적대행위 속에서 조선 개화당이 자주적으로 정변결행을 단독 결정했었다.

그 약 2개월 후에 주한 일본공사 竹添進一郞이 본국에서의 장기 휴가를 끝내고 양력 10월 30일(음력 9월 12일) 서울에 귀임한 후 일본측에서 정책을 바꾸어 먼저 조선 개화당에 접근하면서 공사관 호위용 병사 150명과 자금을 빌려주겠다고 제의해 왔으므로, 조선 개화당이 이것을 받아들여 일본군 150명을 차용한 것이 화근이 된 것이었다.

조선 개화당의 전략·전술로는 당시의 국제적 모순을 이용하여 청군의 군사개입은 일본군 150명을 차용하여 막고, 조선 親淸閔妃守舊黨은 개화당이 담당한다는 전략을 채택하였으나, 이것은 최종 순간에 일본의 배신으로 성공하지 못하였다. 도리어 김옥균을 중심으로 한 개화당의 일본군 차병은 개화당으로 하여금 백성들로부터 '친일파'가 아닌가 의심케 하는 부작용만 낳았으며, 개화당에 대한 백성들의 지지도만 추락시키는 결과를 낳았다.

그러나 조선 개화당이 1884년 갑신정변을 일으킬 때 사전에 약 1,050명의 정변 무력을 준비했으며, 기본적으로 이를 토대로 하고 그후 일본군 150명의 차병은 보조적인 것으로 정변을 일으킨 것임을 거듭 주목할 필요가 있다. 개화당의 갑신정변은 비록 전술상 일본군 150명 차병의 과오를 범하였다고 할지라도, 기본적으로는 그들이 스스로 양성한 1,050명의 조선군 병력과 자주적 거사 결정에 의해 일으킨 자주적인 '혁명적 정변'이었던 것이다.　　　　　(《韓國學報》 제95집, 1999)

7. 갑신정변의 목표와 준비

(1) 정변 주도세력의 목표

초기 개화파 가운데 1884년 '갑신정변'을 일으킨 급진개화파(개화당)의 목표는 당시 세계대세에 뒤떨어져서 열강의 위협을 받고 있는 조선왕국을 자주 부강한 근대국가로 건설하는 것이었다.[1] 갑신정변 주

1) 閔泰瑗, 《甲申政變과 金玉均》(國際文化協會, 1947).

姜在彦, 〈開化思想·開化派·甲申政變〉, 《朝鮮近代史研究》(東京, 1970).

Cook, Harold F., *The Korea's 1884 Incident*, 1972.

李光麟, 〈金玉均의 '甲申日錄'에 대하여〉, 《震檀學報》 33집, 1972.

──, 〈숨은 開化思想家 劉大致〉, 《開化黨研究》(一潮閣, 1973), 67~92쪽.

──, 〈甲申政變에 대한 考察〉, 《開化黨研究》(一潮閣, 1973).

金榮作, 〈初期開化派의 民族主義思想과 甲申政變의 現代的 意義〉, 《思想과 政策》 1-4, 1984.

愼鏞廈, 〈甲申政變에 社會經濟的 背景과 開化思想〉, 《思想과 政策》 1-4, 1984.

──, 〈甲申政變의 改革思想〉, 《韓國學報》 36집, 1984.

──, 〈金玉均의 開化思想〉, 《東方學志》 46·47·48합집, 1985.

──, 〈19세기 한국의 近代國家 형성문제와 立憲共和國 수립운동〉, 《韓國

도세력의 핵심인물의 하나였던 徐載弼은 갑신정변의 지도자 金玉均의
목표는 '조선도 힘있는 현대적 국가'로 만드는 것이었다고 다음과 같이
회고하였다.

　　金玉均은 현대적 교육을 받지 못하였으나 시대의 추이를 통찰하고 朝鮮
　도 힘있는 現代的 國家로 만들려고 절실히 바랐었다. 그리하여 신지식을 주
　입하고 신기술을 채용함으로써 정부나 일반사회의 奮鬪因習을 一變시켜야
　할 필요를 확고히 깨달았다.[2]

　　　　　　社會史學會論文集》1집, 1986.

──, 〈甲申政變의 主體勢力과 開化黨의 北靑·廣州養兵〉,《韓國學報》95
　　집, 1999.

韓國政治外交史學會,《甲申政變硏究》, 1985.

安秉珆, 〈1884年 甲申政變의 社會經濟的基礎〉,《朝鮮近代經濟史硏究》, 1975.

裵成東, 〈朝鮮末期의 政治體刑〉,《韓國政治學會報》10집, 1976.

金達中, 〈1880年代 韓國國內政治와 外交政策〉,《韓國政治學會報》10집, 1976.

吳世昌, 〈開化思想과 開化黨의 形成〉,《韓國史學》1, 1980 참조.

朴宗根, 〈朝鮮における 近代的改革の推移 ― 1884(甲申)年と1894年の改革をめ
　　ぐって〉,《歷史學硏究》300, 1965.

山邊健太郎, 〈甲申事變について〉,《歷史學硏究》244·247, 1960.

糟谷憲一, 〈甲申政變·開化派硏究の課題〉,《朝鮮史硏究會論文集》22집, 1985.

朴明圭, 〈開化派와 討幕派의 社會經濟的背景과 近代指向性에 관한 비교연
　　구〉,《韓國社會史硏究會論文集》42집, 1994.

康珍子, 〈甲申政變の問題點 ― 甲申日錄の檢討を通じて〉,《朝鮮史硏究會論文
　　集》22집, 1985.

愼鏞廈, "The Coup d'État of 1884 and Pukchong Army of the Progressive
　　Party", *Korea Journal* 33-2, 1993.

姜昌一, 〈初期開化派의 近代化구상 ― 甲申政變에 대한 비판적 검토〉,《韓國
　　文化》15, 1994.

金雲泰, 〈韓末開化思想과 그 運動의 展開〉,《朝鮮政治思想硏究》, 1985 참조.

崔震植, 〈甲申政變을 전후한 開化派의 外交인식〉,《釜山史學》32, 1997 참조.

2) 徐載弼, 〈回顧甲申政變 ― 閔泰瑗〉,《甲申政變과 金玉均》, 82쪽 참조.

갑신정변의 주도세력의 하나로 김옥균이 일본에 유학시킨 사관생도들이 중요역할을 했는데, 김옥균은 사관생도들에게 "일본이 동방의 영국 노릇을 하려 하니 우리는 우리나라를 아시아의 불란서로 만들어야 한다"고 가르쳤다. 서재필은 다음과 같이 회고하였다.

　매 일요일이면 우리는 반드시 金玉均을 築地 寓居로 심방하였다. 그럴 때마다 그는 우리를 親弟와 같이 대접하고 숨김 없고 남김 없는 폐간 속의 말을 우리에게 들려주었다. 祖國刷新에 대한 우리의 중차대한 임무를 말하는 동시에 나라에 돌아가 우리가 빛나는 대공훈을 세울 것을 믿어 마지 아니하였다. 그리고 그는 늘 우리에게 말하기를, 日本이 東方의 英國 노릇을 하려 하니 우리는 우리나라를 亞細亞의 佛蘭西로 만들어야 한다고 하였다. 이것이 그의 꿈이었고 또 유일한 야심이었다. 우리는 金씨의 말을 신뢰하고 우리의 전도에 무엇이 닥쳐오든지 우리의 책임을 이행하고야 말겠다는 굳은 결심을 하였던 것이다.[3]

조국인 조선왕국을 '힘있는 현대적 국가'로 쇄신하고, 조선을 '아시아의 불란서와 같은 나라'로 만들어서 '외국의 침략'[4]을 막아내려는 김옥균 등 개화당의 목표는 '임오군란' 후 조선에 파견된 청군의 간섭과 방해로 달성이 어렵게 되었다. 임오군란 직후 청국은 3,000명의 군대를 조선에 파병하여 서울에 주둔시키고 집권자이며 국왕의 부친인 흥선대원군을 군함에 초청해 그대로 납치하여 청국에 실어다가 保定府에 유폐해 버리는 만행을 자행하였다. 청국은 민비정권을 재수립해 놓은 다음에도 철군하지 아니하고 청군을 서울에 장기 주둔시킨 채 군대 무력을 배경으로 허구의 종주권을 주장하면서 조선을 屬邦化하기 위해서 적극간섭정책을 자행하여 조선의 자주독립을 크게 침해하였다. 조선에 주둔한 청국 장수 吳長慶과 袁世凱는 병권을 장악하고 총판조선

---

3) 위의 책, 84~85쪽 참조.
4) 金玉均, 〈高宗에의 上疏〉, 《金玉均全集》, 亞細亞文化社版, 146쪽 참조.

각국통상사무(재정고문)로 파견된 陳樹棠은 재정권을 장악했으며, 李鴻章이 파견한 묄렌도르프(Paul Georg von Möllendorff)는 해관을 장악했을 뿐 아니라 외교까지 장악하려 하였다.

청국은 뿐만 아니라 김옥균을 중심으로 한 개화당의 개화운동이 궁극적으로는 청국으로부터의 조선의 자주독립을 추구하는 운동이라고 보고 온갖 방법으로 개화당을 탄압하고 개화운동을 저해하였다. 그러므로 임오군란 이후의 개화정책은 청군의 탄압과 방해를 받아가면서 추진된 것이었으며, 개화당으로서는 매우 불만족스러운 것이었다.

당시 임오군란에 의하여 정권이 한 번 붕괴되었다가 청국의 구원으로 재집권하게 된 민비 수구파들은 청국의 속방화정책에 순종하여, 나라의 독립이 크게 침해되고 자주근대화가 저지되는 것은 전혀 돌보지 않고 一家一門의 사리사욕을 채우기에 급급하였다.

당시 청국이 조선의 독립을 얼마나 침해했는가의 몇 가지 사례를 들면, 청국은 임오군란 직후 민비정권에 압력을 가하여, 그 동안 조선왕조가 각국과 체결한 불평등조약들 가운데서도 가장 불평등하고 청국의 특권을 일방적으로 설정한 '朝中商民水陸貿易章程'을 1882년 8월 23일 체결하고, 그 전문에 조선을 청국의 '屬邦'이라는 문자를 써넣었다.

진수당은 방자하게도 '조선은 중국의 屬邦'이라는 문구를 넣은 방문을 공공연히 남대문에 써 붙이기까지 하였으며,[5] 陳은 강제로 한국인의 집을 사들이고자 하여 이에 항의한 正言 李範晉을 청군의 군영에 잡아다가 어지러이 매를 때리는 만행까지 자행하였다.[6]

또한 청국조정은 조선조정에 대해 "무릇 外交에 관한 일은 일체를 청국에 문의하라"[7]고 지시했다. 청국 장수 오장경은 조선국왕에게 맞대놓고 "내가 3천 군대를 거느리고 여기에 와 있으므로 매사에 皇朝

---

5) 《尹致昊日記》, 1883년 10월 5일자 참조.
6) 《尹致昊日記》, 1884년 5월 28일자 참조.
7) 《尹致昊日記》, 1883년 10월 3일자 참조.

(청국)를 배반해서는 안 된다"[8]고 협박하였으며 "내년 봄에는 청국의 군대가 증가될 것이라"[9]고 위협하였다.

서울에 주둔한 청군의 행패 또한 극심하였다. 하나의 예를 들면, 청군이 광통교 한국인 약국에서 무료로 약품을 빼앗으려 하다가 약값을 요구하는 주인 최씨의 아들을 사살하고 최씨에게도 총을 쏘아 중상을 입혔다.[10] 개화당 신문인 《한성순보》가 이를 보도하자, 청군은 이를 보도했다는 이유로 《한성순보》를 발행하는 통리기무아문의 博文局을 습격하기까지 하였다.[11] 그러나 민비 수구파 정권은 청군의 이러한 만행에 대해 항의조차 제대로 한번 하지 못하는 형편이었다.

개화당은 임오군란 후 청국의 이러한 속방화정책 및 만행과 개화정책에 대한 탄압에 대해 단호하게 저항하고 조선을 서양 열강과 어깨를 나란히하는 자주부강한 근대국가로 만들고자 하였다. 서재필은 이러한 의지를 다음과 같이 설명하였다.

> 그때 김옥균의 생각은 무엇보다도 淸나라 세력을 꺾어버리는 동시에 그에 추종하는 귀족들의 세력을 빼앗은 후에 우리나라의 完全自主獨立政治를 수립하자는 것이 그의 이상이었고 실현의 최고 목적이었다.
> 더욱이 淸나라에서 大院君을 납치했다는 것은 우리로서 참을 수 없는 수치라 하여 분개함을 참을 수 없어 그 세력구축과 귀족타파의 깃발을 둘러메고 나서려 한 것이다.[12]

또한 사관생도로서 갑신정변에 참가했다가 후에 심문을 받은 申重模는 김옥균의 목표에 대해 당시 다음과 같이 말하였다.

---

8) 위와 같음.
9) 《尹致昊日記》, 1883년 12월 4일자 참조.
10) 《尹致昊日記》, 1884년 1월 3일자 참조.
11) 《漢城旬報》 10호, 1884년 1월 3일, 〈革兵犯罪〉 참조.
12) 金道泰, 《徐載弼博士自敍傳》(首善社, 1949), 86~87쪽 참조.

따라서 김옥균으로부터 들은 바에 의하면, "서양 각국은 모두 독립국가이다. 어떠한 국가든지 독립한 연후에야 비로소 타국과 화친할 수 있는 것이다. 조선은 오직 청국의 屬國이 되어 있는바 참으로 부끄러운 일이다. 朝鮮도 언젠가는 獨立國家가 되어서 西洋諸國과 同列에 서야 할 것이다"라고 말하였다.[13]

서재필도 당시 김옥균의 사상과 목표에 대해 다음과 같이 동일한 내용을 증언하여 기록하였다.

김옥균은 祖國이 청국의 宗主權하에 있는 굴욕감을 참지 못하여 어찌하면 이 수치를 벗어나 조선도 세계 각국과 平等과 自由의 一員이 될까 주야로 노심초사했던 것이다.[14]

갑신정변 주도세력의 영수인 김옥균은 정변 직전에 일본인 정치가에게 보낸 편지에서도, 조선이 振作의 희망이 없는 것은 청국이 조선을 속국으로 명에를 씌우는 데 원인이 있으므로 조선이 "첫째로 해야 할 일은 명에를 철퇴하고 특히 獨全自主之國을 수립하는 일이다"[15]라고 명료하게 밝히었다.

갑신정변 주도세력의 목표는 임오군란 이후, 청국이 취한 조선 '속방화정책'의 명에를 철폐하고, 조선을 자주 부강한 근대국가로 건설하여 세계 각국과 어깨를 나란히하고 설 수 있도록 나라를 발전시키려 한 것이었다.

이러한 목표를 가진 개화당에 대하여 청국측과 민비 수구파는 결탁하여 개화당 요인들을 기회 있을 때마다 탄압하고 정계에서 제거시켜

---

13) 규장각도서 《推案及鞫案》, 大逆不道罪人喜貞等鞫案 중 申重模의 供述, 亞細亞文化社 영인판 30책, 588쪽 참조.

14) 徐載弼, 〈回顧甲申政變〉, 82쪽 참조.

15) 金玉均, 〈朝鮮改革意見書〉,《金玉均全集》, 亞細亞文化社版, 110~111쪽 참조.

나갔다. 김옥균은 갑신정변 직전에 박영효의 집에서 다음과 같이 말하
였다.

> 우리들은 수년간 평화적 수단에 의하여 각고 진력해 왔으나, 그 공효가
> 없었을 뿐 아니라 금일 이미 死地에 들어가게 되었다. 앉아서 죽음을 기다릴
> 것이 아니라, 먼저 人을 制하여 策을 취하지 않으면 안될 정세에 이르렀다.
> 따라서 우리들의 결심에는 하나의 길이 있을 뿐이다.[16]

 개화당은 결국 임오군란 후 청국의 '조선속방화'정책을 정변의 방법
으로 집권하여 물리치고, 위로부터의 급속한 자주근대화 정책을 실시
해서 조선을 자주 부강한 근대국가로 건설하여 세계 열강과 어깨를 나
란히하는 완전 자주독립국가로 발전시킬 것을 목표로 정변을 추진하
게 된 것이었다.[17]

(2) 갑신정변의 준비

1) 개화당의 정변 무력 문제

 개화당이 청국의 조선속방화 적극간섭정책을 일거에 물리치고 청국
에 야합한 민비 수구파 정권을 타도한 후 자주 부강한 근대국가를 건
설하기 위하여 정변을 준비하기 시작한 것은 1883년 봄부터였다. 그러
나 이때까지는 그들이 아직 정변에 대한 구체적 계획을 설계한 것은
아니었다.

 개화당의 영수 김옥균은 일찍이 청국세력을 몰아내고 수구 고식배

---

16) 伊藤博文, 《秘書類纂 朝鮮交涉資料》上, 〈朴泳孝邸ニ於テ洪英植·金玉均·徐
   光範ト島村久談話筆記要略〉, 271쪽 참조.
17) 愼鏞廈, 〈吳慶錫의 開化思想과 開化活動〉,《歷史學報》107집, 1985 ;《韓國近
   代社會思想史硏究》(一志社, 1987) 참조.

를 소제하여 '大更張改革'을 단행하는 데에는 두 가지 방법이 있다고 說破했었다. 그 하나는 김옥균의 표현에 의하면 '平和行事'의 방법이었다. 이것은 국왕의 칙령을 빌려서 평화적 점진적 방법으로 개혁사업에 종사하는 방법이었다. 다른 하나는 김옥균의 표현을 빌리면 '武力行事'의 방법이었다. 이것은 국왕의 밀의에 의탁하면서 무력으로 정변이나 혁명을 일으켜 먼저 정권을 장악한 다음에 급진적으로 개혁사업을 신속히 단행하는 방법이었다.[18] 개화당은 이 두 가지 방법 가운데 김옥균이 말한 두 번째의 방법을 택하여 정변을 준비하기 시작한 것이었다.

개화당이 구상한 정변은 군사무력을 수단으로 택한 것이었으므로, 개화당은 4개의 흐름으로 정변 무력을 준비하였다.

첫째, 개화당 요인 박영효가 한성판윤에서 1883년 3월 경기도 廣州 留守로 좌천되어 가자, 경기도 광주가 수도방위를 위한 4都의 하나로서 광주유수가 군대양성 권한을 가진 직책임을 활용하여 바로 500명의 장정을 모집해서 서양식 군대를 의미하는 신식군대 양성을 시작하였다.[19] 이 광주군대의 훈련대장에는 개화당 군인장교 申福模를 임명하였다. 그리하여 수개월 간의 강훈련 결과 박영효의 휘하에 500명의 강력한 신식군대가 새로이 양성되었는데, 이것은 개화당의 군대였으며 유사시에는 정변의 무력으로 준비된 것이었다.

그러나 수구파들은 개화당 요인 박영효의 휘하에 500명의 강력한 신식군대가 있는 것을 위험시해서 국왕에게 진언하여, 마침내 국왕은 1883년 10월 초1일(양력 10월 31일) 광주군대를 당시의 왕궁수비대의 관리기관 명칭인 御營廳으로 이속시키라고 명령하였다.[20] 그 결과 박영효가 뽑아서 훈련시킨 광주군대는 서울로 불러 올려서 어영청에 속하

---

18) 金玉均, 〈朝鮮改革意見書〉, 《金玉均全集》, 亞細亞文化社版, 111~112쪽 참조.
19) 《漢城旬報》 3호, 1883년 10월 21일 〈廣留狀啓〉 ; 《承政院日記》, 高宗 20년 (1883) 10월 1일조 참조.
20) 《高宗實錄》, 高宗 20년(1883) 10월 초1일조 참조.

게 되었다.[21]

수구파는 이어서 1883년 11월 6일에는 국왕을 통해서 박영효를 광주 유수에서 해임시켰을 뿐만 아니라, 11월 22일에는 광주군대로 만들어 진 신설 敎鍊所를 '親軍營前營'이라 호칭하도록 하고, 어영대장 韓圭稷 을 친군영 前營使(처음 호칭 監督)를 겸임케 하였다.[22] 한규직은 민비 수구파 요인의 하나로서, 이러한 인사는 광주군대의 지휘권을 민비 수 구파가 개화당으로부터 빼앗아 가버린 것이었다. 그러나 김옥균·박영 효 등이 친군영 전영의 장교들을 개화당의 비밀결사인 忠義契에 가입 시켜 지휘하고 있었고, 병사들도 일찍이 광주에서 박영효·신복모가 뽑 아 훈련시킨 군대였기 때문에 친군영 전영의 무력은 비밀리에 개화당 의 지휘를 받는 무력이었다.

국왕은 1883년 11월 29일(양력 12월 28일) 春塘臺에서 친군영 전영군 대(광주군대)를 친히 관람하였다.[23] 《한성순보》는 이를 다음과 같이 기 록 보도하였다.

29일 上께서 춘당대(창경궁 안에 있었음 — 인용자)에 거동하여 親軍의 練 式을 관람했으므로 삼가 기록한다. 이날 친군영 전영 감독 한규직이 광주에 서 조련한 일본식 기예의 신식군대인 전영 병정 500명을 거느리고 왔는데, 국왕께서 친히 임석하여 사열하셨다. 500명 군사가 각각 등에 황색 가죽배 낭을 메고, 손에는 後膛式 총을 들고 대장의 지휘에 하나인 것같이 따랐다. 그 운동하여 진퇴하는 제식훈련과 공격하여 찌르는 병술훈련이 學成되고 숙 련되어 조금도 차질이 없어 일본군사의 기예에 비교해도 조금도 손색이 없 었다. 이로써 보건대 强兵은 다른 방법이 없고 오직 교련에 있는 것이다. 또 훈련을 시작한 지 몇 달이 되지 않아 이미 기예가 이처럼 告成되었으니 隊 長이 열심히 교련시킨 것이 더욱 가상하다 하겠다.[24]

21) 《漢城旬報》 3호, 1883년 10월 1일 〈廣留狀啓〉 참조.
22) 《高宗實錄》, 高宗 20년(1883) 10월 23일조 참조.
23) 《高宗實錄》, 高宗 20년(1883) 11월 29일자 참조.
24) 《漢城旬報》 7호, 1883년 음력 12월 1일 〈諭旨恭錄〉 참조.

이 친군영 전영군대(광주군대)는 개화당에 의해 양성되어 갑신정변의 무력 준비의 하나가 된 것이었다.

둘째, 개화당은 尹雄烈을 1883년 4월에 함경남 병사로 임명케 해서 함경남 병영이 있는 北靑에서 개화당의 무관인 윤웅렬의 주관 하에 약 500명의 장정을 모집하여 신식군대를 양성하였다.[25] 윤웅렬이 1883년 3월 17일 함경남 병사에 임명된 데에는 김옥균이 관련되어 있었다.[26] 또한 《윤치호일기》에는 윤웅렬의 함경남 병영에서의 양병은 김옥균이 나라를 위해 크게 遠慮해서 추진하는 사업이라고 기록했고,[27] 또한 윤웅렬의 북청양병을 '개화와 진보를 위한 큰 기관'[28]이라고 기록하였다. 윤웅렬의 함경남 병사 임명과 500명의 북청양병은 개화당의 계획에 의한 양병이었음이 명백한 것이다.

윤웅렬은 4월 17일 국왕을 알현하고 북청에 도착한 후 5월 24일부터 두 차례에 걸쳐 500명의 장정을 뽑아 신식(서양식) 군사훈련을 실행하였다.[29] 윤웅렬의 500명 북청 신식군대 양성은 성공적이었다. 윤웅렬은 이를 스스로 평가하여 "技藝를 연습함이 날로 나아가고 隊伍를 이룬 모양이 모두 볼 만한 것이 있다"[30]고 보고한 정도였다.

함경도 북청에서 개화당의 군대 500명이 창설되어 강력한 신식군대로 성장하기 시작하자, 민비 수구파는 이것을 매우 위험시하여 본격적 견제를 시작하였다. 수구파 영수 閔台鎬는 배후에서 교사하여 함경관찰사 林翰洙로 하여금 함경남 병사 윤웅렬이 인화를 잃었고 가렴주구가 심하다는 이유를 들어 국왕에게 윤웅렬의 파면을 상신케 하였다.[31]

---

25) 愼鏞廈, 〈甲申政變의 主體勢力과 開化黨의 北靑·廣州養兵〉, 앞의 책 ; 《漢城旬報》 12호, 1884년 1월 21일, 〈咸鏡南道兵馬節度使 尹雄烈狀啓〉 참조.
26) 《南兵營啓錄》, 高宗 20년 3월 초2일 참조.
27) 《尹致昊日記》, 1883년 10월 5일자 참조.
28) 《尹致昊日記》, 1883년 4월 21일자 참조.
29) 《南兵營啓錄》, 高宗 20년 11월 25일 및 12월 29일 참조.
30) 《南兵營啓錄》, 高宗 20년 12월 29일 참조.

이를 받아서 민비 수구파가 지배하는 의정부에서도 윤웅렬의 파면과 정죄를 건의하였다.[32] 개화당에서는 왕실의 부마인 박영효를 북청에 내려보내 북청양병의 실태를 직접 시찰케 한 후 북방 변경의 방어를 위해서도 신식군대가 잘 양성되고 있음을 국왕에게 보고하여 수구파의 공격을 물리쳤다.

민비 수구파에서는 다시 수구파 거물 尹泰駿이 배후에서 교사하여 함경도 지방유생들을 다수 동원해서 윤웅렬이 이 지방 鄕憲碑를 훼손했다는 이유를 들어 윤웅렬의 파면을 청원하는 상소운동을 전개하게 하였다.[33] 개화당에서는 다시 박영효를 함경남 병영에 파견하여 현지에서도 대책을 수립케 하고,[34] 서울에서는 윤웅렬의 아들 윤치호가 국왕의 측근에 출입하면서 국왕에게 상소를 올려 아버지 윤웅렬을 옹호하였다.[35] 결국 국왕은 수구파들의 윤웅렬 파면요청을 윤허하지 않았다.[36]

그러나 수구파들도 이 문제에서만은 물러서지 않고 계속 중앙의 관리들을 다수 동원하여 윤웅렬 파면상소를 올리게 하였고,[37] 함경도 지방유생들을 배후 조종하면서 윤웅렬 파면과 定罪요청의 상소운동을 전개하였다.[38] 민비 수구파가 이와 같이 집요하게 윤웅렬 파면운동을 전개한 것은 개화당의 북청양병을 정치적으로 매우 위험시했기 때문이었다. 그러나 서울에서 윤웅렬의 아들 윤치호가 국왕의 두터운 신임을 얻고, 김옥균을 비롯한 개화당 요인들과 거의 매일 협의해 가면서 국왕에게 수구파들의 윤치호 파면요청의 부당성과 윤웅렬의 양병의

---

31) 《尹致昊日記》, 1884년 5월 11일자 ;《高宗實錄》, 高宗 21년(1884) 5월 14일조 참조.
32) 《高宗實錄》, 高宗 21년(1884) 5월 21일조 참조.
33) 위의 책, 5월 28일조 ;《尹致昊日記》, 1884년 5월 24일자 참조.
34) 《尹致昊日記》, 1884년 윤5월 15일자 참조.
35) 《高宗實錄》, 高宗 21년(1884) 윤5월 초5일조 참조.
36) 《尹致昊日記》, 1884년 윤5월 초2일자 참조.
37) 《高宗實錄》, 高宗 21년(1884) 윤5월 초10일조 참조.
38) 《高宗實錄》, 高宗 21년(1884) 윤5월 초10일조, 6월 초6일조 참조.

정당성을 국왕 측근에서 매우 잘 설명했기 때문에, 국왕은 수구파의
집요한 윤웅렬 파면요구를 일축하여 거절하고 계속 양병과 북방경비
에 종사하도록 하였다.

이에 개화당은 정변준비의 중요 도시가 되는 북청에서의 500명 신식
군대의 양성에 성공하게 되었다. 남은 문제는 어떻게 이 500명 북청군
대를 서울로 불러 올려 왕실호위의 임무를 맡기느냐 하는 과제만 남게
되었다.[39]

셋째, 김옥균 등이 일본의 陸軍戶山學校에 파견해서 유학시킨 사관
생도들이었다. 일본에서는 아직 대학급 사관학교는 설립하지 못하고
육군호산학교를 설립하여 서양교관들도 초빙해서 일본 신식육군의 장
교들을 양성하고 있었다. 김옥균은 徐載弼·鄭蘭敎·朴應學·鄭行徵·林
殷明·申重模·尹泳觀·李圭完·河應善·李秉虎·申應熙·李建英·鄭鍾振·
白樂雲 등 14명을 선발하여 1883년 이른 봄에 일본 육군호산학교에 유
학시켰다.[40] 이들 사관생도의 대표는 서재필이었다.[41]

김옥균은 일본에 건너갔을 때마다 이 사관생도들을 매주 1회 불러서
자기의 정치적 포부를 설명하고 결속을 다졌다. 서재필은 다음과 같이
기록하였다.

　　매 일요일이면 우리는 반드시 김옥균을 築地 寓居로 尋訪하였다. 그럴 때
　　마다 김옥균은 우리를 親弟와 같이 대접하고 숨김 없고 남김 없는 肺肝 속
　　의 말을 우리에게 들려주었다. 그는 祖國刷新에 대한 우리의 중차대한 임무
　　를 말하는 동시에 나라에 돌아가 우리가 빛나는 대공훈을 세울 것을 믿어
　　마지아니하였다. 그리고 그는 늘 우리에게 말하기를 일본이 동방의 영국 노
　　릇을 하려 하니 우리는 우리나라를 아시아의 불란서로 만들어야 한다고 하

---

39) 愼鏞廈, "The Coup d'État of 1884 and Pukchong Army of the Progressive
　　Party" 참조.
40) 金玉均, 《甲申日錄》, 1884년 양력 12월 4일(《金玉均全集》, 86쪽 참조).
41) 徐載弼, 〈回顧甲申政變〉, 84쪽 참조.

였다. 이것이 그의 꿈이었고 또 유일한 야심이었다. 우리는 김씨의 말을 신뢰하고 우리의 전도에 무엇이 닥쳐오든지 우리의 책임을 이행하고야 말겠다는 군은 결심을 하였던 것이다.[42]

또한 사관생 신중모도 갑신정변 후 체포되어 심문에 공술할 때, 서양 각국은 모두 독립국가이며 독립국가이어야 다른 나라와 화친할 수 있다. 조선도 독립국가가 되어 서양 여러 나라와 같은 대열에 서야 한다고 김옥균이 말하였다고 진술하였다.[43]

김옥균 등 개화당이 유학시킨 사관생도 14명은 약 1년 6개월의 신식 사관교육을 받았으며, 정변단행이 결의된 후인 1884년 6월에 모두 귀국하여 갑신정변의 중요한 무력이 되었다.

넷째, 개화당이 조직한 비밀결사 '충의계'의 장사와 군인 장교들이다. 김옥균은 정변을 준비하기 위한 비밀무력조직으로 '충의계'라는 비밀결사를 만들어서 신복모로 하여금 지휘하게 하였다. '충의계'의 결사대원은 장사 30명과 친군영 전영군인 13명 등 43명이었다고 한다.[44]

'충의계'에는 13명의 친군영 전영 장교들이 가입해 있었기 때문에, 신복모 지휘하의 친군영 전영은 심지어 민비 수구파 전영사가 임명되었을 때에도 실제로는 개화당이 지휘하는 개화당의 군대였다.

'충의계'는 죽음을 각오한 계원들의 철저한 비밀결사였기 때문에 당시 민비 수구파들은 '충의계'의 존재를 전혀 알지 못했고, 친군영 전영의 장교들이 '충의계'에 가입하여 개화당의 지휘를 받고 있다는 사실도 전혀 알지 못하였다. 이러한 '충의계'의 장사와 군인들은 정변의 중요한 무력이 되었다.

---

42) 위의 책, 84~85쪽 참조.

43) 《推案及鞫案》, 大逆不道罪人喜貞等鞫案 중의 申重模供述, 亞細亞文化社 영인판 30책, 588쪽 참조.

44) 《甲申日錄》, 1884년 12월 1일(《金玉均全集》, 72쪽 참조).

김옥균을 지도자로 한 개화당은 1883년 봄부터 정변의 무력 준비로
서 광주군대 500명(친군영 전영군대), 북청군대 500명, 사관생도 14명,
'충의계' 43명 등 약 1,050명의 개화당 무력을 양성해 둔 것이었다.

2) 정변 단행의 결정

김옥균 등 개화당은 정변의 방법을 예견하여 무력을 준비하고 개화
당세력의 확장을 위해 진력하면서도 1883년 말까지는 정변단행을 확
정하지는 않고 평화적 방법에 의한 개혁을 집요하게 추진했었다. 김옥
균 등 개화당이 '정변'을 단행하기로 확실하게 결정을 내린 것은 국제
정세가 '정변' 단행에 유리하게 전개되었던 1884년 음력 7~8월(양력
8~9월)이었다.

청국과 프랑스 사이에 안남문제를 둘러싸고 '청·불전쟁'의 조짐이
보이자, 청국은 이에 대한 대비로 서울에 주둔시킨 3,000명의 청군병력
가운데 1884년 5월 23일 절반인 1,500명을 빼내어 안남전선에 이동시
키고, 서울에는 1,500명의 청군를 남겨 두었다.[45] 이것은 청군을 조선에
서 몰아내어 청국의 속방화 적극간섭정책에서 벗어나려고 노리는 김
옥균 등 개화당에게 유리한 기회가 다가오고 있는 것으로 간주되었다.
이어서 1884년 8월에 마침내 청·불전쟁이 발발하여 프랑스함대가 청
국의 福建함대를 격파하였다. 김옥균 등 개화당은 이때가 정변을 일으
킬 시기의 도래로 판단한 것으로 보인다. 청국이 안남전선에서 프랑스
와 전쟁을 하면서 또 조선에서 대규모 군사행동을 하여 두 개의 전선
을 동시에 만들 여력은 없다고 보았기 때문이었다. 김옥균은 이 무렵
인 1884년 8월 2일 미국공사 푸트(Lucius H. Foote)를 방문하여 '정변'
단행 결정과 배경적으로 연결된 듯한 말을 하고 돌아갔다.

---

45) 《尹致昊日記》, 1884년 4월 23일자 참조.

저녁 때 古愚(김옥균의 호 — 인용자)가 미국공사를 방문하여 淸·佛戰爭에 대해 이야기했는데 "우리나라의 獨立할 기회가 어찌 이때에 있다 하지 않겠는가"라는 등의 말을 하고 갔다.[46]

김옥균 등은 이 무렵에 민비 수구파로부터 극도의 위협을 받고 더 물러서기 어려운 위기에 처하여 있었다. 윤치호는 이에 대해 "古愚 金玉均도 만났는데 들으니 여러 민씨들이 古愚를 집어삼키려 하여 마지 않는다고 한다. 한탄스럽고 한탄스럽다"[47]고 기록하였다.

여기서 주목할 것은 김옥균 등 개화당의 정변단행의 결정이 '개화당의 독자적 결정'이며, 일본측과는 아무런 관련이 없다는 사실이다. 개화당이 정변단행을 결정한 것은 1884년 5월부터 시작하여 늦어도 7·8월에 확정된 것이었고, 일본공사 다케조에(竹添進一郎)가 일본에 휴가 갔다가 서울에 귀임한 것은 1884년 음력 9월 12일(양력 10월 30일)이었다. 갑신정변의 거사 결정은 일본측과는 전혀 관계없이 조선 개화당이 주체적으로 단독 결정한 것이었다. 뿐만 아니라 김옥균 등 조선 개화당이 정변 단행의 결정을 내린 시기에는 일본공사관측은 민비 수구파에게 호의적이었고 개화당에 대해서는 적대적 태도를 보이고 있었다. 김옥균은 다음과 같이 당시의 형편을 기록하였다.

지금 우리나라의 사세로 볼지면 잠시를 弛緩할 수 없는 터이다. (日本)公使가 오기 전에 우리 당에서는 이미 決定한 바가 있었다. 그러므로 일본의 원조여부는 본래 생각지 못했을 뿐 아니라 公使가 다시 온다는 말을 듣고 우리들은 도리어 걱정을 했다.[48]

밤에 朴泳孝·洪英植·徐光範 3君이 내회하였다. 작은 술자리를 베풀고 상

---

46) 《尹致昊日記》, 1884년 8월 2일자 참조.
47) 《尹致昊日記》, 1884년 5월 25일자 참조.
48) 《甲申日錄》, 1884년 11월 25일(《金玉均全集》, 60쪽).

의하여 말하되, 우리들의 一擧할 계획이 決定된 후에 竹添의 適來로 우려하
였더니 돌아와서는 거동이 크게 변하여 도리어 우리의 세력에 찬성하는 기
색을 보이니 前日의 疑憂에 비하여 그 변화가 어떠한가.[49]

김옥균 등 개화당이 갑신정변에서 가장 중요한 '정변단행의 결정'을
완전히 개화당 단독으로 주체적으로 결정했으며, 일본측과는 전혀 관
계없이, 도리어 일본측의 방해를 우려하면서, 완전히 독자적으로 결정
했다는 사실은 갑신정변의 주체성을 단적으로 나타내 주는 것이며, 갑
신정변에 대한 오해를 일부 해소시켜 주는 사실이라고 볼 수 있다.

3) 북청군대의 상경과 일부 유경

개화당은 정변단행의 결정을 내린 전후에 준비한 정변 무력을 서울
에 집중시키는 활동을 시작하였다.

개화당은 1884년 6월 8일(양력 7월 29일) 일본에 유학시킨 서재필 등
14명의 사관생도들을 귀국시켰다.

개화당은 이와 동시에 윤웅렬이 함경남 병영에서 양성한 북청군대
를 서울로 불러 올려 정변 무력으로 사용하기 위한 활동을 전개하였다.
김옥균이 1884년 6월 19일(양력 8월 9일) 윤치호를 불러 모종의 밀의를
한 후, 윤치호는 바로 궁궐로 들어가 국왕에게 "가친(윤웅렬)이 技藝가
精硏한 병대 100명을 뽑아 상경 입감시킨 뒤 환송시키거나 여러 營에
分置코자 하는데 청허하심이 어떠하옵니까"[50]라고 요청하여 "뽑아 올
리게 하라"는 윤허를 받았다. 또 이 자리에서 사관학교를 설립하여 귀
국한 사관생도를 수용하는 일도 건의하였다. 국왕이 북청군대의 선발
과 상경을 윤허했으므로 윤치호는 이를 함경남 병영의 부친 윤웅렬에
게 알리었다.[51]

---

49) 《甲申日錄》, 1884년 11월 1일(《金玉均全集》, 36쪽).
50) 《尹致昊日記》, 1884년 6월 19일자 참조.

윤치호가 7월 23일(양력 9월 12일) 입궐했을 때에는 국왕으로부터 "장차 너의 아버지를 시켜 北兵(북청군대)을 거느리고 상경케 할 계획이라"[52]는 말을 들었다. 윤치호는 이튿날 북청의 윤웅렬에게 긴급히 소식을 알리고, 김옥균을 방문해 보고하면서 이 날 밤에는 김옥균의 집에서 잤다.[53] 국왕이 내린 북청군대의 상경 결정 약속에 김옥균과 윤치호는 상당히 흥분했던 것으로 보인다.

국왕은 나흘 뒤인 7월 27일 윤웅렬을 摠戎中軍에 임명하여,[54] 친군영 전영 正領官의 직책을 주고, 함경남 병영에서 새로 조련한 북청군대를 상번시키도록 인솔하여 상경할 것을 명령하였다.[55] 마침내 북청군대 상경의 국왕 명령이 떨어진 것이다. 국왕을 뵈러 궁궐에 들어갔다가 이 명령을 받은 윤치호는 흥분하여 그 길로 김옥균의 집으로 달려가 보고하고 또 하룻밤을 김옥균의 집에서 묵으며 밀의하였다.[56]

윤웅렬은 마침내 470명의 북청군대를 인솔하고 1884년 9월 5일(양력 10월 23일) 서울에 도착하여 우선 친군영 전영에다 주둔시켰다.[57] 드디어 개화당은 북청군대를 양성하여 서울로 데려오는 지난한 일까지 성공한 것이었다. 국왕은 9월 10일에는 북청군대의 군사훈련을 친히 관람하고 그 씩씩함에 칭찬과 경탄을 마지않았고 윤웅렬의 노고를 치하하였다.[58] 여기까지는 김옥균 등 개화당이 크게 성공한 것이었다.

그러나 위기감을 느낀 수구파들은 북청군대를 모두 돌려보내고 빼앗기 위한 반격활동을 비밀리에 맹렬히 전개하였다. 실제로 수구

---

51) 《尹致昊日記》, 1884년 6월 21일자 참조.
52) 《尹致昊日記》, 1884년 7월 23일자 참조.
53) 《尹致昊日記》, 1884년 7월 24일자 참조.
54) 《承政院日記》, 高宗 21년(1884) 7월 27일조 참조.
55) 위와 같음 ; 《漢城旬報》 34호, 1884년 8월 초1일 〈諭旨恭錄〉 참조.
56) 《尹致昊日記》, 1884년 7월 27일자 참조.
57) 《尹致昊日記》, 1884년 9월 5일자 참조.
58) 《尹致昊日記》, 1884년 9월 10일자 참조.

파들은 민비를 배경으로 하여 이 무렵 공식적으로는 이미 중앙의 군
사권을 모두 장악하고 있었다.

민비 수구파의 활동에 의해 국왕은 1884년 8월 26일 친군영의 전영·
후영 2營을 전·후·좌·우의 4營으로 확충 개편하고 지휘관의 종래 명칭
을 '監督'에서 '營使'로 바꿈과 동시에 '軍務堂上'까지 겸하게 하고, 전영
사에 韓圭稷, 후영사에 尹泰駿, 좌영사에 李祖淵, 우영사에 閔泳翊을
임명하여 군권을 모두 민비 수구파가 지휘하도록 임명하였다.[59] 정계
의 실권은 민비를 정점으로 하여 閔台鎬·閔泳穆·閔泳翊·閔泳韶·閔應
植 등 5閔과 이에 야합한 이조연·한규직·윤태준 등에 집중되어 있었
다. 이에 비해 개화당으로서 1884년 봄 이후 기용된 경우는 우정국 총
판에 홍영식(3월), 승정원 동부승지에 서광범(6월), 귀국한 사관생도장
서재필이 조련국 士官長(6월)에 임명된 정도였다. 민비 수구파들은 이
와 같이 군권까지 실권을 장악한 상태에서 북청군대를 돌려보내기 위
해 국왕의 신임이 매우 두터우며 개화당에 가담해 있던 환관 柳在賢
을 포섭하였다. 유재현은 당시까지 개화당 요인의 하나로서 김옥균·
윤치호와 긴밀한 연락을 갖고 있던 인사였다.[60] 그러나 유재현이 수구
파의 공작으로 그 사이에 결국 변절하여, 한규직에게 조종당해서 국왕
에게 "地方의 軍心은 측량하기 어렵고 또 들으니 윤웅렬은 총 메고 탄
알 장전하고 있다고 하는데 윤치호가 내응한다면 일이 매우 염려되니
북병의 조련을 보지 않음만 같지 못하다"[61]고 마치 북청군대·윤웅렬·
윤치호의 국왕암살 가능성까지 망상하면서 모략 참소하였다. 《윤치호
일기》에서는 이것이 한규직(친군영 전영사)·이조연(친군영 좌영사)·윤
태준(친군영 후영사)·민영익(친군영 우영사) 등 4營使가 비밀리에 작간
하여 개화당과 윤웅렬의 진로를 저지하려고 배후 조종한 것이라고 하

59)《高宗實錄》, 高宗 21년(1884) 8월 26일조 참조.
60)《尹致昊日記》, 1884년 7월 28일자 참조.
61)《尹致昊日記》, 1884년 9월 11일자 참조.

였다.

국왕은 처음에는 환관 유재현과 수구파의 참소를 무시하였다. 뿐만
아니라 국왕은 북청군대 가운데 성적이 우수한 70명을 선발하여 모두
武科를 내리고 상을 주었다.[62]

그러나 수구파의 참소와 특히 신임하는 환관 유재현이 매일 시종하
면서 모략하고 설득하므로 국왕은 마침내 동요하게 되었다. 국왕은 9
월 15일 명령하기를 "前南兵營 병정들이 모두가 오래 주둔하는 것은
심히 민망한 일이므로 그들을 輪回하여 상번시켜라"[63]는 전교를 내리
었다. 이것은 상경한 470명의 북청군대 가운데 일부만 서울에 남게 하
고 일부는 북청으로 돌려보내 교대로 상번케 하라는 명령이었다. 국왕
의 이 명령은 개화당에게 매우 큰 타격을 준 명령이었다.

개화당은 천신만고 끝에 북청에서 군대를 양성하여 470명을 서울로
불러들였는데 국왕이 갑자기 일부만 서울에 남게 하고 북청으로 돌려
보내라니, 정변의 무력준비에 결정적 차질을 가져오게 된 것이었다. 개
화당 사람들 가운데에서도 특히 윤웅렬은 매우 당황하였다. 국왕의 교
대 상번명령이 내려진 이튿날인 9월 16일 윤웅렬은 아들 윤치호를 불
러 밀의한 결과, 국왕의 정변지지가 확고하지 못한 상태에서 김옥균
개화당의 급진정변은 시기상조이며 실패할 가능성이 높다는 데 합의
하였다.[64] 이에 윤웅렬은 9월 17일 서울에 데려온 470명의 북청군대 가
운데 70명만 서울에 남겨 놓고 무려 400명을 북청으로 돌려보냈다.[65]
250명만 북청으로 돌려보내도 될 것을 윤웅렬이 400명이나 돌려보낸
것은 정변의 실패를 내다보고 보신을 위해 정변준비에서 발을 빼기 시
작한 것을 시사하는 것이었다.[66]

---

62) 《尹致昊日記》, 1884년 9월 14일자 참조.
63) 《高宗實錄》, 高宗 21년(1884) 9월 15일조 참조.
64) 《尹致昊日記》, 1884년 9월 16일자 참조.
65) 《尹致昊日記》, 1884년 9월 17일자 참조.

김옥균 개화당은 동지라고 믿었던 환관 유재현에게 배신당하여 북청군대 470명 가운데 절반 이상을 잃게 되고, 이어서 윤웅렬의 기회주의적 처신으로 70명만을 서울에서 갖게 되었다.[67] 국왕으로부터 무과 합격자와 동일한 자격을 인정받고 상을 받은 북청군대의 성적 우수한 정예가 70명이었는데, 이들을 서울에 남게 한 것으로 보인다.

개화당이 500명의 북청군대를 양성하여 그 가운데 470명을 서울까지 데려오는 데 성공해 놓고서도, 유재현의 배신과 윤웅렬의 이탈로 마지막 순간에 400명을 돌려보내고 70명의 북청군대만을 정변에 활용하게 된 사실은 국왕을 둘러싼 신임 경쟁에서 수구파가 승리하고 개화당이 패배했음을 나타낸 것이었다. 그러나 개화당은 70명의 북청군대 최정예 군인을 정변에 투입했으므로 북청군대 양성이 완전히 무위로 돌아간 것은 아니었다.

서울에 남게 된 북청군대 70명이 어디에 배속되었는지 기록상으로는 명료하지 않다. 친군영 후영을 신설하라는 국왕의 명령이 정변 조금 전인 7월 22일(양력 9월 11일) 처음 나왔고, 갑신정변 도중에 후영 병정이 정변을 수호하기 위한 外衛를 담당했으며,[68] 북청군대의 보호와 상경에 깊숙이 관여하여 북청 남병영에 두 번이나 내려갔던 박영효가 정변 도중에 친군영 전영사 겸 후영사가 되어 이를 지휘한 것을 보면,[69] 이 70명의 북청군대는 친군영 후영에 배속된 것으로 보인다. 박영

---

66) 《尹致昊日記》, 1884년 10월 10일자. 뿐만 아니라 윤웅렬은 정변 1주일 전에 親營營前營 正領官 직책을 스스로 자퇴하였으므로 前營使 韓圭稷이 이를 수리하였다. 위의 책, 10월 21일자에는 정변 도중에 개화당이 윤웅렬 부자를 배신자로 간주하여 처단하려 하다가 윤치호가 미국공사관 主事로 근무하고 있음을 참작하여 보류했다고 고종이 윤치호에게 말해주고 있다.

67) 유재현은 정변 직후 북청군대를 돌려보내도록 참소한 배신자로 지목되어 서재필에 의해 정변 현장에서 斬殺되었다.

68) 《尹致昊日記》, 1884년 10월 17일자 참조.

69) 《甲申日錄》, 1884년 양력 12월 4일(음력 10월 17일).

효는 그후 회고담에서 개화당이 준비한 무력이 친군영 전영과 후영의 1,000명이라고 하였다.[70] 당시 1영의 병력은 500명이었다.

개화당은 친군영 전영 500명 전원을 스스로 양성하여 완전히 장악하였고, 친군영 후영 500명은 그 가운데 70명의 북청군대를 양성하여 이를 중핵으로 하고 신설 편입한 430명의 다른 조선군을 장악해서 합하여 지휘한 것이었다.

4) 일본공사관 호위용 일본군의 차병

개화당이 정변단행을 결정하여 정변준비에 박차를 가한 약 1개월 여 후인 1884년 9월 12일(양력 10월 30일) 그 동안 일본에 장기휴가를 갔던 일본공사 다케조에(竹添進一郎)가 서울에 귀임하였다. 다케조에는 이전에는 김옥균 등 개화당에 매우 적대적이었으며, 민비 수구파에 호의적이었다.

그러나 다케조에는 서울에 귀임하자마자 종래의 태도를 정반대로 바꾸어 친청사대 수구파와 청국을 공공연히 비난하고 김옥균 등 개화당에게 호의를 보였다. 김옥균이 다케조에에게 "그대의 이유 없는 의심으로 우리의 大計가 모두 실패했다"고 낱낱이 설파하며 비판해도, 다케조에는 일국의 정략은 수시 응변하는 것이라고 호의적으로 응답하며 앞으로는 귀측의 '개혁운동'을 지원하겠다고 접근해 왔다.[71]

김옥균은 처음에는 다케조에의 접근과 약속을 전혀 신뢰하지 않았다. 수신사 박영효와 함께 김옥균이 1882년 일본에 갔을 때 일본정부는 여러 가지 호의를 보이며 조선국왕의 國債委任狀을 가져오면 300만 엔의 차관을 빌려주겠다고 약속한 적이 있었다. 김옥균이 귀국하여 국왕의 국채위임장을 받아 가지고 1882년 7월 다시 일본에 갔더니 몇 달

---

70) 朴泳孝,《東亞日報》1930년 1월 5일자〈韓末政客의 回顧談〉.
71)《甲申日錄》, 1884년 10월 31일(《金玉均全集》, 33쪽 참조).

사이에 일본정부의 정책과 태도는 바뀌어 이를 거절하고 이노우에(井上馨)는 김옥균을 냉대하였다. 일본정부는 자기 나라의 군비확장에만 총력을 기울일 뿐 조선 개화당과의 약속은 전혀 돌아보지 않았다. 김옥균은 조선국왕의 '국채위임장'을 갖고 주일본 미국공사관과 영국공사관을 통하여 세관수입을 담보로 미국·영국 금융기관으로부터라도 개혁자금으로 사용할 차관을 빌리려고 접촉했더니, 1883년 12월부터 본국에 장기휴가로 와 있던 다케조에가 김옥균의 '국채위임장'을 위조품이라고 중상하고 방해하여 모두 실패했었다.[72] 김옥균이 1884년 3월 빈손으로 완전 실패하여 귀국하자 민비 수구파는 더욱 기세등등하여 개화당을 핍박하였다. 다케조에가 갑자기 적극적으로 태도를 바꾸어 접근해 오더라도 김옥균은 이를 신뢰할 수 없어서 박영효에게 다케조에를 만나 보도록 하였다.

다케조에는 박영효에게 "청국이 장차 망할 것이니 귀국의 개혁지사들은 이 기회를 놓쳐서는 안 된다"[73]고 더욱 적극적으로 접근하였다. 일본공사의 이러한 태도 변화의 배경에는 일본정부의 정책변화가 있었다. 일본에서 이전에 정한론자였던 고토(後藤象次郎) 등의 자유당은 청국과 프랑스가 갈등하는 시기에 일본은 조선에서 개화당을 지원하여 청국세력을 한반도에서 몰아내자고 주장하고 있었는데, 1884년 8월에 안남문제로 청·불전쟁이 일어나자 일본 외무대신 이노우에(井上馨)가 이 정책을 채택하여 정책전환을 했기 때문이었다. 이노우에는 다케조에의 서울 귀임을 독촉하면서, 이번에는 서울에서 청국에 대항하는 개화당을 지원하라고 지시하였다.

다케조에는 9월 15일(양력 11월 2일) 입궐하여 국왕 알현 때에는 '제물포조약'에서 정한 임오군란 때의 '손해배상금' 잔액 40만원을 환납하

---

72) 《甲申日錄》, 1884년 10월 31일(《金玉均全集》, 27쪽 참조).
73) 《甲申日錄》, 1884년 11월 1일(《金玉均全集》, 36쪽).

는 호의를 보이면서, 조선의 내정개혁 자금으로 전용해 달라는 일본정부의 의사를 아뢰었다. 또 국왕에게 국제정세를 설명하면서 이번 청·불전쟁에서는 청국이 반드시 패배할 것이니 이 기회에 조선은 국정개혁을 실행하는 것이 좋을 것이라고 주상하였다. 다케조에는 이튿날 일본공사관에서 연회를 열고는 참석한 청국영사 陳樹棠을 외교관들과 귀빈들 면전에서 '무골해삼'이라고 모욕하는 경망스러운 언동을 하여 참석자들을 아연실색케 하였다.[74] 또한 그는 수구파 거물 윤태준의 면전에서 그와 친청 수구파 거물들을 매도하기도 하였다.

개화당은 9월 17일 밤에 박영효의 집에서 김옥균·박영효·홍영식·서광범 등이 모여 일본측의 정책·태도변화를 면밀히 검토해 보고, 일본의 개화당 지원으로의 정책전환이 사실이라면 이를 수용하여 활용하기로 합의해서, 우선 시마무라(島村久) 공사대리를 박영효의 집으로 불러 일본의 정책을 상세히 들었다. 이어서 9월 20일(양력 11월 7일)에는 바둑대회를 구실로 김옥균과 다케조에가 직접 만나 조선 개화당이 거사를 하는 경우에 일본의 지원을 받아들이기로 합의하였다.[75] 다케조에가 서울에 귀임한 지 8일 만에 조선 개화당과 주한 일본공사관이 결탁한 것이었다.

김옥균 등 개화당이 일본측으로부터 지원받으려 한 것은 주한 일본공사관 호위병으로 와 있는 일본군 150명과 약간의 자금이었다. 개화당의 전략전술로서는 정변에 일본군을 끌어들여 국왕호위의 임무를 주면, 남방에서 청·불전쟁을 하고 있는 청국으로서는 서울에 주둔하고 있는 1,500명의 청군으로 조선국왕 호위하의 일본군을 공격해서 청·일전쟁이나 청·일 충돌을 일으킬 수 없게 되어, '以夷制夷'로서 외세 청군은 외세 일본군으로 방어하고 국내 수구파는 국내 개화당이 맡는다는

---

74) 《甲申日錄》, 1884년 11월 2일(《金玉均全集》, 38쪽 참조).
75) 《甲申日錄》, 1884년 11월 7일(《金玉均全集》, 42쪽 참조).

것이었다. 여기에 개화당은 청군과 수구파에 대항키 위해 다시 1,050명
의 조선군을 비밀리에 장악했으니 정변은 이 기회를 활용하면 승산이
있다고 판단했던 것으로 보인다. 김옥균과 다케조에는 10월 8일 대체
로 다음과 같은 내용에 합의하였다.[76]

① 김옥균이 일본군(공사관 호위병 150명)을 국왕호위에 투입하고자 하
  는데 결정 후 變作하는 일이 없어야 하겠다고 한 데 대하여, 다케조에
  는 호위 요청의 국왕 친서가 있으면 투입하겠다고 합의했다. 친서 전
  달자는 박영효로 하기로 내약하였다. 다케조에는 청군 1,000명이 공격
  해 들어와도 일본군 1개 중대가 북악에 의거하면 2주간, 남산에 의거
  하면 2개월간 수비할 수 있다고 호언장담하였다.
② 김옥균이 약간의 자금차용을 제의한 데 대하여, 다케조에는 '300만원'
  의 대출 공급이 가능하다고 하였다. 김옥균이 수백만 원은 필요없고
  수십만 원의 차용이면 당장은 족하다고 하니, 다케조에는 그 정도는
  주조선 일본상인에게서라도 당장 현금 공급할 수 있다고 하였다.

또한 김옥균은 일본군의 역할은 청군에 대항하여 국왕을 호위하는
일뿐이며, 개화당이 조선 내정이나 수구파 처리문제를 담당한다고 하
여 일본공사의 합의를 얻었다.[77] 정변 후 일본측의 만일의 간섭에 대한
예비를 한 것이었다.

개화당과 주한 일본공사관이 결탁한 후 개화당은 이를 비밀리에 하
려고 노력했지만, 일본공사 다케조에는 경솔경망한 자로서 기회가 있
을 때마다 청국측과 수구파를 매도하여 긴장을 조성하고 다녔다. 심지
어 9월 24일(양력 11월 11일) 밤에는 조선정부에 아무런 사전보고도 하
지 않은 채 일본군이 남산 밑에서 포성을 울리는 야간 비상훈련을 실

---

76) 《甲申日錄》, 1884년 11월 25일(《金玉均全集》, 58~63쪽 참조).
77) 《甲申日錄》, 1884년 11월 25일(《金玉均全集》, 62쪽 참조).

시하여 조선조정·서울시민·청군측을 모두 놀라게 하였다.[78] 국왕의 조사명령을 받은 김옥균이 다케조에를 힐문했더니, 다케조에는 "청국인과 조선인이 놀랬다니 의외이다"고 하면서 야간 비상훈련은 사전 보고가 어렵다고 방자한 태도를 취하였다. 그러나 청군측은 그 이후 긴장하여 원세개의 지휘하에 야간에도 군장을 하고 취침시키는 등 경계를 더욱 강화하고 비상 전투태세를 갖추게 하였다. 서울 시내에서는 일본군과 청군의 대립과 긴장이 더욱 격화되었다. 개화파로서는 거사를 서두르지 않으면 안 되는 형세로 급박하게 돌아가고 있었다.

5) 국왕의 밀칙 획득

김옥균 등 개화당으로서는 '정변'단행에 대한 국왕의 승인과 가능하면 '密勅', '密書'를 받는 것이 절실히 필요하였다. 그래야만 군주제하에서 '정변의 정당성'이 확고히 백성들에게 설명되기 때문이었다. 김옥균은 이를 잘 알고, 〈朝鮮改革意見書〉에서 '평화행사'의 방법과 '무력행사'의 방법을 거론하면서, '무력행사'의 방법을 채용하는 경우에는 '국왕의 密意에 의탁'하면서 무력행사를 해야 함을 일찍이 설파한 적이 있었다.[79]

김옥균은 1884년 10월 12일(양력 11월 29일) 국왕과 독대한 기회를 포착하여 국제정세의 급박성에 대해 청·불전쟁 발발, 러시아의 극동침략, 청·일전쟁 발발, 조선의 급박한 위기 등을 긴박하게 설명하고, 나라를 보전하기 위해 청의 간섭으로부터의 조선의 독립과 과감한 개혁단행의 불가피성을 설득력 있게 주상한 후에 마침내 국왕의 '밀칙'을 문서로 획득하는 데 성공하였다. 《甲申日錄》에는 다음과 같이 기록되어 있다.

78) 《甲申日錄》, 1884년 11월 12일 (《金玉均全集》, 44쪽 참조).
79) 金玉均, 〈朝鮮改革意見書〉, 《金玉均全集》, 111~112쪽 참조.

나는 청·불의 교전으로부터 아뢰되 청국은 아직 러시아의 침략(정책)을 알지 못하고 있다는 것과 또 벌써 십 수년 이래로 여러 나라의 동양에 대한 정책이 급변해서 동양 여러 나라들은 오직 舊規를 지켜서만은 편안히 숨어 自守의 책을 도모할 수 없다는 것을 아뢰고…… 통절하게 一論하였다. 그때 뜻밖에 곤전(민비)께서 내실에서 나오시며 "내 경의 말을 처음부터 다 들었다. 사세의 절박함이 이미 이러할지면 그 대책은 어떠해야 하겠느냐" 하였다. 국왕께서도 또한 간절히 하문하셨다. 나는 아뢰되, "다케조에가 처음에는 신과 의론이 맞지 아니하와 그 저해를 많이 받았사옴은 이미 통촉하시는 바이나, 다케조에가 다시 온 후로부터는 도리어 신에게 친절히 접근해 와 터놓고 의사를 보이게 되었습니다. 신은 이것이 일본의 政略이 전날과는 갑자기 변한 까닭인가 하옵니다. 따라서 청·일의 擧兵이 머지 않은 일인 줄 믿습니다. 만약 그렇다면 조선은 청·일전쟁의 마당이 될 것입니다. 무슨 모책으로 이것을 면하겠나이까" 국왕과 곤전께서도 깊이 동의하시고 우려하시는 분부로, "만약 청국과 일본이 교전한다면 그 승패는 어떻게 될까" 나는 아뢰되, "그 최후의 승패는 지금 예측할 수 없사오나 만약 불란서와 합체하게 되면 그 승리는 단연 일본에 있다 하겠나이다" 국왕은 가로되, "그러면 우리나라의 독립책도 역시 여기에 있지 아니하냐" 나는 아뢰되, "聖敎와 같사옵니다. 그러나 폐하의 측근 신하들이 모두 청국을 우러러보아 그 주구의 역할을 하고 있으니 일본이 비록 獨立에 돕고자 한들 어찌할 도리가 있겠나이까. 신의 말에는 생사가 달렸사오나 나라의 危亡이 조석에 달린 이때 신의 일신의 안위는 돌아볼 틈이 없나이다" 폭포 같은 아룀이 여기에 이름에 곤전께서, "경의 말은 아마 나를 의심하는 듯하나 그러나 일이 나라의 존망에 관계되는지라 나는 일 부인으로써 어찌 大計를 그르치게 할까보냐. 경은 숨기지 마라" (나는 實과 虛를 알 수 없다.) 국왕께서 가로되, "경의 마음을 나는 잘 알고 있다. 무릇 나라의 大計와 위급한 때를 당하여 경의 籌謀에 일임할 터이니 다시 의심치 말지어다" (이것은 實心이고 實語이다.) 나는 아뢰되, "신으로서는 감히 당할 수 없사오니 오늘 이 밤의 聖敎는 정녕 귀에 있으니 어찌 감히 어기겠습니까. 바라옵건대 폐하께서 親書의 密勅을 내려 주시면 신의 신상에 항상 모시겠습니다" (국왕께서) 즉시 勅書를 쓰시어 수결하시고 옥새를 찍어서 내려 주시었다.[80]

---

80)《甲申日錄》, 1884년 11월 29일(《金玉均全集》, 64~67쪽 참조).

김옥균이 국왕의 '친서의 밀칙'을 받았다는 이 기록은 김옥균 자신이 쓴 《갑신일록》의 기사이기 때문에 의심하는 경우가 있다. 그러나 정변 실패 후 국왕이 청군과 수구파 대신들에게 받은 대접이나 개화당의 일관된 주장으로 보아서 김옥균이 '국왕의 친서 밀칙'을 이때 획득한 것은 사실로 보인다. 단지 국왕의 '친서의 밀칙'의 내용이 직접 '정변'을 지칭한 것이 아니라, 김옥균이 과장하여 아뢴 청·일전쟁 발발 때의 '임기응변의 대권'을 위임한 추상적 내용의 것이 아닌가 추정된다.

김옥균은 국왕으로부터 '친서의 밀칙'을 받아 몸에 지녔으므로, 정변에 일단 성공하기만 하면 온 나라에 정변의 정당성을 국왕의 '밀칙'을 빌려 설득할 준비를 갖추게 되었다.

6) 행동계획의 최종 정리

김옥균 등 개화당은 1884년 10월 11일에서 10월 14일에 걸쳐 정변의 거사에 대한 행동계획을 최종적으로 수립하여 점검했는데, 이를 《갑신일록》에서 간추려 정리하면 다음과 같다.

① 洪英植이 총판으로 있는 우정국 건물 낙성식 날을 擧事日로 한다. 홍영식은 수구파 4營使(韓圭稷·尹泰駿·李祖淵·閔泳翊)의 유고 유무를 탐지하여 우정국 낙성식 축하연회 일자를 정하되 3일 이내로 한다(후에 10월 17일 오후 7시로 정했음).

② 우정국 낙성식 축하연 도중 別宮에 불을 질러서 거사의 신호로 한다. 別宮에 불이 나면 4營使는 직책상 불을 끄러 화재현장으로 가지 않을 수 없으니, 이때 4營使 등 수구파 요인을 처단한다. 수구파 1인에게 하수인 2인씩을 배정하되, 하수인은 각각 단검 1자루와 단총 1자루씩을 휴대한다.

③ 別宮에 불지르는 일은 李寅鍾이 총책임을 맡고, 李圭完·林殷明·尹景純·崔殷童 등이 함께 석유를 뿌려 수행한다.

④ 수구파 4營使의 처단에 대해서는 閔泳翊을 尹景純·李殷種이, 尹泰駿

을 朴三龍·黃龍澤이, 李祖淵을 崔殷童·申重模가 담당한다. 만일 이들
이 실수하는 경우에 대비하여 별도로 일본인 3명에게 조선옷을 입혀
예비로서 수구파 1명에게 1명씩 배정한다.

⑤ 별궁 방화 후 수구파의 도래를 기다려 개화파 장사들을 지휘 호령하
는 임무는 연장자인 李寅鍾과 李喜禎이 맡는다. 이들의 통신연락과 왕
래정찰은 柳赫魯와 高永錫이 담당한다.

⑥ 대신들과 別入侍가 출입하는 金虎門 밖에는 申福模가 지휘하는 개화
당동지 장사(忠義契) 43명을 매복시켰다가 閔台鎬·閔泳穆·趙寧夏 등
이 화재에 대한 문안차 입궐하면 즉시 처치한다.

⑦ 대궐 안의 내응으로는 친군영 전영 소대장 尹景完이 칭병하여 당번
을 천연시키다가 거사 당일 밤에 숙직을 자청한 후, 대궐 밖의 거사에
호응하여 친군영 전영 병사 50명을 거느리고 있다가 비상선을 넘어
대궐 안으로 들어오는 자가 있으면 처치한다.

⑧ 顧大嫂(42세의 중년부인으로 신체의 건대함이 남자 이상이요, 완력이 남
자 5·6명을 당할 수 있는 궁녀로서 10년 전부터 개화당에 궁궐내 정보를
알려주던 궁녀)라는 별명을 가진 궁녀로 하여금 준비해 준 폭발약을
대궐 밖의 火光을 신호로 하여 通明殿에서 폭발시켜 폭음과 섬광을
내게 한다.[81]

⑨ 金奉均과 李錫伊이로 하여금 준비해 준 화약을 갖고 仁政殿 행랑에
서 숨어 대기하고 있다가 개화당 요인들이 입궐할 때 폭발시켜 폭음
으로 성세를 돕게 한다.

⑩ 別宮에 불이 난 뒤 일본공사관으로부터 일본군 30명을 빌려 景祐宮
과 金虎門 사이를 왕래하며 의외의 사고를 방지케 한다.

⑪ 일이 일어나서 혼잡하게 되면 자기편끼리 또는 일본인과 서로 충돌
할 염려가 있으므로, 암호로 '天'자와 일본어 '요로시'를 모든 장사들에
게 알린다.

---

81) 李光麟, 〈甲申政變에 대한 考察〉, 앞의 책, 30쪽에 의하면, 顧大嫂는 정변 후에
희생되었다는 궁녀 李禹石이라고 추정되고 있다(古筠紀念會 編,《金玉均傳》
上, 421쪽 참조).

⑫ 정변 성공 즉시 국왕은 景祐宮으로 옮겨 모시고 3중으로 호위하되,
  內衛는 개화당 장사(충의계)와 사관생도가, 中衛는 일본군이, 外衛는
  조선군(친군영 전영과 후영 군인)이 담당한다.[82]

  김옥균 등은 이상과 같은 순서로 정변을 실행에 옮기는 최종 점검을
한 후 일찍이 거사일을 10월 17일(양력 12월 4일)로 정하고서도 다케조
에와 일본측에게는 이를 알려주지 않고 있다가 우편선 千勢丸이 인천
을 출항한 뒤인 16일에야 일본측에 알려주었다. 김옥균은 다케조에가
경솔하며 변덕스러운 성품을 가졌고, 일본정부의 정책은 수시 변하므
로, 일본측이 갑자기 정책을 바꾸어 정변을 누설 실패케 할 것을 염려
했기 때문이었다. 김옥균은 劉大致를 방문하여 거사를 독촉받았을 때
에도 일본은 '확실히 신뢰할 수는 없다'고 응답했었다. 김옥균은 千勢
丸이 일본에 갔다가 다케조에의 보고에 대한 일본정부의 훈령도 싣고
인천항에 입항할 예정일이 10월 20일이므로, 그 이전인 17일에 정변을
일으켜서 20일에는 이미 정변을 완료해 버리려고 하였다.[83]

(《한국사》 제38권, 국사편찬위원회, 1999)

---

82) 《甲申日錄》, 1884년 12월 1일(《金玉均全集》, 67~74쪽 기타 참조)
83) 《甲申日錄》, 1884년 12월 1일(《金玉均全集》, 68~69쪽 참조).

8. 갑신정변의 전개와 개화정권의 수립

(1) 1884년 10월 17일 밤의 거사

마침내 1884년 10월 17일(양력 12월 4일) 우정국 낙성식 축하연의 '거사일'이 왔다. 축하연 시작 시간인 오후 7시가 가까워 오자 초청받은 축하객들이 모여들기 시작하였다.

외국인 축하객으로는 미국공사 푸트(Lucius H. Foote), 미국공사관 서기관 스커더(Charles L. Scudder), 영국총영사 애스턴(William George Aston), 청국총판조선상무(청국영사) 陳樹棠, 봉판상무(서기관) 譚廣堯, 일본공사관 서기관 島村久, 통역관 川上立一郎, 해관 세무사 묄렌도르프(Paul Georg von Möllendorff) 등이 참석하였다. 일본공사 竹添進一郎과 독일총영사 젬부쉬(Zembsch)는 병으로 참석하지 못한다고 알려왔다.

내국인 참석자로는 초청자인 홍영식을 비롯하여, 錦陵尉 박영효, 독판 김홍집, 친군영 전영사 한규직, 우영사 민영익, 좌영사 이조연, 김옥균, 승지 서광범·민병석, 주사 윤치호, 司事 申樂均 등이 참석하였다. 후영사 윤태준은 이날 밤 궁중 숙직으로 참석하지 못하여 참석자가 모두 18명이었다.[1]

김옥균은 이날 오후 4시에 우정국으로 가서 홍영식과 함께 연회준비를 점검하였다. 김옥균이 집에 돌아오니 국왕을 항상 가까이 모시고 있는 邊樹가 와서 국왕께서는 날이 밝은 뒤부터 공사를 재결하기 위해 계속 침실로 가지 않았고 承候官은 2시에 入對했는데 일찍 물러가게 해서 공무를 끝내었다고 국왕의 동태를 보고하였다. 김옥균은 변수에게 계속 국왕과 궁궐의 정황을 관찰하다가 오늘밤 김옥균 자신이 대궐로 들어가는 즉시 상세히 보고하도록 지시하였다. 김옥균이 바로 이웃하고 있는 서재필의 집으로 가서 모여 대기하고 있는 개화당 장사들에게 행동지침을 거듭 결정하여 지시하고 나니 날이 저물어 어두워졌다. 김옥균이 급히 우정국으로 달려가니 조금 늦게 도착되어서 이미 술자리가 벌어지고 있었다.

김옥균은 일본공사관 서기관 시마무라(島村久)의 옆 좌석에 앉아 이따금 이야기를 나누다가, 거사 직전임을 알리기 위해 암호로 "그대는 天을 아는가" 하고 물으니, 시마무라는 일본말로 "요로시" 하고 대답하였다.

이때 김옥균에게 집에서 누가 찾아왔다고 알려왔다. 김옥균이 연회장 문밖으로 나가보니 개화당의 朴齊絅이 급히 달려와 숨이 차서 헐떡거리며 아무리 애를 써도 별궁 방화는 불가능하다고 보고하였다. 김옥균은 다른 곳이라도 연소되기 쉬운 초가를 골라 불을 질러서 신호를 하라고 지시하였다.

김옥균이 연회장에 돌아와 초조하게 기다리는데, 신호 불빛은 없고 또 김옥균을 찾는다고 하여 나가보니 이번에는 유혁로가 달려와서 별궁 방화의 실패로 순라군들이 사방에 퍼져 다른 곳 방화도 위험하므로 여러 장사들이 연회장을 습격하고자 한다고 보고하였다. 김옥균은 그 경우에 혼잡 속에서 외국공사를 다치게 할까 염려되니 순라군이 없는

---

1) 《甲申日錄》, 1884년 12월 4일(《金玉均全集》, 77~78쪽 참조).

곳을 골라 불로 신호하라고 다시 지시하였다.

김옥균이 긴장하여 두 번이나 출입하는 것을 민영익 등은 자못 의심하는 빛이었고, 시마무라도 매우 불안한 기색이었다. 이때 우정국 북쪽 창문 밖에서 "불이야, 불이야" 하는 소리가 들리고 떠들썩하므로 창문을 열어보니 우정국 바로 옆 거리에 불빛이 하늘에 뻗쳤다. 연회장 안의 사람들은 당황하여 모두 자리에서 일어났고, 한규직이 먼저 "우리들은 장수의 소임으로 급히 달려가서 불을 끄지 않을 수 없다"고 하면서 막 나가려는데, 민영익이 칼을 맞아 온몸에 피투성이가 된 채 연회장 안으로 기어들어왔다. 민영익은 김옥균이 자주 밖을 드나드는 것을 보고 눈치 빠르게 의심을 품었다가 '불이야' 소리에 재빠르게 먼저 대문을 빠져나갔는데 대기하고 있던 개화당 장사들의 칼을 맞고 돌아온 것이었다. 개화당 장사들은 서툴러 민영익을 완전히 처치하지 못하고 중상을 입힌 데 그쳤다.[2] 연회장은 완전히 수라장이 되어 버렸다.

김옥균·박영효·서광범 등은 북쪽 창문으로 뛰어넘어 곧 암호로 '天', '天' 이를 부르며 달리는 도중에 이인종과 서재필을 만나게 되자, 그들로 하여금 개화당 장사들을 인솔하여 경우궁 문밖에 가서 기다리도록 지시하고, 먼저 곧바로 일본공사관으로 달려갔다. 별궁 방화가 실패한 것을 보고 일본측이 변심하지 않았나 보기 위해서였다. 일본공사관에서는 시마무라가 먼저 돌아와 있다가 나오면서 "그대들은 왜 대궐로 가지 않고 이곳으로 왔는가" 하고 물었다. 김옥균은 일본측이 변심하지 않은 것을 확인하고 대궐로 가는 도중 운니동 어귀에 김봉균·이석이 등 개화당 장사들이 기다리고 있는 것과 또 신복모가 장사 40여 명을 여러 곳에 매복시켜 놓은 것을 보았다.

김옥균·박영효·서광범은 금호문으로 김봉균·이석이를 데리고 들어가 그들에게 인정전 아래 화약을 묻은 곳으로 보내어 30분 후에 폭발

---

2) Harrington, Fred H., *God, Mammon and the Japanese*, pp.23~25 참조.

시키도록 하였다.

　김옥균 등이 앞을 막는 武監을 호령하여 물리치고 편전 앞 합문 밖으로 나아가니 윤경완이 전영 병정 50명을 거느리며 기다리고 있었다. 편전 안으로 들어가니 국왕은 이미 침실에 들었으므로 가로막는 환관 柳載賢을 시켜 국왕께 급히 일어나시도록 청하게 하였다. 국왕이 침실로 김옥균·박영효·서광범을 부르면서 무슨 사변이 일어났는가를 물었다. 김옥균 등이 우정국의 사변을 아뢰고 잠시 다른 궁궐로 옮길 것을 청하였다. 민비가 김옥균에게 "사변이 청국측에서 나왔는가, 일본측에서 나왔는가"를 묻고, 김옥균이 미처 대답하기도 전에 홀연히 천지를 진동하는 폭음이 울리었다. 혼비백산한 국왕과 민비를 모시고 경우궁을 향해 달리는 도중에 김옥균 등은 국왕에게 "지금 이때를 당하여 일본군사를 요청해서 폐하를 호위하도록 하면 만전을 기할 수 있겠습니다" 하고 진언하였다. 다급한 국왕은 그렇게 하라고 윤허하였다. 김옥균이 잇따라 "親筆勅書가 없으면(일본군사가) 하명하신 대로 오지 않을 듯합니다" 하고 아뢰었다. 국왕이 어떻게 하면 좋겠는가 묻자, 김옥균은 연필을 올리고 박영효는 백지를 내놓았다. 국왕은 급히 曜金門 안 노상에서 친필로 "일본공사는 와서 짐을 호위하라"고 써주었다. 김옥균은 이 친필칙서를 박영효를 시켜 다케조에에게 전하게 하였다.[3]

　국왕과 왕비를 모시고 김옥균 일행이 경우궁 正殿 뜰에 이르렀을 때 곧 박영효와 다케조에가 일본군을 인솔하여 왔다. 김옥균·박영효·서광범 등은 국왕과 왕비를 정전에 편히 좌정케 한 후에 좌우에 시위하고, 서재필의 지휘하에 사관생도 13명과 개화당 장사들로 內衛를 시켰으며, 친군영 전영 소대장 윤경완에게 50명의 병사를 거느리고 정전 뜰을 지키게 하고, 일본군 150명으로 하여금 대문 안팎을 경호하도록 했으며, 外衛로 친군영 전영·후영 병사를 불러 경우궁을 지키도록 하였

---

　3) 《甲申日錄》, 1884년 12월 4일(《金玉均全集》, 82~85쪽 참조).

다. 국왕을 중심점으로 3중·4중의 철통 같은 호위체제가 편성되었다. 정변은 일단 성공권에 들어선 것이었다.[4]

김옥균은 이에 믿을 만한 武監 10여 명을 시켜서 경우궁 대문밖에 나가서 재상과 대신들 가운데 변을 듣고 오는 자가 있으면 곧 이름을 먼저 들여보내서 허가를 받은 다음 홍영식에게 보내도록 하였다.

이조연이 우정국 축하연에서 도피했다가 국왕이 경우궁에 옮기셨다는 말을 듣고 찾아왔으므로 들어오게 했더니, 이미 와 있는 한규직·윤태준 및 환관 유재현과 자주 쑥덕거렸다. 박영효가 이를 보고 3영의 영사들이 국왕호위의 임무는 하지 않고 궁궐 안에서 왜 머뭇거리는가 하고 힐문하니, 먼저 윤태준이 나가겠다고 하였다.

윤태준이 손중문을 나서자마자 대기하고 있던 이규완·윤경순이 처단해 버렸다. 한규직과 이조연은 경우궁 후문을 나섰다가 기다리고 있던 황용택·윤경순·이규완·고영석에 의해 처단되었다. 이에 친군영의 전·후·좌의 3영사가 모두 죽임을 당하고 우영사 민영익은 중상을 당하여 모두 처단된 것이었다.

민영목·조영하·민태호가 각각 차례로 경우궁 정전 밖에 찾아와 명찰을 들이므로 들어오게 하여 이규완·고영석 등이 처단하였다. 수구파 영수들도 역시 처단된 것이었다.

김옥균은 사람을 시켜 輔國 李載元(국왕의 4촌형)을 입시케 하여 정변과 대개혁의 불가피성을 설명했더니 기꺼이 따르겠다고 하였다.

김옥균은 변수를 각국 공사관에 보내어 정변을 알리고 우정국 축하연 참석자들을 위문케 하였다. 이에 미국공사는 해군사관 버너드와 윤치호를 경우궁에 보냈으므로 정변의 대강을 설명해 보냈더니, 미국공사로부터 "사세가 여기에 이르렀으니 오직 내정을 잘 개혁하시오"라는

---

4) 《日本外交文書》 제17권, 문서번호 125, 附記, 〈明治17年甲申朝鮮京城事變始末書〉, 352~362쪽 참조.

회보가 왔다.

김옥균 등이 우선 급히 시행해야 할 政令을 국왕께 품하려 하는데, 민비는 대궐로 돌아가자고 주장하고, 환관과 궁녀 수백 명이 한 방에 뒤섞여서 정변에 놀라거나 두려워하는 기색이 없이 떠들어대었다. 김옥균은 서재필을 시켜 장사들로 하여금 환관 유재현을 경우궁 정전 위에 묶어 오게 한 다음, 궁안의 모든 사람들 앞에서 유재현의 죄목(북청군대 환송책동과 모함 등……)을 낱낱이 드러내고 칼로 목을 베어 참살하였다. 이를 바로 눈에서 보게 된 궁안의 모든 사람들은 아연실색하여 이때부터 개화당의 영을 한결같이 따랐다. 환관 유재현은 개화당에 속했었는데 후에 변절해서 개화당의 북청군대 정변투입을 방해하고, 수구파에 가담했다가 변을 당한 것이었다.[5]

(2) 신정부의 수립

개화당은 이어서 이튿날인 11월 18일 이른 아침까지에 걸쳐 국왕에게 품하여 신정부의 수립에 착수하였다. 여러 단계의 인사발령이 있었으나,[6] 최종적인 신정부의 구성은 《갑신일록》에 의거하면 다음과 같은 것이었다.[7]

領議政：李載元(국왕의 종형)
左議政：洪英植
前後營使兼左捕將：朴泳孝
左右營使兼代理外務督辦, 右捕將：徐光範
左贊成兼右參贊：李載冕(대원군의 嗣子)

---

5)《尹致昊日記》, 1884년 9월 11일자 참조.
6) 李光麟, 〈甲申政變에 대한 考察〉,《開化黨硏究》(一潮閣, 1973), 160~164쪽 참조.
7)《甲申日錄》, 1884년 12월 4일(《金玉均全集》, 89~91쪽 참조).

吏曹判書兼弘文館提學 : 申箕善
禮曹判書 : 金允植
兵曹判書 : 李載完(李載元의 아우)
刑曹判書 : 尹雄烈
工曹判書 : 洪淳馨(왕대비의 조카)
漢城判尹 : 金弘集
判義禁 : 趙敬夏(대왕대비의 조카)
藝文館提學 : 李建昌
戶曹參判 : 金玉均
兵曹參判兼正領官 : 徐載弼
都承旨 : 朴泳敎
同副承旨 : 趙同冕(대왕대비의 종손)
同義禁 : 閔肯植
兵曹參議 : 金文絃(順和宮의 아우)
平安監司 : 李載純(대원군의 至親)
水原留守 : 李熙善
說 書 : 趙漢國(대원군의 외손)
洗 馬 : 李埈鎔(대원군의 손자 즉 李載冕의 아들)

신정부의 조직구성을 보면, 개화당과 국왕 종친(특히 대원군계열)의 연립내각임을 알 수 있다. 신정부의 공식 수반인 영의정에는 대원군의 친조카이며 국왕의 사촌인 李載元을 추대하여 왕실과 종친을 높이고, 개화당의 대표로는 홍영식을 신정부의 공식 차석인 좌의정에 임명하였다. 대원군계열의 종친과 왕실에서는 그 밖에 李載冕·李載完·李載純·李埈鎔 등을 입각시키고, 척족으로서는 민비일파에게서 홀대받던 인물들을 포용하여 왕실에 호의를 보였다.

개화당의 직책 분담으로는 대표로서 좌의정 洪英植 이외에, 金玉均이 판서 없는 호조참판에 임명되어 재정을 장악하였다. 朴泳孝는 무력의 핵심인 군사권과 경찰권을 맡았다. 徐光範은 외교를 담당하고 군사권과

경찰권을 보조적으로 담당하게 하였다. 徐載弼에게는 군사권을 맡겨
박영효를 지원하도록 하였다. 朴泳教에게는 국왕의 도승지를 담당케
하여 국왕 시종의 책임을 맡겼다.[8]

이 밖에 개화당에 동조할 수 있다고 본 당시의 온건개화파로는 金允
植·金弘集·申箕善·李建昌 등을 기용하였다.

개화당 요인들이 정치·재정·군사·외교·국왕 비서실의 실권을 장악
하고, 신정부의 수반과 다른 부서에는 대원군계열 종친들을 임명했으
며, 내무·학예 직책에는 온건개화파를 포용한 연합정부였음을 알 수
있다. 그러나 신정부의 실질적인 지도자는 김옥균이었음은 물론이다.
김옥균이 권력을 탐하여 정변을 일으켰다는 모함을 차단하기 위해 이
전에 김옥균이 맡았던 적이 있는 '戶曹參判'을 맡은 것이었다.[9] 그러나
실권을 장악하기 위해, 모든 국가재정을 호조로 통일한 그 호조의 '판
서'는 임명하지 않고 공석으로 두어 사실상 '참판'이 '판서'의 일을 하도
록 배치한 사실을 주목할 필요가 있다.

개화당은 신정부수립 직후 11월 18일 오전 8시에 미국공사·영국총
영사·독일총영사에게 친군영 전영의 병정 각 30명씩을 보내어 그들을
보호해 오게 하여 국왕을 알현시켰다. 국왕은 각국 외교사절들에게 신
정부의 수립과 대개혁정치의 실시를 알렸다. 국왕의 질문에 외국 공·
영사들은 "세계 모든 나라에는 다 크고 작은 변동이 있고 그렇게 해서
온전한 판국이 이루어지는 것이라"[10]는 요지의 상주를 하고, 정변에 승
복했으며, 다만 외국인을 보호해 줄 것을 간청하고 물러갔다.[11] 개화당

---

8) 《甲申日錄》에 의하면 무관 尹雄烈에게는 '刑曹判書'를 맡겼다. 개화파 군대를
   양성한 尹雄烈에게 軍權을 맡기지 않은 것은 갑신정변 직전에 北靑軍隊의 과다
   한 還送과 친군영 전영 正領官 사임으로 개화당의 신임을 상실했기 때문이었던
   것으로 추정된다.
9) 《高宗實錄》, 高宗 20년(1883) 10월 초7일조, '特擢金玉均爲戶曹參判' 참조.
10) 《尹致昊日記》, 1884년 10월 18일자 참조.
11) 《甲申日錄》, 1884년 12월 5일(《金玉均全集》, 91~92쪽 참조).

의 이러한 절차 시행은 신정부의 수립을 국제적으로 알리고 인식시키기 위한 것이었다.

한편 개화당의 정변에 당황한 원세개 지휘하의 청군측은 11월 18일 아침 개화당 지지자로 위장한 경기관찰사 沈相薰을 경우궁으로 들여보내어 민비의 밥사발 밑에 서찰을 감추어서 청군과 민비 사이의 연락에 성공하였다.[12] 민비는 이에 신정부가 자기세력을 적으로 하고 있음을 확실히 알게 되었으며, 경우궁은 좁은 관계로 청군이 공세적인 군사작전을 수행하는 데는 지형상 불리하므로 넓은 창덕궁으로 국왕을 환궁하도록 할 필요성을 느끼게 되었다. 이에 민비는 청군을 돕기 위한 내심으로 경우궁은 너무 좁아 불편하다고 창덕궁으로의 환궁을 요청하였다. 그런데 창덕궁은 너무 넓어서 개화당의 소수 병력으로서는 방어에 극히 불리한 곳이었다.

김옥균 등은 이에 11월 18일 오전 10시경에 경우궁 옆의 이재원이 살고 있는 桂洞宮으로 국왕과 왕비의 거처를 옮기었다. 이곳은 경우궁보다는 넓으나 약간 고지여서 개화당의 소수 병력으로도 방어가 유리한 곳이었다. 민비는 계동궁이 꽤 넓은 곳인데도 불구하고 좁다고 다시 창덕궁으로 환궁하자고 요청했다. 국왕은 내용도 모른 채 민비를 지지하였다. 김옥균은 이를 거절하고, 다케조에에게도 창덕궁은 방어가 어려우니 국왕이나 왕비의 분부가 있더라도 계동궁을 떠나서는 안된다고 주의를 주었으며, 국왕과 왕비에게는 이틀만 더 기다리시면 모든 일이 정리되어 환궁하게 될 것이라고 아뢰었다.

김옥균이 잠시 계책을 의논할 것이 있어서 홍영식 및 이재원과 함께 외청에 나간 사이에 국왕은 갑자기 다케조에를 불러 창덕궁으로의 환궁을 간절히 말하니, 다케조에는 준비하여 1시간 후에 환궁케 하겠다고 아뢰었다. 김옥균이 그 말을 듣고 달려와 다케조에를 꾸짖으니, 다

---

12) 朴泳孝, 〈吾等一生の失策〉, 《古筠》 창간호, 15쪽 참조.

케조에는 왕궁수비는 일본군이 한결같이 잘할 것이니 걱정 말라고 큰 소리를 쳤다. 국왕도 다케조에의 허락을 얻었다고 매우 기뻐하며 김옥 균을 나무라니, 어찌할 수 없었다. 김옥균 등 개화당은 할 수 없이 국왕 과 왕비 등을 모시고 11월 18일 오후 5시에 창덕궁으로 환궁하였다.

개화당은 경우궁에서와 마찬가지로 국왕을 중심으로 하여 내위는 약 50명의 개화파 장사들과 사관생도들이 맡도록 하고, 중위는 150명 의 일본군에게 맡겼으며, 외위는 약 1,000명의 친군영 전영과 후영의 조선군이 담당하도록 배치하였다.[13]

이날 밤에는 창덕궁 대궐문을 잠그려 하는데 청군의 吳兆有 진영에 서 병정을 보내어 宣仁門을 잠그지 못하도록 방해한 사건이 있었을 뿐, 큰 사건 없이 넘기었다.

(3) 개화파 신정부의 혁신정강 공포

정변을 일으켜 정권을 장악하고 신정부를 수립한 급진개화파(개화 당)는 신정부가 실시할 혁신정책의 기본강령으로서 '혁신정강'을 제정· 공포하였다.

혁신정강은 국왕이 이재원의 집(계동궁)에서 창덕궁으로 옮긴 10월 18일(양력 12월 5일)날 저녁에 승정원을 進善門 안방에 설치하고, 영의 정 이재원, 좌의정 홍영식, 병조판서 이재완, 좌우영사 박영효, 호조참 판 김옥균, 서리독판교섭통상사무 서광범, 도승지 박영교 등이 협의하 여 결의하였다. 여기서 결의된 것을 우승지 신기선으로 하여금 청서케 한 후 홍영식이 이를 국왕께 상주하였다.[14] 신기선의 공술에 의하면 혁

---

13) 《甲申日錄》, 1884년 12월 5일(《金玉均全集》, 94쪽 참조).
14) 愼鏞廈, 〈甲申政變의 改革思想〉, 《韓國學報》 36집, 1984 참조.

신정강의 결의는 김옥균이 주도했다고 한다.[15]

혁신정강은 10월 18일 늦은 오후부터 19일 새벽까지 개화당 신정부의 위의 주요 대신들과 종척대신들이 식사도 굶어 가면서 열심히 토론하고 협의하여 결정해서 국왕에게 상주하여 재가를 받은 후, 10월 19일 오전 9시경에 국왕의 傳敎 형식을 빌려 세상에 공포되고, 서울 시내의 중요한 몇 곳에 게시되었다.

혁신정강의 조목들은 처음에는 상당히 많아서, 당시 서울에 체류했던 일본인 가운데는 80여 개 조목이 있었다고 기록한 경우도 있다.[16] 그러나 그 정확성을 알 수 없다. 현재 정확하게 전해지고 있는 것은 김옥균이 그의 《甲申日錄》에 수록한 14개 조항뿐이다. 그러나 김옥균도 '생략하여 기록하면 다음과 같다(略錄如此)'라고 하여 줄여서 기록함을 밝히고 있으므로, 실제의 혁신정강의 조항들이 이보다 많았음은 명백한 것이다. 김옥균이 기록해 둔 요약된 혁신정강 14개 조항은 다음과 같다.

① 대원군을 가까운 시일 내에 돌려보낼 것. 조공하는 허례의 행사를 폐지할 것.

② 문벌을 폐지하여 인민평등의 권리를 제정하고, 사람의 능력으로써 관직을 택하게 하지 관직으로써 사람을 택하지 않을 것.

③ 전국의 地租法을 개혁하여, 간사한 관리들을 근절하고, 백성의 곤란을 구하며, 겸하여 국가재정을 유족하게 할 것.

④ 內侍府를 폐지하고 그 가운데 우수하고 재능 있는 자는 등용할 것.

⑤ 그 동안 국가에 해독을 끼친 탐관오리 가운데 죄가 심한 자는 처벌할 것.

⑥ 각 도의 還上제도는 영구히 폐지할 것.

⑦ 奎章閣을 폐지할 것.

---

15) 《推案及鞫案》(규장각도서), 罪人申箕善鞫案, 亞細亞文化社版 30책, 787쪽 참조.
16) 近藤吉雄, 《井上角五郎傳》, 1943, 58~59쪽 참조.

⑧ 巡査제도를 시급히 설치하여 도적을 방지할 것.

⑨ 惠商公局을 폐지할 것.

⑩ 그 동안 유배·금고 된 사람들을 다시 조사하여 석방할 것.

⑪ 4營을 합하여 1營으로 통합하고, 그 가운데서 장정을 선발하여 近衛隊를 시급히 설치할 것(육군대장은 세자궁을 추대할 것).

⑫ 모든 국가재정을 戸曹로 하여금 관할케 하며, 그 밖의 모든 재무관청은 폐지할 것.

⑬ 大臣과 參贊(새로 임명된 6인의 이름은 생략함)은 閤門 안의 議政府에서 매일 회의를 하여 정사를 결정한 후에 왕에게 품한 다음 政令을 공포해서 정사를 집행할 것.

⑭ 정부는 6曹 외에 무릇 불필요한 관청에 속하는 것은 모두 폐지하고, 대신과 참찬으로 하여금 토의하여 처리케 할 것.[17]

위의 14개조 혁신정강은 너무 간략히 줄여 놓았으므로 여기서 약간의 설명을 가할 필요가 있을 것이다.

1) 완전 자주독립의 공포

혁신정강 제1조는 개화당의 신정부가 조선왕조의 완전 자주독립을 대내외에 공포한 것이었다. 당시 조선왕조의 자주독립은 1882년의 '임오군란'을 전환점으로 해서 청국에 의해 크게 침해되고 있었다. 청국은 '임오군란'을 수습한다는 구실을 가지고 3,000명의 청군을 조선에 주둔시키고, 집권자인 국왕의 아버지 대원군을 군함으로 초청해서는 그대로 청국으로 납치해 가서 保定府에 유폐시켜 버렸다. 이것은 그 자체가 조선왕국의 자주독립을 무시하고 유린한 만행이었다. 그리고 청국은 조선에 주둔시킨 청군의 무력을 배경으로 종주권을 주장하면서 조선의 내정에 적극 간섭하여 조선을 실질적으로 屬邦化하려고 획책하

---

17) 《甲申日錄》, 1884년 양력 12월 5일(《金玉均全集》, 亞細亞文化社版, 95~96쪽 참조).

였다.

조선왕조는 개창 후 임오군란 이전까지 명나라와 청나라에 대해 때때로 조공허례 의식을 행해 왔으나, 이것은 주로 국가무역을 중심 내용으로 한 의례적 형식에 불과하였고, 실질적으로 조선의 내정과 외교는 조선왕조 정부의 자주적 결정에 의거하였다. 이것은 일본과 월남을 비롯한 중국 주위의 다른 나라들도 마찬가지였다. 조선왕국은 본질적으로 자주독립국가였다. 그러나 일부 소수의 썩은 양반유생들 일부는 이것을 근거로 하여 사대적 사고방식을 갖는 경우도 있었기 때문에 조공허례 의식은 확고한 민족주체성의 발전을 사상적으로 저해하는 작용을 하고 있었다. 이러한 상태에서 임오군란 이후에는 청국이 조선을 본격적으로 속방화하려고 기도한 것이었다.

당시 집권한 민비 수구파들은 임오군란으로 정권이 한 번 붕괴되었다가 청국의 구원으로 재집권했기 때문에, 청국의 속방화 적극간섭정책으로 나라의 자주독립이 크게 침해되고 자주근대화가 크게 저지되는 것은 돌아보지 않고 민씨 일문의 사리사욕을 채우기에 급급하였다. 1882년 7월을 전환점으로 해서 조선왕국의 자주독립은 큰 위기에 봉착하였다. 김옥균 등 급진개화파(개화당)는 이 위기를 타개하려고 한 것이었다.

김옥균은 갑신정변을 일으키기 이전에 앞서 지적한 바와 같이 완전독립의 주장을 다음과 같이 기록하였다.

자래로 淸國이 조선을 스스로 屬國으로 생각해 온 것은 참으로 부끄러운 일이며, 나라(조선)가 振作의 희망이 없는 것은 역시 여기에 원인이 없지 않다. 여기서 첫째로 해야 할 일은 羈絆(굴레)을 철퇴하고 특히 獨全自主之國을 수립하는 일이다. 독립을 바라면 정치와 외교를 自修自强해야 한다.[18]

---

18) 金玉均, 〈朝鮮改革意見書〉, 《金玉均全集》, 110~111쪽 참조.

개화당 영수 김옥균이 여기서 말한 '獨全自主之國'은 현대어로 번역하면 바로 '完全自主獨立國家'를 가리킨 것이었다. 서재필은 이 사실에 대해, "김옥균은 조국이 청국의 종주권 하에 있는 굴욕감을 참지 못하여 어찌하면 이 수치를 벗어나 조선도 세계 각국과 평등과 자유의 일원이 될까 밤낮으로 노심초사했던 것이다"[19]고 회고했다. 서재필은 또 "그때 김옥균의 생각은 무엇보다도 청나라세력을 꺾어 버리고 동시에 그를 추종하는 귀족들의 세력을 빼앗은 후에 우리나라의 완전 자주독립정치를 수립하자는 것이 그의 이상이었고 실현의 최고 목표였다"[20]고 회고하였다.

갑신정변의 혁신정강 제1조는 이러한 배경에서 ① 1882년 7월 이후 청국의 조선에 대한 속방화 적극간섭정책을 거부함과 동시에 ② 1882년 이전의 조공허례 의식도 폐지할 것을 혁신정강으로 공포하여, 조선왕국이 완전 자주독립국가로서 세계 열강과 어깨를 나란히한 국가임을 선언한 것이었다.

갑신정변의 혁신정강은 비단 임오군란 이후의 청국의 속방화정책뿐만 아니라 그 이전의 허구의 종주권 주장과 조공허례 의식까지도 전면 부정하고, 조선왕국의 완전 자주독립을 만천하에 재확인 공표했다는 점에서 획기적 중요성을 가진 것이었다.

2) 양반신분제도·문벌제도의 폐지와 인재등용의 공포

갑신정변의 혁신정강 제2조인 '문벌을 폐지하여 인민평등의 권리를 제정하고, 사람의 능력으로써 관직을 택하게 하지 관직으로써 사람을 택하지 않을 것'은 ① 양반신분제도의 폐지에 의한 국민평등권의 제정 ② 문벌제도의 폐지 ③ 인재의 등용을 정식으로 공포한 것이었다.

---

19) 徐載弼, 〈回顧甲申政變 — 閔泰瑗〉,《甲申政變과 金玉均》, 82쪽 참조.
20) 金道泰,《徐載弼博士自敍傳》(首善社, 1949), 86~87쪽 참조.

갑신정변의 주동자 김옥균은 양반신분제도의 폐해에 대해 국왕에게
다음과 같이 상주하였다.

　　신이 다년 견문에 의거하여 폐하께 주상한 바 있사온대, 폐하는 이를 기
억하시나이까. 그 뜻은 금일 우리나라 이른바 양반을 芟除(삼제)함에 있나이
다. 우리나라 중고 이전 국운이 융성할 때에는 일체의 機械物産이 동양 2국
(중국과 일본 — 인용자)보다 으뜸이었는데 이제 모두 폐절에 속하여 그 흔적
도 없음은 다른 연고가 아니옵고 양반의 발호전횡으로 인하여 그렇게 되었
나이다.
　　인민이 一物을 제조하면 양반관리의 輩가 이를 횡탈하고, 백성이 辛苦하
여 銖錙(작은 재물)를 축적하면 양반관리들이 와서 이를 약취하는 고로, 인
민이 말하되 자력으로 自作하여 衣食코자 하는 때는 양반관리가 그 利를 흡
수할 뿐만 아니라 심함에 이르러서는 귀중한 생명을 잃을 염려가 있으니, 차
라리 농업·상업·공업의 제산업을 폐기하여 위험을 면함만 같지 못하다 하여
이에 遊食의 民이 전국에 충만하여 국력이 날로 소모에 돌아감에 이르렀나
이다.[21]

　김옥균의 이 상소문은 1886년에 올린 것이지만, "신이 다년간 견문
에 의거하여 폐하께 주상한 바 있사온대"라고 쓴 바와 같이, 갑신정변
이전에도 이러한 주장을 한 것이었다.
　여기서 주목할 것은 김옥균이 양반신분제도의 폐해를 지적하면서
양반신분제도·문벌제도의 폐지를 주장한 논거가 근대적이고 자본주의
적 성격을 가진 것이었다는 사실이다. 그는 고대에 중국과 일본보다도
으뜸이었던 우리나라의 산업이 자기 시대에 모두 폐절된 원인을 양반
신분제도의 폐해에 있다고 지적하면서 ① 백성들이 물건을 하나 제조
해 내면 양반들이 이를 횡탈해 가고 ② 백성들이 간신히 극소의 자본
을 축적해도 양반들이 이를 약탈해 빼앗아 가버리므로 ③ 백성들에 의

---

21) 金玉均, 〈高宗에의 上疏〉(池運永事件糾彈上疏), 《金玉均全集》, 146~147쪽 참조.

한 공업생산도 불가능하게 되고 ④ 백성들에 의한 자본축적도 불가능하게 되며 ⑤ 백성들이 자립적 생산을 하여 여유 있게 생활코자 하면 양반관리들이 그 이익을 빼앗아 갈 뿐만 아니라 ⑥ 백성들이 빼앗기지 않으려고 할 때에는 귀중한 생명까지 잃을 염려가 있기 때문에 ⑦ 백성들은 농업·공업·상업 등 산업을 포기하게 되어 마침내 국력이 쇠퇴하게 되었다고 분석하고 있는 것이다.

김옥균의 이러한 주장은 양반신분제도가 산업발전과 자본축적에 가장 큰 질곡이므로 이를 단칼에 삼제해야 한다는 주장으로서, 근대자본주의적 성격의 주장이라고 볼 수 있는 것이다.

서재필은 김옥균의 사상의 가장 큰 특징이 우리나라의 완전 자주독립정치의 실현과 함께 '귀족타파'[22]에 있었다고 회고하였다. 또한 갑신정변의 혁신정강을 목격했던 일본인은 개화당이 갑신정변 때 "양반의 권리를 억지하고 常民의 권리를 높인다"[23]는 개혁안을 제시했었다고 기록하였다.

김옥균은 또한 이와 관련하여 "방금 세계가 상업을 주로 하여 서로 생업의 많음을 경쟁하는 시대에 당하여 양반을 제거하여 그 폐단의 원천을 모두 없애는 일을 힘쓰지 않으면 국가의 폐망을 가져오게 된다"[24]고 경고하였다.

이러한 사상과 관점에서 갑신정변의 혁신정강은 일찍이 1884년에 수천년 묵어 온 귀족신분제도와 양반신분제도를 아예 폐지하고 국민평등의 권리와 제도를 제정하겠다고 정책강령을 공포한 것이었다.

한편 문벌제도의 폐지는 양반신분제도의 폐지와 표리관계를 이루는 것이었다. 당시 조선왕조 사회와 정치의 형편은 양반문벌들이 형성되어 그들의 족친이 아니면 아무리 유능한 인재라도 잘 등용치 않고 있

---

22) 金道泰, 앞의 책, 86쪽 참조.
23) 井上角五郎, 〈漢城酒殘夢〉, 《風俗畵集》, 17~84호 外, 12쪽 참조.
24) 金玉均, 〈高宗의 上疏〉, 147쪽 참조.

었다. 반면에 閔閥의 일원이면 무능부패한 자들도 나라의 운명을 결정하는 중요한 관직을 주고 있었다. 특히 갑신정변 직전에는 수구파 민씨척족과 몇 개의 문벌들이 정부의 요직을 거의 모두 차지하여 나라의 발전은 막히고 부정부패가 만연되어 있었다.

김옥균은 이미 갑신정변 이전에 일찍이 나라를 구하기 위해서는 무엇보다도 먼저 '반드시 인재를 등용해야 한다'[25]고 강조했었다. 김옥균은 그후에도 문벌폐지와 인재등용의 중요성에 대해, "폐하가 이를 맹성하사 속히 무식무능하고 수구완루의 大臣輔國을 해임하여 門閥을 폐지하고 인재를 선발"[26]해 등용할 것을 국왕에게 상소하였다.

갑신정변의 혁신정강 제2조를 볼 때, 만일 개화당의 정변이 실패하지 않고 성공했더라면, 조선의 양반신분제도와 문벌의 폐지는 1894년의 갑오개혁·동학농민운동 때보다 10년 앞서 이미 1884년의 갑신정변 때 달성되었을 것임을 알 수 있다.

갑신정변의 혁신정강은 한국역사에서 최초로 정부가 양반신분제도와 문벌을 폐지하고 국민평등권리와 제도를 제정할 것을 공포한 획기적인 것이었다.

3) 내각제도의 수립과 정부조직의 개편

갑신정변의 혁신정강 제13조 '대신과 참찬은 합문 안의 의정부에서 매일 회의를 하여 정사를 결정한 후 왕에게 품한 다음 정령을 공포해서 정사를 집행할 것'과, 제14조 '정부는 六曹 외에 무릇 불필요한 관청에 속하는 것은 모두 폐지하고 대신과 참찬으로 하여금 토의하여 처리케 할 것'과, 제4조 '內侍府를 폐지하고 그 가운데 재능 있는 자가 있으면 등용할 것' 등의 조항은 ① 內閣制度의 수립 ② 정부조직의 개편 등

25) 金玉均, 〈治道略論〉,《金玉均全集》, 3쪽 참조.
26) 金玉均, 〈高宗의 上疏〉, 147쪽 참조.

의 정책대강을 공포한 것이었다.

이 중에서 먼저 주목할 것은 전제군주제에 일정한 제한을 가하고 각료들의 내각회의에서 정책을 의결하여 국왕의 재가를 받은 후에 정령을 공포하여 정사를 집행하는 내각제도를 수립하려 했다는 사실이다. 즉 ① 종래의 전제군주제에서와 같이 어전회의에서 정사를 논의하여 국왕이 정책을 결정해서 대신들은 어명을 받아 정사를 집행하는 것이 아니라, 국왕의 참석 없이 의정부에서 대신과 참찬들이 매일 일과로서 각료회의(대신·참찬회의)를 개최하고 ② 이 회의에서 정책을 토의하여 정책과 정사를 결정한 후 다음에 국왕에게 품하여 재가를 얻으며 ③ 육조 이외의 종래 국왕에게 정사를 품하던 기관과 불필요한 기관은 모두 폐지함으로써 육조의 '대신·참찬회의'(내각회의)에서만 모든 정책·정사를 토의·결정하도록 했고 ④ '대신·참찬회의'에서 결정된 안건은 국왕의 재가 후에 '정령'으로써 집행케 한다는 것 등이다.

이렇게 되면 모든 입법과 행정의 토의결정은 국왕에 의해서가 아니라 육조의 '대신·참찬회의'(내각회의)에서 이루어지고, 국왕의 권한은 극도로 제한되어 '대신·참찬회의'에서 결정하여 품계한 사항에 대해 가부의 재결만 하게 되는 것이다. 이 경우 실제로 모든 정책의 토의와 결정이 '대신·참찬회의'에서 이루어지기 때문에 국왕은 대신·참찬회의의 결정사항에 동의하는 재결을 할 수밖에 없게 되는 것이다.

이것은 단순화하면, 종래의 전제군주권에 근본적 제한을 가하고 입헌군주제의 초기형태인 입법권과 행정권을 가진 '내각제도'를 창설하게 한 것이었다.

갑신정변의 혁신정강의 이러한 '內閣制度'의 수립은, 《한성순보》의 논설과 같은 다른 자료들과 함께 볼 때, 갑신정변을 일으킨 개화당들이 종래의 전제군주제를 입헌군주제로 개혁하는 과정의 정책과 제도 개혁을 추진했음을 나타내는 것이라고 볼 수 있다.[27]

또한 갑신정변의 혁신정강 가운데 위의 여러 조항들은 정부조직의 근대적 개편도 선언했음을 보여주고 있다. 그 개편의 방향은 ① 정부의 부서는 6부로 하고 ② 6부 이외의 모든 행정상 불필요한 부서들(특히 왕족·척족과 벌열들을 위해 설치한 관직)은 모두 폐지하며 ③ 내시부와 같은 전근대적 부서와 환관제도는 폐지하고 그들 가운데 특히 우수한 자만 다른 부서에 임용하며 ④ 왕실사무와 국가행정사무를 엄격히 구분하는 것이었다.

갑신정변의 혁신정강이 선언한 '내각제도'의 수립과 정부조직의 근대적 개편은 한국역사에서 처음으로 전제군주제를 입헌군주제의 방향으로 개혁하여 '내각제도'의 수립을 결정한 획기적인 것이었다고 볼 수 있다.

4) 재정의 통일과 경제개혁의 단행

갑신정변의 혁신정강 제12조 '모든 국가재정은 戶曹로 하여금 관할케 하며 그 밖의 일체의 재무관청은 폐지할 것'과, 제3조 '전국의 地租法을 개혁하여 간사한 관리들을 근절하고 백성의 곤란을 구하며 겸하여 국가재정을 유족케 할 것'과, 제6조 '각 도의 還上制度는 영구히 폐지할 것'과, 제9조 '惠商公局을 폐지할 것' 등은 ① 재정의 호조로의 통일 ② 地稅制度 개혁을 비롯한 조세제도의 개혁 ③ 환상(환곡)제도의 폐지 ④ 보부상 등 전근대적 특권상업제도의 폐지 등을 통하여 근대적 자유산업을 장려하고 재정제도와 경제제도를 근대적 방향으로 개혁하려 한 것이었다.

당시 국가재정은 재무부처로 통일되어 체계적으로 관장되지 못하고 모든 정부부서들이 각각 조세징수권을 가져 직접 국민들로부터 조세를 징수해서 각각 자의로 지출하고 있었다. 따라서 통일된 국가재정의 예산·결산제도도 없었다. 이 때문에 각 관청에 의한 과도한 조세징수

27) 《漢城旬報》 10호, 1884년 음력 1월 3일, 〈歐米立憲政體〉 참조.

와 중간착복, 재정의 낭비와 문란이 극도에 달해 있었다. 갑신정변을 일으킨 개화당은 정변 개시 이전부터 이러한 국가재정의 문란 실태를 통탄하고 '戶曹'에 의한 국가재정의 통일과 예산제도의 수립 실시를 이미 강력하게 주장하고 있다가,[28] 정변을 일으키자 바로 국가재정의 통일을 정강으로 공포한 것이었다.

갑신정변 당시의 개화당의 국가재정 개혁의 기본방향은 ① 모든 국가재정의 호조(재무부)로의 통일 ② 호조 이외의 모든 재무관청의 폐지 ③ 예산 및 결산제도의 실시 ④ 세입과 세출의 단일화 및 균형체계 수립 ⑤ 조세제도의 개혁 ⑥ 내외 公債모집에 의한 재정자금 부족분의 긴급조달 등이 그 핵심을 이루었다. 이를 위해서는 무엇보다도 국가재정의 호조로의 통일이 선행적으로 즉각 실시되어야 한다고 그들은 강조하였다.

혁신정강 내용 가운데 지세법의 개혁은 당시 三政(田政·軍政·還政)의 문란 중에서 전정(지세제도)과 군정(軍布稅 제도)의 문란을 교정하고 근대적 조세제도를 수립하기 위한 개혁정책으로 선포된 것이었다. 개화당은 지세제도와 조세제도를 근대적으로 개혁하여 세율을 내려서 법제화하고 탐관오리들의 중간착취와 부정을 철저히 제거함으로써, 한편으로 백성들의 부담을 경감시켜 백성을 고난에서 구함과 동시에 간사한 관리들의 중간수취를 근원부터 제거함으로써 겸하여 국가재정을 유족하게 만들려고 한 것이었다.

한편 혁신정강의 하나인 환상제도의 폐지는 종래의 삼정의 문란 가운데 환정의 문란에 종지부를 찍기 위해 아예 이 제도를 영구히 폐지하기로 한 것이었다. 원래 환상제도는 흉년과 백성들의 식량위기에 대비하기 위한 목적으로 창설된 복지제도의 일종이었으나, 조선 후기부터는 백성들을 착취하는 관영 고리대부제도로 완전히 변질하여 백성

---

28) 《尹致昊日記》, 1883년 10월 2일자 참조.

들의 원망이 매우 컸으며, 관리들의 부정착취의 온상이 되어 있었다. 이 때문에 백성들은 환상제도의 폐지를 요구하고 있었다. 1862년 '진주민란'의 가장 중요한 원인의 하나도 바로 환상제도의 문란이었다. 그러나 당시 민비 수구파들은 환상제도에 의거하여 재정수입의 일부를 충당하고 사복도 채우고 있었기 때문에 폐해 많은 이 환상제도를 폐지하지 못하고 있었다.

　김옥균을 중심으로 한 개화당은 백성들의 오랜 소망과 요구를 흔쾌히 받아들여 착취제도로 변질한 환상제도를 영구히 폐지할 것을 혁신정강에서 과감하게 선포한 것이었다. 이것은 당시로서는 참으로 획기적인 개혁이었다.

　혁신정강 가운데 혜상공국의 폐지는 '보부상'을 비롯한 전근대적 특권상업제도의 폐지를 선포한 것이었다. 민비 수구파들은 종래의 특권행상들인 보부상들을 1883년 8월에 '혜상공국'이라는 이름으로 재조직하여, 혜상공국 당상에 민비 수구파의 영수 閔台鎬 등을 임명해서 보부상들의 전근대적 상업독점권을 오히려 강화시켜 줌과 동시에 전국의 보부상들을 민비 수구파의 정치폭력세력으로 이용하려 하였다. 이것은 당시 자유상업의 급속한 발흥추세와 정면으로 대립되는 시대역행적 정책이었다.

　개화당은 당시 자유상업과 '회사' 형태의 자본주의적 자유기업의 설립을 장려하여 공업·철도·기선·토지 등 근대적 산업을 일으킬 것을 주장하고 있었다.[29] 김옥균도 근대적 공업의 건설을 강조하고,[30] 광업의 개발을 주장했으며, 기선 및 철도에 의한 근대적 운수와 電線에 의한 근대적 통신제도의 설치를 주장하였다.[31] 당시 개화당의 적극적 성원과 보호에 힘입어 1883년부터 갑신정변 직전인 1884년 11월말까지 약 2년

---

29)《漢城旬報》3호, 1883년 10월 21일,〈會社說〉참조.
30) 金玉均,〈治道略論〉, 13쪽 참조.
31) 위의 글, 4쪽 참조.

간에 조선조정에서 설립된 상공업회사가 26개에 달하였다.[32]

갑신정변의 혁신정강은 혜상공국을 폐지하여 한편으로는 보부상제도 등 전근대적 특권상업제도를 폐지하면서 보부상들이 민비 수구파세력의 폭력조직이 되는 것을 차단함과 동시에, 다른 한편으로 자본주의적 '회사' 형태 자유상업과 기업들을 육성하는 조건을 만들려고 한 것이었다. 이것은 갑신정변 후 신정부의 경제개혁 방향이 전근대적 경제조직을 정책적으로 해체시키고 근대 자본주의적 산업경제를 건설하려는 방향임을 나타낸 것이었다고 볼 수 있다.

5) 군사제도의 개혁

갑신정변의 혁신정강 제11조 '4營을 통합하여 1營으로 만들고, 그 가운데 장정을 선발하여 근위대를 시급히 설치할 것(육군대장에는 왕세자를 추대할 것)'은 군사제도의 근대적 개혁을 추구한 것이었다.

당시 군사제도는 친군영을 전·후·좌·우의 4營으로 나누어 민비 수구파의 거물들이 지휘하고 있었으며, 국방보다는 왕실호위의 임무에 집중하고 있었다. 이 가운데 친군영 전영과 후영은 서양식 군사훈련을 시키고 있었고, 친군영 좌영과 우영은 袁世凱가 설치하여 청국식 군사훈련을 시키고 있었다. 그 결과 한 나라의 군대가 부대에 따라 훈련방법과 편제가 서로 달랐다. 또한 친군영 전영과 친군영 좌·우영은 사사건건 대립과 갈등을 일으켜 혼란과 근심을 자아내고 있었다.[33]

개화당들은 이 때문에 갑신정변 이전부터 기회 있을 때마다 4營의 1營으로의 통합과 하나의 통일된 방식에 의한 전체 부대들의 군사훈련 및 편제를 주장했었다.[34] 당시 김옥균 등 개화당은 열강이 침략해 들어

32) 愼鏞廈,〈初期開化政策〉,《韓國史》16권(국사편찬위원회, 1975), 383~392쪽 참조.
33)《尹致昊日記》, 1883년 12월 4일자 참조.
34)《尹致昊日記》, 1883년 12월 21일자 참조.

오는 추세 속에서 조선 스스로의 힘으로 나라를 방위하기 위한 자주적 근대군대의 양성을 매우 강조하였다.

개화당은 먼저 영민한 청년들을 선발하여 외국의 신식 무관학교에 유학시켜 현대적 사관교육을 받도록 해서 귀국시킨 다음, 그들을 교관으로 한 '士官學校'를 설립하여 신식장교들을 체계적으로 양성하고, 그에 기초하여 대규모의 근대적 '육군'을 정예군대로서 양성하려고 추구하였다. 이미 일본에 들어와 있는 서양식 현대적 사관교육을 받아오도록 일본에 파견되었던 서재필은 이때를 회고하여, "하루는 김옥균이 나에게 國防을 충실히 하려면 정예한 군대밖에 없는데, 현하 우리의 급무로 그 위에 나올 것이 무엇이냐고 하며 일본으로 건너가 무예를 배우라고 권하였다. 나는 말이 떨어지자마자 승낙하고 며칠 지나지 않아 15인의 다른 학생들과 일본으로 향하였다"[35]고 기록하였다.

김옥균 등 개화당은 그들이 외국에 유학시킨 14명의 사관생도들이 졸업하고 귀국하자 이들을 중심으로 '사관학교' 설립을 추진하였다.[36] 또한 개화당은 방대한 규모의 신식육군(서양식)을 양성함과 동시에, 서양으로부터 '군함'을 도입하여 신식 '해군'도 창설하려고 하였다. 개화당의 신문인《漢城旬報》가 거의 매호마다 세계 각국의 육군과 해군의 병력과 군사동태를 상세히 소개하고 해설한 사실에서도 그들이 근대적 국방과 근대적 신식군대의 양성에 예민한 관심을 갖고 있었음을 알 수 있다.

갑신정변의 혁신정강에서 ① 4營을 1營으로 통합 ② 국방을 담당하는 육군과 왕실호위를 담당하는 근위대의 분리 ③ 근위대의 시급한 설치를 공포한 것은 군사제도를 근대적으로 개혁하기 위한 최초의 정책을 정강화한 것이었고, 사실은 군사 전반의 근대적 대개혁을 그들은

---

35) 徐載弼,〈回顧甲申政變〉, 84쪽 참조.
36)《尹致昊日記》, 1884년 6월 19일자 참조.

추구하고 있었다. 근위대의 육군대장에 왕세자(당시 유아)를 추대한 것
은 군주국가의 의례에 불과한 것이었고, 그들이 실제로 추구한 것은
신식장교가 지휘하는 강력한 정예의 신식육군과 해군이었다.

6) 규장각의 폐지와 근대문화의 수립

갑신정변의 혁신정강 제7조 '규장각을 폐지할 것'은 ① 전근대적 양
반귀족 문화제도인 奎章閣을 폐지하고 ② 일반 국민 중심의 신교육제
도를 기본으로 한 근대문화의 수립 방향으로 개혁을 단행하려 한 개화
당의 정책의지를 나타낸 것이었다.

혁신정강의 '규장각' 폐지의 조항은 피상적으로는 이해하기 어려울
지도 모르나, 이것은 규장각이 갖고 있던 민족문화 정수의 측면을 폐
지하려 했던 것이 아니라, 규장각이 갖고 있던 다른 하나의 측면인 전
근대적 양반귀족문화의 제도적 측면을 폐지하고 일반 국민·민중의 신
교육에 의거한 근대문화 수립을 추구한 것이었다.

갑신정변의 주체세력의 하나였던 서재필은 이와 관련해서 다음과
같이 회고하였다.

> 김옥균은 나라의 빈약함이 전연히 일반 민중의 기술적 교육이 없는 것과
> 상류계급 인사의 무지와 몰각에 있다는 것을 확실하게 깨달았다. "우리나라
> 를 구하자면 민중을 교육시키는 외에는 다른 길이 없다"고 그는 입버릇같이
> 나에게 가끔 말하던 것을 나는 이제 와서 기억한다. 이미 노후한 자는 교육
> 시킬 도리가 없어 청년에게 실올 같은 희망을 비끄어 맸던 것이다.[37]

김옥균 등은 그 당시 양반귀족들의 낡은 구지식은 당시의 민족적 위
기에서 나라를 구하는 장애가 되는 무지·몰각과 같은 것으로 보았으
며, 나라를 구하려면 오직 청년들과 일반 민중들에게 신교육을 시행하

---

37) 徐載弼, 〈回顧甲申政變〉, 83쪽 참조.

는 길밖에 없다고 보았던 것이다. 이에 김옥균은 백성을 교육하되 신
문명의 방도로서 하고,[38] 이를 위해서는 '널리 學校를 설립하여'[39] 신교
육을 실시해야 하며, 정무에 관한 일을 언문(국문 : 훈민정음)으로 번역
간행하여 백성들에게 널리 알게 해야 한다고 강조하였다.[40]

개화당이 혁신정강에서 양반귀족만의 舊지식기관인 규장각을 폐지
하려 한 것은 이러한 관점에서 민중교육을 위한 학교를 널리 설립하여
신교육을 실시하고 근대문화를 수립하는 방향의 개혁정책을 실시하기
위한 것이었다.

7) 경찰제도와 형사정책의 근대적 개혁

갑신정변의 혁신정강 제8조 '순사제도를 시급히 설치하여 도적을 방
지할 것'과 제10조 '그 동안 유배·금고 된 사람들을 다시 조사하여 석
방할 것'은 경찰제도와 형사정책을 긴급히 개혁하려 한 것이었다. 그
개혁의 방향은 ① 순사제도의 긴급 설치를 중심으로 한 경찰제도의 근
대화 ② 가혹한 전근대적 행형제도에 의해 억울하게 유배되고 금고 된
사람들의 재조사와 석방·사면 ③ 근대적 형무제도의 실시 등을 추구한
것이었다.

김옥균은 이미 갑신정변 이전에 근대적 경찰제도의 수립을 강력하
게 주장하였다.[41] 또한 개화당들은 박영효가 한성판윤으로 있던 1883년
에 서울 시내에서는 근대적 경찰제도를 부분적으로 시행해 보기도 했
었다.

김옥균은 갑신정변 이전에 당시의 전근대적 형정의 가혹성에 대해
신랄하게 비판하면서 다음과 같이 강조하였다.

---

38) 金玉均, 〈高宗에 의한 上疏〉, 46쪽 참조.
39) 위의 글, 147쪽 참조.
40) 金玉均, 〈治道略論〉, 16~17쪽 참조.
41) 위의 글, 15~16쪽 참조.

현재 시행되는 刑政을 논하건대, 법이 오래되어 문란해져서 생명을 겁박하고 재산을 강탈하는 등 그 폐해가 전국에 미치고 있는데도 아무렇지도 않게 여겨 허물치 않는다. 하나의 못과 송곳을 훔치거나 한 강호에게 욕을 해도 먼 곳에 귀양을 보내니, 인명을 초개같이 경시하므로 和氣를 손상함이 극에 달하였다.[42]

김옥균은 그 개정의 방향으로 ① 새로운 법률을 제정하여 刑政을 개혁할 것 ② 중벌주의·중형주의를 폐지할 것 ③ 유배제도는 가혹하니 폐지하고 새로이 가벼운 징역제도를 실시할 것 ④ 경범자는 징역 대신에 노역이나 벌금으로 속죄케 할 것 등의 근대적 행형제도의 개혁을 주장하였다.[43]

갑신정변의 혁신정강의 이 조항들은 시급히 순사제도를 설치하여 근대적 경찰제도를 수립해서 민생치안을 튼튼히 강화해 국민을 보호함과 동시에, 그 동안 가혹한 전근대적 형사정책과 행형제도에 의해 억울하게 처벌된 사람들을 석방·사면하여 인심을 수렴하려 한 것이었다. 이것은 가혹한 전근대적 경찰제도와 형정을 새로운 근대적 경찰제도와 형정으로 개혁함과 동시에 신정권의 지지기반을 강화하려 한 것이었다고 볼 수 있다.

8) 국가에 해독을 끼친 자에 대한 처벌

갑신정변의 혁신정강 제5조 '그 동안 국가에 해독을 끼친 탐관오리 가운데 심한 자는 처벌할 것'은 ① 종래 민비 수구파정권 하에서 부정부패와 백성착취의 도가 지나친 탐관오리들은 숙청하여 처벌하되 ② 그 기준은 국가에 얼마나 해독을 끼쳤는가에 의거하겠다고 공포한 것이었다.

---

42) 위의 글, 14~15쪽 참조.
43) 위와 같음.

이 조항은 개화당이 정권을 장악하자 국가이익을 기준으로 하여 민비 수구파와 관리들 가운데에서 부정부패의 정도가 심한 탐관오리들을 색출하여 처벌 숙청할 것을 선언한 것으로서, 신정권으로서는 당연히 수행해야 할 일이었다고 볼 수 있다.

갑신정변 신정부의 혁신정강은 이상과 같이 국가제도와 국정 전반을 전근대적 체제로부터 새로이 근대적 체제의 방향으로 개혁하여 근대국가체제를 건설하려 한 것이었다.

또한 이 혁신정강은 개화당이 정변을 일으켜 정권을 장악한 직후 집행할 정책들의 대정강으로 제정한 것이었으므로 사상의 차원을 넘어서서 당장 실행·실시될 정책의 골간이었다고 볼 수 있는 것이다. 따라서 갑신정책의 혁신정강은 개화사상이 아니라 개화정책이었으며, 집행되기 시작한 개화정책의 골간이었다고 말할 수 있는 매우 중요한 것이었다.

(4) 청국 및 일본의 개입과 정변의 실패

김옥균 등 개화당은 10월 9일 오전 9시 신정부의 혁신정강을 공포한 직후에 청군의 공격을 예견하여 신무기로 방어력을 긴급히 강화하려고 하였다. 지난 밤에 일대의 청군이 宣仁門 닫는 것을 방해했던 것이 공격준비와 관련이 있지 않나 추정되었기 때문이었다. 신정부는 우선 전날 밤 청군의 무리가 선인문 닫는 것을 방해한 데 대해 원세개에게 강력히 항의하고 앞으로 다시 이러한 일이 있으면 가만히 있지 않겠다는 항의문을 보내었다. 신정부는 또한 각 병영의 무기고에서 신무기를 꺼내어 정변에 참가한 조선군의 무장을 긴급히 강화하기로 하였다. 수개월 전에 이전의 정부가 미국으로부터 최신식 소총 3천정을 구입해다가 사용하지 않고 각 영의 무기고에 보관해 둔 것이 있었다. 개화당은 이 최신식 소총을 꺼내어 무장을 강화하려 한 것이었다.

그러나 무기고의 최신식 소총들을 꺼내어 보니 거의 모두 녹슬어 있었다. 이를 모두 분해소제하고 수리하는 데는 상당한 시간이 필요하게 되었다. 이때 일본공사 다케조에(竹添)는 본국의 사전승인 없이 개화당의 정변에 참가 협조한 것이 걱정되었는지 또는 다가오는 사태에 겁을 먹었던지 일본군의 사정으로 보아 궁궐 안에 오래 머물 수 없으므로 일본군을 철병시키겠다고 통고하였다. 이것은 앞으로의 전투를 예견하고 개화당과의 약속을 배신한 비겁한 행위였다.

김옥균 등은 내심 깊은 분노를 느끼면서도, "우리들의 자립태세가 조금이라도 서 있다면 구태여 공사의 말을 기다릴 필요도 없으나, 지금 각 영의 무기를 조사해 보니 모두 녹이 슬어 있어 이를 수리하고 있는 중이다. 이때 공사가 철병한다면 우리는 실패하고 말 것이다. 그러니 앞으로 3일 동안만 기다려 철수하면 그 사이에 우리들도 준비를 하겠다"[44]고 간곡히 만류하였다. 김옥균이 설득하자 다케조에도 이에 승복하였다.

개화당의 신정부는 이날부터 국정 전반에 대한 대개혁을 실행하기로 결정했고, 이에 따라 이날 오후 3시에 국왕은 '大政維新의 詔書'를 내려 혁신정강을 기본으로 해서 신정부가 대개혁을 단행한다고 반포하였다.

그러나 청국군측은 같은 시각인 10월 19일(양력 12월 6일) 오후 3시경에 작전을 시작하여 약 1,500명의 병력을 두 부대로 나누어 돈화문과 선인문으로 각각 공격하여 궁궐을 침범해 들어왔다.

마침 이때에 조선 − 일본 사이의 우편선 千歲丸이 입항하여 일본 외무대신의 일본공사에 대한 훈령이 전달되었다. 훈령을 받아 읽은 다케조에의 손은 떨리고 얼굴은 창백하게 되었다.[45] 일본 외무대신의 훈령

---

44) 《甲申日錄》, 1884년 12월 6일(《金玉均全集》, 97~98쪽) 참조.

내용은 조선주재 일본공사관의 일본군을 조선 개화당의 정변에 절대로 가담시키지 말라는 것이었기 때문이었다. 일본정부는 그 사이 청·불전쟁이 소강상태에 들어가는 것을 보고 청국과의 관계가 악화될 것을 우려하여 정책을 급히 바꾸어서 다시 조선 개화당에 대한 적대적 방향의 정책으로 되돌아갔던 것이었다.

청군 1,500명의 양면에서의 공격에 대항하여 외위를 담당한 조선군은 아직 응전태세가 완비되어 있지 않았다. 모두 최신식 소총의 분해소제와 수리를 하고 있던 도중이었기 때문이었다. 그러나 친군영 전영·후영의 조선군은 구식무기로도 용감히 응전하였다. 특히 친군영 전영 500명의 조선군은 치열하게 응전하여 전투하다가 수십 명의 전사자를 내었다. 결국 조선군은 衆寡不敵과 무기의 열세로 패퇴하여 흩어지게 되었다. 다음은 중위를 담당한 일본군의 응전 차례였으나 제대로 전투도 하지 않고 철병을 시작하였다.

개화당 요인들이 불리한 조건 속에서 조선군과 일본군을 독려하다가 정신을 차려보니, 이미 왕비(민비)와 세자 및 세자빈은 창덕궁의 북산으로 향하였고, 왕대비·대왕대비도 뒤이어 궁문으로 탈출하고 있었다. 김옥균 등이 이 보고를 받고 급히 후문으로 뒤따라가 보니 국왕도 무감과 4·5명의 병정들에게 호위되어 민비가 가 있는 북산으로 향하고 있었다.

김옥균·서광범 등은 국왕을 발견하자 큰 소리로 어가를 정지시키고 국왕의 북산행차를 만류하여 다시 궁궐 안으로 모셔왔다. 개화당 장사들로 구성된 내위로 하여금 국왕을 호위케 한 후, 개화당 요인들은 긴급대책을 숙의한 결과 국왕을 보호하여 처음에는 인천을 거쳐 강화도로 가서 신정부를 유지하기로 하였다. 그러나 국왕은 이 말을 듣고 "나는 결코 인천으로 가지 않겠다. 죽더라도 대왕대비가 계신 곳으로 가

---

45) 朴泳孝, 〈吾等一生の失策〉, 《古筠》 창간호, 16쪽 참조.

서 자리를 같이하겠다"고 강력히 반대하였다.[46]

청국군이 이때 국왕과 개화당 요인들이 있는 처소를 공격해 왔으므로 일행은 뒤쪽 언덕으로 피신하였다.

그러나 이곳도 안전하지 못하여 안전한 곳을 찾다가 창덕궁 동북 궁문까지 가게 되었다. 이때 북산에 가 있던 민비가 사람을 보내어 국왕에게 북산으로 오기를 청하였다. 국왕이 나서서 북산쪽을 바라보니 민비는 멀리서 이를 예견하고 기다리고 있다가 빨리 오라는 뜻의 손짓을 하는 것이 보였다.

김옥균 등 개화당 요인들이 국왕에게 인천으로 피신할 것을 주장했으나, 국왕은 단호히 이를 뿌리치고 그를 업은 무감의 등을 두드리며 북산에 있는 민비 쪽으로 갈 것을 명하였다. 박영효가 나서서 무감을 위협하여 이를 저지하려 했으나, 김옥균은 국왕의 뜻이 확고한 것을 짐작하고 이를 만류하였다. 개화당은 할 수 없이 국왕과 함께 개화파 장사들과 일본군의 호위를 받으며 북산으로 향하였다.

그러나 궁궐 건물 멀리서 기다리던 청군들이 일본군 복색을 보고 함성을 지르며 무차별 난사를 가하였으므로 국왕 옆에 있던 무감의 하나가 손에 총을 맞았다. 김옥균은 이에 무감을 시켜 큰 소리로 "대군주께서 여기 계시는데 어찌 감히 총을 쏘느냐"고 크게 꾸짖으니 총성이 그치었다.

일본공사 다케조에는 이러한 상황을 관찰하더니, 일본군이 조선국왕을 호위하는 것이 더 위험하니 일본군을 철수시킨 후 선후책을 강구하겠다고 개화당에게 통고하였다. 김옥균 등이 크게 놀라서 다케조에의 신의 없음을 힐책하고 만류했으나, 다케조에는 완강하게 일본군 철수를 고집하며 강행하려 하였다.[47]

---

46) 《甲申日錄》, 1884년 12월 6일(《金玉均全集》, 102쪽 참조).
47) 《甲申日錄》, 1884년 12월 6일(《金玉均全集》, 103쪽 참조).

개화당 요인들은 청군의 포위 속에서 일본군이 철수하여 국왕을 보호하지 못하게 됨은 곧 정변의 붕괴를 의미함을 잘 인식하고 있었다. 군주제하에서는 어느 정파가 국왕을 보호하고 있는가의 여부에 따라 집권이 좌우되는 경우가 대부분임을 잘 알고 있었기 때문이었다.

개화당 요인들은 이에 대책을 숙의하고 정변의 실패를 자인하였다. 이에 개화당 요인 가운데 홍영식은 신정부의 개화당 대표(좌의정)일 뿐 아니라 정변 직후에도 병정을 보내어 민비 수구파의 거물 민영익을 보호해 주었었고, 청군 사령 원세개와도 친분이 두터웠으므로 화는 면할 수 있다고 보고 도승지 박영교와 함께 사관생도 일부를 데리고 국왕을 호종하기로 하였다. 그 밖에 개화당 요인인 김옥균·박영효·서광범·서재필 등은 다른 개화당 인사들 및 사관생도 일부를 데리고 다케조에와 함께 일본에 망명키로 하였다.[48]

이에 갑신정변에 의한 개화당의 신정부는 10월 19일 밤 붕괴되어 김옥균 등의 개화당집권은 '三日天下'로 끝나고 말았다.

홍영식·박영교·신복모와 사관생도 박응학·정행징·윤영관·하응선·이병호·이건영·백낙운 등 7명은 국왕을 모시고 북묘에 도착하자 기다리고 있던 청군측은 국왕을 청군의 군영에 옮긴 후, 재판도 없이 홍영식·박영교·신복모 등과 7명의 사관생도들을 처참하게 살해하여 버리고 말았다.[49]

한편 국왕과 이별한 김옥균·박영효·서광범·서재필·변수·유혁노·신응희·이규완·정란교 등 9명은 다케조에를 따라 10월 19일 9시경에 일본공사관에 도착하였다. 일본거류민들의 일부도 일본공사관 안으로 피난해 들어와서 일본공사관 안의 분위기는 소란과 공포에 휩싸여 있었다.

김옥균 일행은 이튿날인 10월 20일에는 재집권한 민비 수구파정부

---

48)《甲申日錄》, 1884년 12월 6일(《金玉均全集》, 104~105쪽 참조).

49)《甲申事變案》中의〈變亂事實〉및《甲申日錄》, 1884년 12월 6일(《金玉均全集》, 104쪽) 참조.

의 신임 외무독판 김홍집이 일본군의 정변 가담에 항의하는 공문을 보내왔다. 또한, 청군과 그 선동을 받은 수십 명의 군중들이 고함을 지르며 일본공사관을 습격하려고 일본군 보초병과 심한 충돌을 일으켰다.

이에 김옥균 등 개화당 9명은 일본으로 망명하려고 다케조에를 비롯한 일본공사관의 모든 직원과 일본군을 따라 인천으로 향하였다. 우편선 千勢丸이 인천에 정박해 있었기 때문이었다. 일본공사관 직원들은 기밀문서를 태우다가 공사관 건물에 불이 번지는 것을 돌아보지 않고 청군과 일부 한국인들에게 추격 당하면서 다케조에를 따라 인천으로 향했으며, 김옥균 일행도 그들과 함께 인천으로 향하였다.

조선 개화당이 청국의 속방화정책을 타도하고 자주 부강한 근대국가를 건설하기 위해 1884년 10월 17일(양력 12월 4일) 일으킨 '갑신정변'은 이렇게 하여 3일 만에 처참하게 실패로 돌아간 것이었다.

(5) 갑신정변 실패의 요인

갑신정변 실패의 요인으로서는 여러 가지를 들 수 있으나, 특히 다음의 요인들이 중요한 것이라고 할 수 있다.

첫째, 청군의 불법적 범궐과 군사적 공격이다. 청군은 국왕의 요청도 없이 조선정부의 반대와 항의에도 불구하고 서울에 주둔시킨 1,500명의 청군병력을 총동원하여 조선왕국의 궁궐을 침범해서 군사적 공격을 자행함으로써 개화당의 신정부를 무력으로 붕괴시켰다. 이것은 조선의 주권을 완전히 무시한 처사였으며, 전적으로 불법적 궁궐침입이었고, 군사적 만행이었다.

둘째, 개화당의 일본군 차용과 일본군의 철병이다. 개화당은 일본공사관의 호위병력 150명을 빌려다 개화당의 부족한 무력을 보충하려 하여 "일본공사는 와서 짐을 호위하라"[50]는 국왕의 친필 명령서까지 받아다가 합법적으로 일본군을 정변에 끌어들였다. 김옥균 등 개화당은 당시의 국제적 모순을 이용하여 일본군을 차용해서 청군의 공격에 대해서는 일본군으로 이를 견제하여 막고, 국내 수구파는 국내 개화당이 맡는다는 전술을 택했으나 이것은 적중하지 못하였다. 일본군 무력은 결정적 순간에 개화당의 기대를 배신하여 국왕을 호위하지 않고 철병해 버림으로써 정변 전체를 와해시키는 데 크게 작용하였다.

일본측이 정변 직전에 조선 개화당에 추파를 던져 온 것은 개화당을 도와주기 위한 것이 아니라 개화당을 침략의 통로로 이용하려 한 것뿐이었고, 정작 개화당이 집권하여 조선이 자주 부강한 근대국가로 발전하는 것은 그들이 바라지 않은 것이었다. 왜냐하면 일본측은 征韓論 이래 침략의 기회를 기다리던 대상인 조선이 강대한 근대국가가 되면 침략이 불가능하게 될 뿐 아니라, 동아시아에 또 하나의 근대국가가 건설되어 그들의 경쟁국이 될 것이기 때문이었다.

개화당이 정변을 자기 힘으로서만 하지 않고 침략의도를 가진 외국 특히 일본의 무력을 빌린 것은 개화당의 큰 실책이었다. 이것은 정변 그 자체를 실패케 한 가장 큰 요인의 하나가 되었으며, 조선 백성들조차도 개화당은 친일파가 아닌가 하는 의구심을 갖고 비난을 하도록 자초한 요인이 되었다.

셋째, 백성들의 지지결여이다. 당시 조선 백성들은 왜 정변까지 일으켜 가면서 시급히 '개화'를 해야 하는지 잘 알지 못했으므로 개화당의 정변에 냉담하였다. 당시 청군의 무장력은 근대적 소총 수준의 것이었으므로, 만일 백성들의 열렬한 지지만 있었다면, 예를 들면 서울 시내의 청·장년들만이라도 개화당을 지지하여 함께 봉기해도, 청군의 군사개입은 저지될 수 있는 것이었으나, 백성들은 개화당의 정변에 시종일관 냉담하였다. 백성들은 오히려 갑신정변을 양반귀족들 사이의 권력

---

50)《甲申日錄》, 1884년 12월 4일(《金玉均全集》, 84쪽 참조).

쟁탈전쯤으로 생각하는 사람들이 많았으며, 일부 개화당을 친일파로
오인한 백성들은 개화당을 공격하는 데 가담하기도 하였다.

갑신정변같이 체제를 변혁하려는 급격한 운동은 그에 앞서 지지해
줄 민중을 계몽하는 운동을 선행시켜야 하는데, 계몽운동을 선행하지
않은 정변이 민중의 지지를 얻어 성공하기는 어려운 것이었다고 볼 수
있다.

넷째, 시민층의 미성숙이다. 개화당 신정부의 혁신정강과 개화정책
은 근대 시민적인 것이었으며, 시민계층의 이해관계에 가장 잘 합치하
고, 시민계층에 우선적으로 지원적인 내용의 것이었다. 따라서 시민계
층만 성장해 있었으면 정변은 확고한 지지계층을 갖고 성공할 수 있는
것이었다고 볼 수 있다. 그러나 당시 한국사회의 근대 시민층은 대두
하기 시작하고 있기는 했으나 아직 미성숙하여 개화당의 지지세력을
형성하기는 전혀 불가능하였다.[51] 개화당의 신정부가 확고한 지지층을
갖고 있지 못한 것이 정변 실패의 한 요인이 되었던 것이다.

다섯째, 개화당의 준비부족과 정변기술의 부족을 들 수 있다. 정변은
군사무력을 수단으로 사용하는 것인데, 개화당은 청군 1,500명을 압도
할 수 있는 조선군 무력준비가 부족하였다. 친군영 전·후·좌·우의 4營
중에서 전영만 확고하게 장악하였고, 후영은 북청병정 외에는 충분하
게 장악하지 못하였다. 또한 개화당이 친군영 좌영과 우영을 전혀 장
악하지 못한 결과, 정변 도중 대세가 청군에게 유리하게 기울자 좌영
과 우영 조선군 병사들은 원세개의 지휘를 받는 형편이었다. 조선군을
비밀리에 사전 장악하는 준비가 크게 미흡했던 것이다. 이러한 조건에
서 정변이 성공하기는 어려운 것이었다.

또한 개화당은 민비의 동태를 잘 감시하지 못하였고, 경기관찰사 심

---

51) 愼鏞廈, 〈甲申政變의 社會經濟的 배경과 前期開化派의 개혁구상〉,《東北亞》
　　 제5집, 1999 참조.

상훈에게는 속아넘어가서 그를 개화파 동정자로 오해하여 궁궐 무상
출입을 허용하였다. 그 결과 심상훈은 청군측과 민비 사이에 연락을
담당해서 국왕의 처소를 방어가 쉬운 경우궁으로부터 방어가 어려운
창덕궁으로 옮기게 작용했으며, 개화당의 통신과 연락을 방해하는 데
크게 작용하게 되었다. 이것은 개화당의 정변준비와 기술부족을 나타
내는 것이라고 볼 수 있다.

 이러한 요인들이 복합되어 조선의 선진 개화독립당 청년들이 조선
왕국에 대한 청국의 적극간섭 속방화정책을 끊어버리고 자주 부강한
근대국가를 건설하려는 목적으로 일으킨 갑신정변은 일단 집권에는
성공했으나 신정부를 수립한 지 3일 만에 결국 실패로 돌아가게 된 것
이었다.   (《한국사》제38권, 국사편찬위원회, 1999)

9. 갑신정변의 영향과 역사적 의의

(1) 갑신정변의 영향

1) 수구파정권의 재수립

갑신정변의 실패의 결과 조선조정은 친청수구파가 재집권하게 되었다. 국왕은 19일 저녁 청군에 인계된 후 그날 밤은 청장 吳兆有의 군영에서 보내고, 이튿날인 10월 20일에는 袁世凱의 군영으로 옮겼다. 국왕은 이곳에서 3일간 체류하면서 친청수구파의 신정부를 평성하였다. 국왕이 원세개의 군영에서 환궁한 10월 23일까지 편성한 정부의 구성은 다음과 같다.[1]

領議政 : 沈舜澤
左議政 : 金弘集(兼外務督辦)
右議政 : 金炳始
吏曹判書 : 李載元
禮曹判書 : 金晚植

---

1) 《高宗實錄》, 高宗 21년(1884) 10월 20일조, 10월 23일조 참조.

戶曹判書 : 金永壽
兵曹判書兼江華留守 : 金允植
刑曹判書 : 洪澈周
工曹判書 : 金有淵
前營使兼惠商公局堂上 : 李敎獻
後營使兼右捕盜大將 : 李鳳九
左營使 : 李奎奭
右營使 : 閔泳翊
左捕盜大將 : 申奭熙
宣惠廳提調 : 魚允中
漢城判尹 : 閔種默
開城留守 : 趙準永
戶曹參判 : 南廷哲
海防摠管 : 李奎遠
外務督辦 : 趙秉鎬
外務協辦 : 金允植·묄렌도르프(穆麟德)
外務參議 : 徐相雨

　위의 정부개편을 보면 정부수반과 군사권 및 재정권은 처음부터 친
청수구파가 장악하고 수도와 그 방위 역시 친청수구파가 장악하도록
하는 한편, 종친으로서 개화당이 포섭하려 했던 李載元(국왕의 사촌형)
과 친청적 성향의 온건개화파들을 그 밖의 직책에 임용하였다. 독일인
묄렌도르프(穆麟德)를 외무협판에 임명하여 중용한 것은 이례적 특색
이었다. 친청수구파정부에 일시 임용되었던 온건개화파들은 얼마 후에
대부분 해임되었을 뿐 아니라 개화사상을 가졌다는 이유로 각종 구실
이 붙여져서 유배당하였다.
　청군측의 강력한 영향하에 친청적 수구파정부가 수립되어 국정을
담당하게 된 것이었다.

2) 개화당의 몰락과 숙청

갑신정변이 실패하고 친청적 수구파 대신들이 임명되기 시작하면서 부터 바로 개화당 요인들에 대한 추적과 살해·숙청이 가혹하게 시작되었다.

앞에서 이미 기술한 바와 같이, 갑신정변의 주도세력인 개화당 요인 가운데 국왕을 청군진영에 모셔 보내는 데 호종한 홍영식·박영교·신복모 등 개화당 요인과 사관생도 출신 중심의 박응학·정행징·윤영관·하응선·이병호·이건영·백낙운 등 개화당 장사 7명은 국왕 인계 직후 재판도 없이 청군에 의해 10월 28일(양력 12월 6일) 밤 참살당하였다.[2]

또한 재집권한 친청수구파정권은 10월 21일 김옥균·박영효·서광범·서재필을 '四凶'으로 규정하고, 외무독판 趙秉鎬와 협판 묄렌도르프 및 仁川監理 洪淳學에게 명하여 일본망명차 인천에 가 있는 '4흉'을 체포해 오도록 하였다. 묄렌도르프는 김옥균에게 사적 증오심을 갖고 있었으므로 1대의 기마병대를 인솔하여 신속하게 김옥균 등을 인천까지 추격했으나 김옥균·박영효·서광범·서재필·변수·유혁노·이규완·정란교·신응희 등 9명은 이미 千勢丸에 승선한 이후였다.

묄렌도르프는 다케조에에게 김옥균·박영효 등은 조선왕국의 역적으로 규정되어 체포하러 왔으니 즉각 하선시켜 인도하지 않으면 중대한 국제문제가 될 것이라고 강경하게 개화당 9명의 인도를 요구하였다. 다케조에는 비열하게도 김옥균 일행의 하선을 요구했다. 이것은 바로 김옥균 등 9명의 참살을 의미하는 것이었다. 다케조에의 비겁성과 배신으로 김옥균의 생명이 위태롭게 될 때에 千勢丸 선장이 나서서 묄렌도르프에게 선박 안의 모든 것은 선장의 책임과 지휘를 따르는 것인데, 자기 배에는 김옥균 등과 같은 조선인은 승선하지 않았다고 일축하였으므로, 김옥균 등 개화당 요인들은 간신히 목숨을 건져 일본으로 망

---

2) 李光麟, 〈甲申政變에 대한 考察〉, 《開化黨研究》(一潮閣, 1973), 175쪽 참조.

명하였다.[3]

재집권한 친청수구파정부의 잔존한 개화당들에 대한 추적은 가열되어, 1884년 말까지에 李喜貞·金奉均·申重模·李倉奎·李允相·吳昌模·徐載昌·車弘植·南興喆·高興宗·李點丂·崔英植 등 12명이 곧 체포되어 가혹한 국문을 받고 처형되었다.[4] 수구파정부는 1886년에도 개화파 잔당이라고 하여 尹景純·李應浩·全興龍·尹啓完·全昌基·閔昌洙·崔聖郁·李相祿·申興模·李禹石 등을 체포하여 잔혹한 고문을 가하며 조사한 후 처형하였다.[5]

갑신정변 실패 후 재집권한 친청수구파정권이 개화당이라고 하여 처형한 희생자 수는 약 100여 명으로 추산되었다.[6]

갑신정변 후 통리교섭통상사무아문에서 편집한《甲申事略》의 부록에는 갑신정변으로 인한 사망자 수에 대해 수구당 요인이 민태호·조영하 등 7인, 개화당 요인이 홍영식·박영교 등 9인, 조선군 전사자 38명, 조선인 피해백성 88인, 조선인 피해여인 7명 등 조선인 사망자를 모두 149명으로 기록되어 있다. 한편 중국인 사망자는 10명, 일본인 피해자는 사망자 35명, 행방불명 3명 등 38명이라고 하였다.[7]

수구파정부가 체포하지 못하고 행방불명 된 李寅鍾·李圭完·黃龍澤·崔殷童·高永石·朴齊絅·朴三龍·劉鴻基·白學鎭·李熙德·雲伊·李殷鍾·張明煥·浪昌寬·張聖寬·車壽鉉·申錫模·任鎭奎 등에 대해서는 체포령을 내려 계속 추적케 하였다.[8]

---

3)《承政院日記》, 高宗 21년(1884) 10월 24일조 ;《高宗實錄》, 高宗 21년(1884) 10월 24일조 참조.

4)《推案及鞫案》, 大逆不道罪人喜貞等鞫案(亞細亞文化社 영인판 30책) ; 李光麟, 앞의 글, 176쪽 참조.

5)《推案及鞫案》, 大逆不道罪人景純等鞫案(亞細亞文化社 영인판 30책) ; 李光麟, 위의 글, 177~178쪽 참조.

6) 李光麟, 앞의 글, 181쪽 참조.

7) 統理交涉通商事務衙門 編,《甲申事略》, 부록, 死亡者 人名錄 ; 李光麟, 위의 글, 174~175쪽 참조.

갑신정변 실패의 영향으로 개화당은 국내에서 처참하게 몰락하여 친청수구파정권과 청군에 의해 학살당하였다. 국민들과 진신들 사이에도 이제는 신변안전을 생각하여 감히 '開化'를 말하는 사람이 없게 되었고, 나라의 개화정책은 자연히 침체하게 되었다.[9]

3) 조선·일본의 교섭과 '한성조약'의 체결

갑신정변은 조선·일본·청국의 국제관계와 따라서 동북아시아의 국제관계에 큰 영향을 미쳤다.

갑신정변의 소식이 일본에 전해지자 일본 조약에서는 일본인 38명(일설 40명)이 살해된 사실을 들어 청국에 대한 성토 여론이 일어났다. 그런데 일본정부는 청국을 성토하는 것이 아니라 이 기회를 이용하여 조선의 민비 수구파정부에 군사적 위협을 가해서 조선정부를 굴복시켜 침략을 강화하고 '배상금'까지 받아 내려고 획책하여, 1884년 10월 27일 일본 내각회의에서 이러한 내용의 '행동방침'을 논의 채택하였다. 이에 일본정부는 외무대신 이노우에(井上馨)를 특파전권대사로 임명했으며, 이노우에는 군함 7척에 육군 2개 대대와 회담에 필요한 수행원을 거느리고 1884년 11월 14일 인천에 도착하였다. 조선측에서는 김홍집을 전권대사로 임명하고, 조병호와 묄렌도르프가 보좌하여 대응케 하였다. 이노우에는 제1차 회담에서 일본인 피해를 모두 조선측에 전가시키는 일방적 주장을 하더니, 11월 23일의 제2차 회담에서는 다음과 같은 내용의 일본측이 작성해 온 무리한 요구의 조약 초안을 제출하였다.

① 조선정부가 정식으로 일본에 사과할 것.
② 정변 때 죽은 일본인에게 배상금을 지불할 것.
③ 이소바야시(磯林) 일본군 대위를 살해한 자를 색출하여 처형할 것.

---

8) 《備邊司謄錄》, 高宗 22년 12월 22일 참조.
9) 朴殷植, 《韓國痛史》, 《朴殷植全書》, 98~100쪽 참조.

④ 일본공사관을 건축해 줄 것.
⑤ 일본공사관에 호위병을 배치할 것.[10]

이노우에는 조선정부가 만약 이에 응하지 않으면 힘으로 처리하겠다고 노골적으로 위협하였다. 조선측은 일본인들이 다수의 청군과 충돌하여 사망한 것이며, 일본공사관이 불탄 것은 일본공사관 직원들이 기밀문서를 소각하다가 일어난 것임을 들어 반박하였다. 그러나 군함 7척과 2개 대대 일본군의 무력위협에 눌려, 1884년 11월 24일(양력 이듬해 1월 9일) 초안을 거의 그대로 수용한 다음과 같은 내용의 '漢城條約'이 조선정부와 일본정부 사이에 체결되었다.

제1조 조선국은 國書를 보내어 일본에 謝意를 표명할 것.
제2조 이번 일본국 피해인민의 유족과 부상자에게 보상금을 지불하고 또 상인의 재물이 훼손 약탈된 것을 변상하기 위해 朝鮮國은 11萬圓을 지불할 것.
제3조 이소바야시 대위를 살해한 凶徒를 조사 체포하여 중형에 처할 것.
제4조 일본공사관은 新基地로 옮겨 지을 것을 요하는바, 마땅히 朝鮮國이 그 基地를 제공하여 공사관 및 영사관으로 사용함에 족하도록 할 것이요, 그 건축에는 朝鮮國이 다시 2萬圓을 지불하여 공사비에 충당하도록 할 것.
제5조 일본호위병의 營舍는 공사관의 부근 토지에서 택정하되 '제물포조약' 제5조에 비추어 시행할 것.

[별 단]
① 조약 제2·제4조의 금액은 日本銀貨로 계산할 것이며, 3개월 이내에 인천에서 완불할 것.
② 제3조의 凶徒를 처단함은 이 조약이 성립된 이후 20일을 기한으로

10) 《承政院日記》, 高宗 21년(1884) 11월 23일조 참조.

할 것.[11]

일본측이 갑신정변에 개입한 것은 조선 수구파정부가 일본측에게 책임을 물어야 할 사항인데 賊反荷杖으로 도리어 갑신정변의 일본측 개입 책임을 조선 수구파정부에 전가하고, 또한 주로 청군에게 살해당한 일본인의 가족부양비 11만원과 일본인 스스로가 불지른 일본공사관의 부지와 건축비 2만원 등 13만원을 약탈하는 조약에 조선 수구파정권이 굴복하여 서명했으니, 무력위협에 눌려 완전히 부당한 굴욕외교를 한 것이었다.

이노우에는 일본공사관을 호위한다는 구실로 일본군 1개 대대를 서울에 남겨 놓고 1884년 1월 26일 일본으로 돌아갔다.

조선 수구파정부는 이 조약을 지킨다고 이소바야시 대위 살해범으로 12월 13일 金大興·元漢甲을 처형하고, 12월 20일에는 徐相雨를 특파전권대신, 묄렌도르프를 특파전권 부대신으로 圖書를 갖고 일본에 파견하여 사과를 했으니, 피해자가 가해자에게 배상금을 지불하고 사과를 한 통탄할 굴욕외교를 한 것이었다. '한성조약'을 계기로 일본은 조선정부를 매우 깔보게 되었으며, 침략정책을 더욱 강화하게 되었다.

4) 청국·일본의 교섭과 '천진조약'의 체결

한편 청국정부는 갑신정변의 보고를 받자, 안남문제가 해결되지 않은 상태에서는 우선 일본과의 충돌을 피하기 위해 사건을 더 이상 확대시키지 않는다는 방침을 정하고, 北洋大臣 李鴻章에게 사건처리의 책임을 맡기었다.

李鴻章은 吳大澂을 조선에 급파하여 진상을 조사케 하는 한편, 丁汝昌에게 군함 2척을 이끌고 조선에 출동하도록 명령하고, 동시에 청국

---

11) 《高宗實錄》, 高宗 21년(1884) 11월 24일조 참조.

주재 일본공사에게는 사건을 확대하지 않겠다는 청국측 입장을 일본
정부에 전달하도록 요청하였다. 정여창은 11월 6일 군함 2척에 500명
의 군대를 이끌고 남양만 馬山浦에 도착하여 11월 8일 서울에 들어왔
고, 오대징은 11월 13일 마산포에 도착하여 11월 17일 서울에 들어왔
다. 청국측은 일본과의 충돌을 피하고자 조선 수구파정부가 굴욕적 '한
성조약'을 체결하는 것을 방관하였다.

　일본정부는 청국세력을 한반도에서 내보내기 위해 청국과 전쟁을
하는 것을 시기상조라고 판단하고, '한성조약'으로 조서에서 기대 이상
의 이익을 얻어냈으므로 당분간 청국과 타협하기로 방침을 정하였다.
이에 일본측은 청국주재 영국전권공사 파크스(Harry S. Parks, 巴夏禮)
의 중재로 청국에게 청·일 양국군의 한반도로부터의 철수를 제의하니,
청국측도 동의하였다.[12] 이에 청국측 수석전권대신 李鴻章과 일본측의
특파전권대사 伊藤博文 사이에 1885년 3월 4일(양력 4월 18일) 중국 천
진에서 이른바 '天津條約'이 다음과 같은 내용으로 체결되었다.

　① 청국은 조선에 주둔시키고 있는 군대를 철수하고, 일본은 공사관 호
　　위를 위하여 조선에 주둔시킨 군대를 철수키로 한다. 조약에 서명·날
　　인한 날로부터 4개월 이내에 양국은 군대를 완전히 철수하여 서로의
　　염려를 없애도록 한다. 중국군은 馬山浦로부터 철수하고 일본군은 仁
　　川港으로부터 철수한다.
　② 양국은 함께 조선국왕에게 권하여 병사를 교련해서 치안을 스스로
　　하도록 하고, 조선국왕이 다른 외국 武官 1인이나 수인을 초빙하여 교
　　련의 일을 위임토록 하되, 청국·일본 양국은 자국인을 파견하여 조선
　　에 주재해서 교련하는 일이 없도록 한다.
　③ 장래 조선에 만약 변란이나 중대한 사건이 있어 청국·일본의 두 나

---

12)《日本外交文書》제18권, 문서번호 130, 〈日淸ノ衝突ヲ避クル爲メ淸國ヘ撤兵
　ヲ乞ヒ國王保護ノ爲メ英兵ヲ依賴ノ件〉, 208~210쪽 참조.

라 또는 한 나라가 派兵을 요할 때에는 응당 그에 앞서 상호 (外交)文
書를 보내어 알게 할 것이요, 그 사건이 진정되면 즉시 철병하여 다시
주둔하지 않는다.[13]

이 '천진조약'의 내용은 조선에 변란이나 중대사건이 있을 때 주인
인 조선의 의사와는 관계없이 청국과 일본이 '균등하게 간섭과 파병의
권리'를 갖는다는 침략적 국제조약이었다. 이것은 조선에 대한 침략에
있어서 청국과 일본이 야합하여 침략자로서의 대등한 권리를 가짐을
규정한 침략적 조약이었다.

이 조약에 의거하여, 1885년 6월 10일(양력 7월 21일) 일본군은 인천
항에서, 청군은 마산포에서 동시에 철수하였다. 이후 청국과 일본은 조
선왕국에 대한 정치적 간섭과 경제적 침략의 강화에 치열하게 대립 경
쟁하면서 조선에 심대한 피해를 주었다.

(2) 갑신정변의 역사적 의의

갑신정변은 위에서 본 바와 같이 일단 정권을 장악하여 개화당의 신
정부를 수립하고 혁신정강을 선포하는 데까지는 성공했으나, 신정권을
3일밖에 유지하지 못하고 실패하였다. 갑신정변은 실패했음에도 불구
하고 일정한 역사적 의의를 가진 운동이었다.

첫째, 갑신정변은 세계사적으로 한국민족이 대개혁을 단행하기에 가
장 적절한 시기에 정권을 장악해서 '위로부터의 자주근대화의 대개혁'
을 단행하여 가장 적극적으로 전근대적 국가체제를 청산하고 자주 부
강한 근대국가를 건설하려고 한 과감한 자주근대화 운동이었다.[14]

---

13) 《日本外交文書》 제18권, 문서번호 162, 〈伊藤大使·李鴻章天津談判ノ件(6)〉, 290
   쪽 참조.

세계근대사와 동아시아근대사의 관점에서 보면 '정한론' 이후 한국 침략을 노리던 일본제국주의가 실제로 이웃 나라를 식민지화할 능력을 갖게 된 것은 빨리 잡아보면 청·일전쟁(1894~1895) 무렵이고, 늦게 잡아보면 러·일전쟁(1904~1905) 무렵이었다고 할 수 있다. 빠른 경우를 취해 보면, 갑신정변(1884)의 10년 후에는 일본이 제국주의 실력을 확립하여 한국에 대한 식민지화 침략능력을 갖게 되는 것이다. 개화당의 영민한 청년들이 청국의 시대착오적인 속방화 간섭정책과 근대화 저지정책을 일거에 타도하고 자기 조국의 자주독립과 자주근대화를 위해 10년의 급속한 근대국가 건설기간을 가지려고 시도한 것은 역사적으로 당연한 것이었다고 볼 수 있다.

개화당은 당시 외세의 침략 압력의 급박성과 개항 직후 한국정치사회의 상대적 낙후성의 큰 격차 때문에, 국민대중의 성숙을 기다려 '아래로부터의 자주근대화'를 수행할 시간적 여유를 갖지 못하고, 먼저 정변의 방법으로 정권을 장악하여 자주독립과 근대화를 저지하고 있는 청국세력을 몰아내고 국민을 교육하면서 '위로부터의 자주근대화'를 단기간에 수행하려고 한 것이었다.[15]

세계사에서 늦게 근대화를 시작한 나라들 가운데 성공한 나라들이 모두 단기간에 '위로부터의 근대화' 유형을 실행한 나라들이었음을 고려하면, 갑신정변의 급속한 '위로부터의 자주근대화' 운동은 세계사에서의 성공한 근대화 유형의 하나를 추구한 운동이었다고 볼 수 있다.

둘째, 갑신정변은 한국근대사에서 개화운동에 일정한 방향을 정립해 주었다.

갑신정변은 정치적으로는 청국의 종주권 주장과 내정간섭을 단호히 철폐하여 완전 자주독립을 실현하고 전근대적 전제군주제도를 입헌군

---

14) 金玉均, 〈朝鮮改革意見書〉, 《金玉均全集》, 109~111쪽 참조.
15) 徐載弼, 〈回顧甲申政變 ─ 閔泰瑗〉, 《甲申政變과 金玉均》, 82쪽 참조.

주제의 방향으로 개혁하여 근대국가체제를 수립하려 하였다. 사회적으로는 양반신분제도와 문벌제도를 폐지하고 국민평등권리의 제도를 제정하여 신분사회를 근대시민사회로 변혁시키려고 하였다. 경제적으로 중세적 경제조직과 특권상업제도를 폐지하고 회사 형태의 상공업 자유기업에 의한 근대자본주의적 경제와 산업을 발전시키려고 하였다. 문화적으로는 양반중심의 귀족문화를 철폐하고 일반 국민중심의 근대문화와 신교육을 실시하려고 하였다. 군사적으로는 전근대적 군사제도를 개혁해서 사관학교와 근위대와 신식육군·해군을 창설하여 국방을 자기 무력으로 실행하려고 하였다. 이것은 종합적으로 낙후한 전근대적 국가와 사회체제를 선진적인 근대적 국가와 사회로 개혁하려 한 것이었다.

이러한 방향의 국가개혁은 그 이후의 모든 개화운동이 계승하여 추구한 것이었으며, 10년 후의 갑오개혁(1884~1895)은 갑신정변의 개혁안을 다른 상황에서 계승하여 실행한 측면이 많은 것이었다.

셋째, 갑신정변은 한국의 반침략 독립운동에도 하나의 근대적 기원을 정립한 것이었다. 갑신정변은 당시 조선에 대한 청국의 시대착오적인 '屬邦化'정책과 적극간섭정책을 타도하고 조국의 완전 자주독립을 쟁취하기 위한 과감한 운동이었지만, 이 운동의 내부 성격은 비단 청국의 침략만이 아니라 모든 외세의 침략에 대한 저항과 독립의 추구가 본질을 이루고 있었다.

朴殷植이 그의 고전적 저서 《韓國獨立運動之血史》의 제1장을 〈甲申獨立黨의 革命失敗〉로부터 시작한 것은 갑신정변을 한국독립운동의 근대적 시작으로 보았기 때문이었다.[16]

넷째, 갑신정변은 한국의 근대민족주의 사상과 운동의 형성 발전에 하나의 이정표를 세운 운동이었다. 한국근대사에서 모든 근대민족주의

---

16) 朴殷植, 《韓國獨立運動之血史》, 《朴殷植全集》 上, 451쪽 참조.

운동은 갑신정변을 비판적으로 계승하여 그것을 반성하고 발전시킨
것이 매우 많았다. 그후의 갑오개혁의 자주적 부문, 독립협회·만민공
동회운동, 애국계몽운동은 직접적으로 갑신정변을 비판적으로 계승하
고 발전시킨 운동이었다고 볼 수 있다.

(《한국사》 제38권, 국사편찬위원회, 1999)

찾아보기

278

292

294